盛唐之子

一代帝國的綻放與凋零

閻守誠，吳宗國 著

前期英明神武，晚年卻成為老糊塗！

從開元之治到安史之亂，玄宗究竟走錯了哪一步？

U0075097

他是李隆基，一個史書評價功過相抵的君王

先後經歷韋后和安樂公主弄權，發動政變除去太平公主；
成為皇帝後勵精圖治，改革積弊已久的政務難題，
大唐再一次被推向繁華巔峰，最後卻也重重跌落！

本書將帶領讀者踏入睿宗至玄宗朝的大唐帝國，
探討這位盛唐之子如何從賢明走向墮落，最終親手葬送一切！

目錄

卷首語   005

第一章   厄運中的王子   009

第二章   潞州別駕   021

第三章   誅滅韋黨   027

第四章   剷除太平   037

第五章   開元天子與「救時之相」   045

第六章   鞏固皇位，安定政局   055

第七章   整頓吏治   063

第八章   改善財政的措施   073

第九章   檢括田戶   083

第十章   軍事體制的變革   091

第十一章   張說的沉浮   105

第十二章   宮闈悲劇   117

第十三章　運糧關中，久住長安　　　　　　125

第十四章　張九齡與李林甫　　　　　　　　135

第十五章　忠誠的高力士　　　　　　　　　149

第十六章　廣運潭盛會　　　　　　　　　　157

第十七章　盛唐氣象　　　　　　　　　　　171

第十八章　納妃、佞道、遊樂　　　　　　　199

第十九章　楊國忠其人　　　　　　　　　　209

第二十章　文士境遇的逆轉　　　　　　　　219

第二十一章　開天邊事　　　　　　　　　　223

第二十二章　安祿山的崛起　　　　　　　　233

第二十三章　鼙鼓聲中　　　　　　　　　　241

第二十四章　重返長安　　　　　　　　　　261

卷首語

　　開元天寶時期歷來被稱為中國古代的黃金盛世，而安史之亂又賦予它一個非同尋常的結尾，成為唐代由盛轉衰的轉折點。對於始終處於這個時代風口浪尖上弄潮的唐玄宗李隆基，歷來雖然褒貶不一，但對他在造成安史之亂上所負的歷史責任史家卻沒有多大分歧。《舊唐書·玄宗紀》「史臣曰」歸之於「用人之失」，范祖禹在《唐鑑》中則歸之於「置相非其人」。而歐陽脩在《新唐書·玄宗紀》贊中則認定是「敗以女子」，似乎是重談了「女禍」的老調。看其下文：

　　方其勵精政事，開元之際，幾致太平，何其盛也！及侈心一動，窮天下之欲不足為其樂，而溺其所甚愛，忘其所可戒，至於竄身失國而不悔。考其始終之異，其性習之相遠也至於如此。可不慎哉！可不慎哉！

　　歐陽脩並沒有把責任完全推到楊玉環身上，而是歸之於皇帝的「侈心」，實際上是企圖從皇帝本人身上探尋一代盛衰治亂的終極原因，得出必要的歷史教訓，以貽示後人，其用心亦可謂良苦。

　　唐玄宗多姿多彩、起伏跌宕的一生，不僅是歷代史家思考的問題，也是當時公眾議論的熱點。唐人元稹在〈行宮〉一詩中寫道：「寥落古行宮，宮花寂寞紅。白頭宮女在，閒坐說玄宗。」由於唐代文化開放，環境

寬鬆，誠如宋人洪邁在《容齋隨筆》續筆卷二中所說：「唐人歌詩，其於先世及當時事直辭詠寄，略無避隱，至宮禁嬖暱，非外間所應知者，皆反覆極言，而上之人亦不以為罪。」這就使詩人文士寫玄宗的野史傳說、趣聞逸事幾成風氣。在眾多的相關作品中，最為著名的當數白居易的〈長恨歌〉。〈長恨歌〉開篇「漢皇重色思傾國」就點出了譴責的主題，但在客觀上，詩人把唐玄宗與楊玉環的愛情寫得纏綿悱惻，感人至深，從而使唐玄宗在人們心目中成為對愛情忠貞不渝的象徵，淡化了對他的譴責。唐玄宗傑出的藝術才能和對發展唐代樂舞的巨大貢獻，使戲曲藝人把他推為梨園祖師，不僅給他戴上了藝術家的桂冠，而且尊奉他為戲曲藝術之神，加以頂禮膜拜。從這些情況看，在民間，對唐玄宗更多的是寬容，他的形象更多的是一位風流皇帝，而不是一個聖明或昏聵的皇帝。

然而，唐玄宗畢竟是一位影響中國歷史發展長達半個世紀的皇帝。儘管這半個世紀是以戰亂的雜訊戛然而止的，但它的旋律是生動歡樂、富麗輝煌的，是一段充滿魅力的華彩樂章，為人們留下了深刻的印象。因此，唐玄宗的功罪是非到底應該怎樣評說，他的一生行事又給我們一些什麼樣的啟示，與他相關的許多歷史人物應該怎樣評價，人們已經不能滿足於歷代史家的評說、文士的詠寄和民間的傳說，需要做出新的探索。我們這本小書，就是諸多探索中的一種。

這本小書成稿於三十年前。當時，我們都對唐玄宗及其時代感興趣，常在一起「閒坐說玄宗」。書中一至十三、十五、十七諸章由閻守誠執筆，十四、十六、十八至二十四諸章由吳宗國執筆，閻守誠對全書進行了加工整理。

使我們感到欣慰的是，三十年來，讀者沒有忘記我們的這本小書，韓國的學者還把它譯成韓文，作為學生的輔助教材。在此，我們深表謝忱。

雖然這些年來，關於唐玄宗及其時代的研究有了不少的進展，但我們

在這本小書中所持有的對相關人物和事件的基本看法，並沒有變化，因此，我們沒有進行大的改動，只在個別地方做了一些文字上的修改。回憶我們寫作的初衷，是想在有限篇幅（一般約 15 萬字，最長不超過 20 萬字）內，勾勒唐玄宗一生的大致輪廓，並陳述我們對一些相關問題的看法，應該說，沒有涉及的問題還不少。我們所寫內容力求做到務實求真、深入淺出，既有學術性，也有可讀性；既能面對專家學者，也能面對一般史學愛好者。本書是否有悖我們的初衷，歡迎大家提出寶貴的意見，但也希望對它不要求全責備。

第一章　厄運中的王子

垂拱元年秋八月初五（西元 685 年 9 月 8 日），大唐新皇帝睿宗的德妃竇氏在東都洛陽生了個男孩子，取名隆基。這是睿宗的第三個兒子，也就是以後在歷史上享有盛名的唐玄宗（唐明皇）。

當隆基降臨人世時，唐王朝正處於蒸蒸日上的時代，國勢強盛，經濟發展，社會安定，一片昇平景象。但最高統治集團內部卻並不穩定，不時發生的政治事件醞釀著巨變，頗有山雨欲來風滿樓之勢。

隆基誕生前兩年，弘道元年（西元 683 年）十二月，他的祖父高宗皇帝李治病逝。長期以來，高宗身體狀況欠佳，從顯慶五年（西元 660 年）開始，風眩頭重，目不能視，隆基的祖母，高宗皇后武則天開始協助處理一些政務。武則天「性明敏，涉獵文史，處事皆稱旨」[001]，深得高宗信任。在高宗晚年，武則天逐漸掌握了唐廷實權，「威勢與帝無異，當時稱為『二聖』」[002]。高宗去世之後，皇太子李哲繼位，是為中宗。中宗尊奉武則天為皇太后，「政事咸取決焉」。

---

001 《資治通鑑》卷二〇〇高宗顯慶五年。以下凡未注明出處的引文，皆出自《資治通鑑》，不再一一注出。
002 《舊唐書》卷六〈則天皇后〉。

唐玄宗

但是，中宗即位不到兩個月，就被武則天廢為廬陵王，趕下了皇位。武則天把皇冠授給了小兒子、李哲的弟弟睿宗李旦。

中宗被廢，是因為他剛剛登上皇位，就急於樹立自己的私黨，想任命岳父韋玄貞為侍中，授乳母之子為五品官。不久前，韋玄貞由於女兒成為皇后而由普州參軍晉升為豫州刺史，很快地再升為侍中顯然不合適。這個提議受到當朝宰相裴炎的堅決反對。年輕的皇帝大為惱火，悻悻地說道：「我以天下與韋玄貞何不可，而惜侍中邪？」裴炎把這件事報告武則天，經過一番密謀，光宅元年（西元684年）二月初六，武則天在乾元殿召集百官，裴炎和中書侍郎劉禕之、羽林將軍程務挺、張虔勖率兵入宮，宣布太后命令，廢中宗為廬陵王。當李哲被人從皇帝寶座上「扶」下來時，還問道：「我何罪？」武則天說：「汝欲以天下與韋玄貞，何得無罪？」這樣回答，既冠冕堂皇，也有些強詞奪理。武則天抓住年輕皇帝在氣憤時講的一句過頭話大做文章，其實是因為自從高宗死後，她已經大權在握，正積極而有步驟地把女皇夢變成現實，任何阻撓她達到目的的勢力都會被毫不留情地摧毀，即使是溫情脈脈的母子之情，也不例外。武則天的個性是堅毅嚴酷的，她對政敵的打擊絕不心慈手軟，惟其如此，她才能在你死我活的權力鬥爭中，存在、發展並取得勝利。她把兒子放在皇位上，只是因為自己登上皇位的時機還沒有成熟。她並不希望兒子真正行使皇帝的權力，更不允許他濫用權力。中宗對當時的政治形勢，對自己的處境和地位，對母親的個性和思想，都缺乏正確的了解。他以為自己是皇帝，就有絕對的權力，可以為所欲為。他自以為是的行為恰好觸犯了嚴厲的母親，剛剛戴上的皇冠很快就被摘下來了。

轉瞬之間的皇位嬗遞，使隆基得以誕生在大富大貴的皇帝之家。變幻莫測的政治風雲，隨之也就籠罩在幼小的隆基頭頂，預示著他前程坎坷，厄運重重。

　　武則天輕而易舉地廢掉中宗，扶立睿宗，顯示了極大的權威，代表著她聖衷獨斷的時代開始了，「自是太后常御紫宸殿，施慘紫帳以視朝」。武則天臨朝稱制後，加快了稱帝步伐。她改東都為神都，改易旗幟、服飾的顏色，改易政府各部門的名稱和官名，任用姪兒武承嗣為宰相，追封武氏五代祖為王。這些咄咄逼人的措施，變更著唐廷的祖宗成法，造成一種強大的政治壓力，使「唐宗室人人自危，眾心憤惋」。中宗被廢後數月，發生了以英國公徐敬業為首的揚州武裝叛亂。這次叛亂雖然很快被平定，但它使武則天感到宮廷內外反對派的潛在勢力依然強大。於是，她大開告密之門，重用酷吏，採取高壓方法，打擊反對派勢力，屠殺持反對意見的官員。李唐宗室是反武勢力的中堅，也是武則天稱帝的主要障礙，武則天對李唐宗室的打擊尤其沉重。誅殺李唐宗室的事件迭起，至武則天稱帝之前，唐高祖、太宗、高宗三代皇帝的皇子，除武則天自己生的李哲（中宗，又名顯）和李旦（睿宗）以外，其餘在世的全部被殺。「唐之宗室於是殆盡矣」。

　　載初元年（西元690年）九月九日，武則天革唐命，改國號為周，改元天授。她自稱「聖神皇帝」，降睿宗為皇嗣，賜姓武。這一年，隆基五歲。三歲時，他曾受封為楚王。隆基的童年時代，是在李唐宗室慘遭屠戮的恐怖氣氛中度過的。幸運的是，由於父親睿宗的聰明睿智，不僅使睿宗自己在險惡的環境中得以平安無恙，也使隆基兄弟姐妹處於較為安全的地位，可以享受一點童年的歡樂。睿宗受過良好的文化教育，為人「謙恭孝友，好學，工草隸，尤愛文字訓詁之書」[003]。和哥哥們相比，睿宗對母后武則天有更為深刻的了解，對宮廷鬥爭的形勢和力量的對比也都有明確的

---

003 《舊唐書》卷七〈睿宗紀〉。

認知。他即位後，垂拱二年（西元 686 年）正月，「太后下詔復政於皇帝。睿宗知太后非誠心，奉表固讓，太后復臨朝稱制」。睿宗不像哥哥中宗那樣，以為當了皇帝就可以為所欲為，而是在太后臨朝稱制的情況下，甘心做一名無所作為的皇帝，不去干擾武則天的所作所為。所以，「自則天初臨朝及革命之際，王室屢有變故，帝每恭儉退讓，竟免於禍」[004]。睿宗貴為皇帝，也僅僅是能免禍自保，「睿宗諸子皆幽閉宮中，不出門庭者十餘年」。可見隆基兄弟從小就過著幽禁宮中的生活，他們童年時代的歡樂是極其有限的。

歷史上把改唐為周的事件稱為「革命」。圍繞著這場革命，大唐的政治生活中掀起了一次又一次軒然大波，使這段歷史顯得格外驚心動魄，豐富多彩。一切事件的中心是武則天，她的光輝普照著這個時代。隆基正是在他雄才大略的祖母統治下，步入了青少年時期，開始了不平凡的經歷。

在武周時期，隆基的父親皇嗣李旦的處境一直是很窘迫的。武則天稱帝那年，已經六十七歲了。她經過漫長而艱苦的鬥爭，才成為大周的聖神皇帝，中國歷史上空前絕後的女皇。雖然她掌握著唐王朝的最高權力，宮廷鬥爭並沒有因此而止息，只是鬥爭的焦點由稱帝和反稱帝轉換為皇位由李氏、還是由武氏來繼承。爭奪皇位繼承權的雙方，一方是以武承嗣、武三思為核心的武氏集團，另一方是忠於李唐王室的朝廷重臣，他們認為應由李氏繼承皇位。武則天的態度並不明朗，猶豫於雙方之間。身為皇嗣的李旦地位不很穩固。皇嗣是一個含義微妙的名稱。它可以解釋為皇位的繼承人，可是又比「太子」這樣的皇位繼承人的傳統名分和地位降了一格。武則天給李旦以「皇嗣」名位，表明她還沒有下決心把他當成真正的皇位繼承人。而且，在相當長一段時間內，武則天是重武輕李的，也許她更傾向於在武氏子弟中選擇皇位繼承人，因此，武承嗣、武三思等人都在為謀

004　同上。

求成為「太子」而大肆活動，他們當然把攻擊的矛頭指向皇嗣，欲取而代之。李旦既得不到武則天的充分信任和支持，只能處於被動挨整的地位。

如意元年（西元 692 年）九月，武則天因齒落更生，宣布改元長壽。十月，睿宗諸子出閣，隆基兄弟可以開府置官屬。這位嚴厲的祖母由於自己的健康長壽，心情愉快，放鬆了對子孫們的控制，讓他們有一些獨立活動的餘地。隆基這時「年始七歲」，卻做出了一件震動宮廷的事情：

> 朔望，車騎至朝堂，金吾將軍武懿宗忌上嚴整，訶排儀仗，因欲折之。上叱之曰：「吾家朝堂，干汝何事？敢迫吾騎從！」則天聞而特加寵異之。[005]

這是武則天稱帝後，李、武兩姓間第一次正面衝突。武懿宗是武則天伯父士逸的孫子，被封為河內郡王。這個武周新貴正在春風得意、趾高氣揚的時候，看到隆基的車騎儀仗威嚴而整齊，心中老大的不快，便用金吾將軍糾察風紀的權力橫加阻撓，企圖挫折隆基。然而隆基毫不畏懼，理直氣壯地責問：「吾家朝堂，干汝何事？敢迫吾騎從！」這針鋒相對的回擊，表明幼小的隆基個性倔強，已經有了權力鬥爭的意識。隆基政治上的早熟是和家庭教育、環境影響分不開的。他從小生活在宮廷鬥爭的漩渦之中，以李、武兩姓的矛盾為焦點的權力之爭，在耳濡目染間薰陶著他，使他很早就懂得了自己的地位和使命，激發了他為維護「吾家朝堂」而奮鬥的精神，這也是他日後從事政治鬥爭的巨大動力。

隆基的勇敢倔強，「則天聞而特加寵異之」。也許是年邁的祖母在七歲的孫子身上看到了自己年輕時敢作敢為性格的遺傳，她喜歡隆基表現出的氣質。唐人鄭處誨記述了另一件事：

> 唐天后嘗召諸皇孫坐於殿上，觀其嬉戲，取竺西國所貢玉環釧杯盤列

---

005 《舊唐書》卷八〈玄宗上〉。

於前後，縱令爭取，以觀其志。莫不奔競，厚有所獲，獨玄宗端坐，略不為動。後大奇之，撫其背曰：「此兒當為太平天子。」遂命取玉龍子以賜。[006]

在眾多的皇孫中，武則天最為看重隆基。以女皇知人之明，她對隆基的看中決非出自偶然。歷史將證實，隆基沒有辜負女皇的厚望。

儘管受到祖母的寵愛，厄運依然降臨在隆基身上。在他出閣後不到一個月，生母竇氏就死於非命了。

長壽二年正月初二[007]，皇嗣妃劉氏和德妃竇氏在嘉豫殿朝拜武則天以後，同時被殺，連屍骨埋於何處，都無人知曉。劉氏是李旦的元配夫人，出身於名門。祖父劉德威是唐朝開國功臣，貞觀時官至刑部尚書。父延景，陝州刺史。光宅元年二月，李旦被立為帝，劉氏為皇后。睿宗降為皇嗣，劉氏為皇嗣妃。德妃竇氏是高祖李淵的皇后竇氏從兄竇抗的曾孫女，其父竇孝諶為潤州刺史。竇氏為著名士族，德妃血統高貴，「姿容婉順，動循禮則」[008]，是隆基的生母。

劉氏和竇氏被殺的原因，據《新唐書》說是劉后「為戶婢誣與竇德妃挾蠱道祝詛武后」[009]。這件事劉子玄《太上皇實錄》有較為詳盡的記載：「韋團兒詔佞多端，天后尤所信任。欲私於上而拒焉，怨望，遂作桐人潛埋於二妃院內，譖殺之。」[010] 按唐律，造畜蠱毒祝詛屬於十惡不赦之罪，要處以極刑。德妃竇氏被殺後，其母龐氏也被家奴誣告與德妃同祝詛，幾乎被處死。多虧侍御史徐有功挺身相救，據理力爭，龐氏才得減死，與其三子皆流嶺外。團兒並不因此甘休，「復欲害皇嗣，有言其情於太后者，太后乃殺團兒」。

006　《明皇雜錄》卷上。
007　武周時曆法用周正，即以十一月為歲首，正月。十二為臘月。其時，仍為西元 692 年。
008　《舊唐書》卷五一〈昭成皇后竇氏傳〉。
009　《新唐書》卷七六〈肅明順聖皇后劉氏傳〉。
010　轉引自《資治通鑑》卷二〇五長壽二年正月條。

事件的起因似乎是由於韋團兒對皇嗣的私情沒有得到滿足。其實問題並不如此簡單。一個地位低賤的戶婢不僅陷害了皇嗣妃和德妃，而且勇於進而陷害皇嗣，其能量和膽量都不是她個人能具備的，必然有複雜的背景。當時，武則天即帝位不久，酷吏政治仍在盛行，「告密者皆誘人奴婢告其主，以求功賞」，成為一種社會風氣。能夠策動韋團兒誣陷皇嗣的勢力，在宮中只能來自武氏集團。劉氏、竇氏被殺的前一天，正月初一，武則天在祭祀萬象神宮時，以魏王承嗣為亞獻，梁王三思為終獻。在武則天稱帝前一年，即永昌元年（西元 689 年）享萬象神宮時，是以「皇帝為亞獻、太子為終獻」的。對比在重要大典上人物角色的變動，可以知道武氏集團勢力顯著上升，他們正在積極活動，要求廢掉皇嗣，立武承嗣為太子。所以，韋團兒出面誣告，應是由武氏集團勢力支持的。

　　武則天為什麼聽信韋團兒的誣告，殺掉劉氏和竇氏呢？看來和她們都出身於名門望族有關。武則天原本就不希望皇嗣有家族勢力強大的后妃，那樣會妨礙她對皇嗣的控制。因此，只要傳聞他們稍有不軌，便不問真假，加以窮除。武則天對皇嗣顯然存有戒心，但她對皇位繼承問題還在觀察、思考之中，還沒有下決心廢掉皇嗣。當團兒欲加害皇嗣時，她便毫不留情地殺掉團兒。

　　劉氏、竇氏突然被殺，李旦內心充滿悲痛，又不敢有所表示，「皇嗣畏忤旨，不敢言，居太后前，容止自如」，這個在夾縫中生活的皇嗣有苦難言，他肩負的沉重壓力是可想而知的。李旦的兒子們也因此受到株連，再次入閣，軟禁宮中，並且都被降爵為郡王，隆基的大哥皇孫成器前已由皇太子降為皇孫，現更降為壽春郡王，二哥恆王成義為衡陽郡王，隆基則由楚王降為臨淄王，四弟衛王隆範為巴陵郡王，五弟趙王隆業為彭城郡王。

　　這樣一來，隆基不僅失去了自由，而且失去了母親。幼小的隆基為

「竇姨鞠養」[011]。竇姨是德妃竇氏的妹妹，後來是肅宗張皇后的祖母。驟然降落的災難和失去母親的痛苦都在隆基的心靈中留下深深創傷。竇姨由於曾經撫養過隆基，「景雲中，封鄧國夫人，恩渥甚隆」[012]。

隆基兄弟被降爵後不久，有人上告前尚方監裴匪躬、內常侍范雲仙私下謁見皇嗣，一月二十四日，裴、範二人被腰斬於市。從此，皇嗣與外朝公卿的聯繫完全斷絕，形同囚犯。緊接著，又有人告皇嗣有異謀，武則天命酷吏來俊臣審理此案。在來俊臣的嚴刑逼供之下，皇嗣身邊親隨都紛紛承認謀反，只有太常工人安金藏堅決不承認，他對來俊臣說：「公既不信金藏之言，請剖心以明皇嗣不反。」言畢，用佩刀自剖腹部，五臟皆出，血流遍地。太常工人以音樂為業，在唐代屬於賤民，他們「得於州縣附貫，依舊太常上下，別名太常音聲人」[013]，是賤民階層中最上的一個等級。武則天以政治家的敏銳，從安金藏的態度中，覺察到所謂皇嗣謀反不實和社會下層人民對李唐王室的支持，下令停止審訊並令宮中御醫為安金藏療傷，「太后親臨視之，嘆曰：『吾有子不能自明，使汝至此』」。李旦才得以倖免於難。這次事件，是李旦政治生涯中最險惡的一次，如果沒有安金藏的拚死反抗，謀反的罪名眼看就要成立，李旦及其子女都會被處以極刑。隆基當時年齡尚小，不會完全理解這次觸犯死亡線的巨大危險。他成年之後，對此是有深刻認知的。安金藏的勇敢犧牲精神，理所當然地受到李旦、隆基父子的一再表彰和嘉獎。開元二十年（西元 732 年），事情過去了近四十年，玄宗隆基還特封安金藏為代國公，於東西嶽立碑，以銘其功；安金藏卒後，追贈其為兵部尚書。

隆基的厄運是受父親李旦的株連所致。李旦受到的一連串打擊，則是

011　《舊唐書》卷五一〈肅宗張皇后傳〉。
012　同上。
013　《唐律疏議》卷三。

武氏集團營求繼承皇位活動的一部分。武承嗣、武三思都想當太子，他們一再對武則天說：「自古天子未有以異姓為嗣者。」以狄仁傑為首的朝臣們則再三勸武則天放棄以武氏代李氏的想法，他們的理由，集中為一點，就是「未聞姪為天子而祔姑廟者也」。狄仁傑等人還建議復立盧陵王，由吉頊透過武則天的內寵張易之、張昌宗勸說武則天迎還盧陵王。在立姪還是立子之間，武則天面臨著重要的抉擇，經過長期的猶豫和思考，她從宮廷內外的實際情況和自己的切身利益出發，最終下決心將來傳位給兒子，但不傳給皇嗣李旦，而是準備復立盧陵王。

復立盧陵王的原因，一是按照皇位承繼的順序，盧陵王年長當立。廢掉中宗的事件是不得人心的。後來徐敬業揚州起兵、琅琊王李沖、越王李貞起兵都以「匡復盧陵王」、「迎還中宗」為政治口號，甚至契丹孫萬榮在聖曆元年（西元 698 年）二月進圍幽州（治今北京城西南）時，還移檄朝廷，責問「何不歸我盧陵王？」二是從李、武兩姓的關係考慮，立盧陵王較妥當。李旦身為皇嗣，受到武氏集團的不斷攻擊，雙方積怨頗深。中宗被貶，遠在房州（治今湖北房縣），在李、武兩姓的鬥爭中較為超脫。武則天雖然確定傳子，她並不想因此傷害武氏的既得利益，立盧陵王為太子，對武氏的威脅小些。即使如此，她還擔心身後太子與諸武不相容，故「命太子、相王、太平公主與武攸暨等為誓文，告天地於明堂，銘之鐵券，藏於史館」。可見其調和李、武兩姓的矛盾，用心良苦。事實上，中宗即位後，和武氏集團的關係融洽，武則天的願望大體實現了。

武則天關於太子問題的決定，暫時讓隆基擺脫厄運。聖曆元年三月初九，盧陵王回到洛陽，武承嗣看到繼承皇位已無希望，心情鬱悶，病死於八月。皇嗣李旦一再請求讓位於盧陵王。九月，武則天復立盧陵王李哲為皇太子，復名顯。皇嗣李旦被封為相王。相王諸子再次被放出閣，「列第

於東都積善坊，五人分院同居，號『五王宅』」[014]。這年，隆基十四歲了，經過六年的幽禁生活，又重新獲得自由。

大足元年（西元 701 年）十月，十七歲的隆基隨祖母武則天從洛陽回到西京長安。武則天把這年改元為長安，既有紀念回長安之意，也表達著自己的政權已長治久安的信念。隆基第一次來到古老而繁華的長安城。長安是唐王朝的都城，它銘刻著隆基祖先們的光輝業績，有著悠久而燦爛的歷史。這座宏偉、莊嚴的古城，一定在經歷了長期厄運的年輕王子心中留下了深刻的印象。也許他還會想到，這座古城在今後的歲月裡，將與他的事業、命運息息相關，休戚與共。武則天賜給隆基兄弟五人的住宅在長安城東北的興慶坊，也叫「五王宅」。後來，隆基做了皇帝，這所宅院因是「龍潛舊邸」，被擴建為興慶宮。

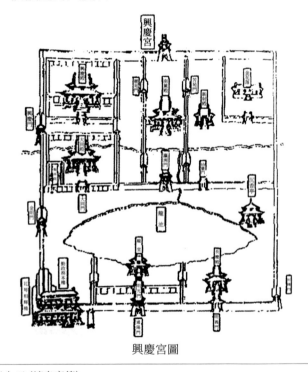

興慶宮圖

武則天在長安住了兩年，長安三年（西元 703 年）又回到神都洛陽。次年冬，武則天病了，只有寵臣張易之、張昌宗在身邊伺候，宰相反而常常見不到她。武則天「政事多委張易之兄弟」[015]，使二張得以弄權專政，橫行朝野，氣焰囂張。隨著武則天健康狀況的惡化，二張和以張柬之為首的朝臣之間矛盾空前激烈變化，終於導致張柬之、桓彥範、崔玄暐、敬暉、袁恕己等人於神龍元年（西元 705 年）正月二十二日發動軍事政變，誅殺二張及其黨羽，武則天被迫退位，中宗復辟。政變後不到一年，武則天病逝於洛陽上陽宮的仙居殿。這位主宰大唐王朝命運達半個世紀之久的女政治家，悄然離開了人間。

　　在武則天復立廬陵王後的七八年間，除了武則天病危時，宮廷中情勢一直比較平穩，雖然鬥爭錯綜複雜。李旦辭去了皇嗣的地位，離矛盾的中心稍微遠了一點，使隆基兄弟能夠生活得較為安定。在隆基的青少年時代，這是難得的一段平靜的日子。然而，好景不長，中宗即位後，厄運重新降臨在隆基的頭上。

---

015 《舊唐書》卷七八〈張行成附張易之傳〉。

第一章　厄運中的王子

第二章　潞州別駕

　　中宗即位時，隆基二十一歲，封臨淄王，任衛尉少卿（從四品上）。這位年輕的王子，秉性豪放爽朗，「儀範偉麗，有非常之表」[016]。他出身高貴，體魄健美，多才多藝。喜愛音樂，王府內有鼓樂兩部。他善於騎射，技藝超群，尤其喜好打馬球。有一次，吐蕃球隊與宮廷球隊比賽，吐蕃場場獲勝，中宗讓隆基與嗣虢王邕、駙馬楊慎交、武延秀等四人上場敵吐蕃十人，「玄宗東西驅突，風回電激，所向無前，吐蕃功不獲施」[017]。隆基終其一生，本可以馳騁球場，縱情玩樂，在長安過豪華而歡快的貴族生活，然而宮廷鬥爭的風浪卻把他送上了另外一條荊棘叢生的道路。

　　景龍二年（西元 708 年）四月，隆基離開長安，出任潞州（治今山西長治）別駕，三弟隆範為隴州（治今陝西隴縣東南）別駕，四弟隆業為陳州（治今河南淮陽）別駕。隆基兄弟三人同時離京外任是事出有因的。

　　中宗是個昏庸而無能的皇帝。他度過了漫長的貶逐幽禁生活，並沒有從坎坷的經歷中吸取教訓。即位之後，馬上追贈韋后父親韋玄貞為上洛王，母親崔氏為妃。放縱妻子韋后、愛女安樂公主干預朝政。韋后是個政治狂人，她想效法婆婆武則天，夢想有一天也能登上女皇的寶座。為此，

---

016 《舊唐書》卷八〈玄宗上〉。
017 《封氏聞見記》卷六〈打毬〉。

她竭力培植私人勢力，重用自己的親屬，很快形成了一個韋氏集團。她又和武三思勾結，使武三思得以身居相位，掌握朝政大權。在韋后支持下，武氏集團的勢力沒有因為武則天的退位而減弱。在韋后和武三思的聯合傾軋下，發動政變的張柬之等五人，先是被封為王，明升暗降，削去實權，接著被貶出京師。至神龍二年（西元 706 年）七月，「五王」陸續在貶逐中死去或被誅殺。

　　韋后與武三思的專權弄政，胡作非為，導致統治集團內部矛盾激化。景龍元年（西元 707 年）發生了太子重俊起兵事件。重俊不是韋后所生，為韋后嫌惡。武三思尤其對太子心懷畏忌。安樂公主則想取太子而代之，自己當皇太女，將來好接班當女皇帝。她和駙馬武崇訓（武三思之子）常常凌侮太子，呼之為奴。重俊在韋、武兩個集團的壓迫下，感到前途危險，忍無可忍，於七月初六，率左羽林大將軍李多祚、將軍李思沖、李承況、獨孤禕之、沙吒忠義等，矯制發羽林千騎兵三百餘人，突入武家宅邸，殺武三思、武崇訓及親黨十餘人。在向宮中進兵時，被宿衛禁軍擊敗，重俊被殺，參與起兵的成王千里、天水王禧等也都被殺。重俊起兵事件後，韋后和安樂公主不僅不反躬自問，稍加收斂，反而想利用這一事件，把打擊的矛頭指向相王和太平公主，因為他們「預誅張易之謀有功」[018]，分別進號鎮國太平公主和安國相王，是李唐王室中最具有影響和實力的人物，也是韋后實現稱帝野心的主要障礙。在韋氏集團的密謀策劃下，侍御史冉祖雍奏相王及太平公主「與重俊通謀，請收付制獄」。中宗命吏部侍郎兼御史中丞蕭至忠查辦此案。蕭至忠向中宗痛切陳詞：

> 陛下富有四海，不能容一弟一妹，而使人羅織害之乎！相王昔為皇嗣，固請於則天，以天下讓陛下，累日不食，此海內所知。奈何以祖雍一言而疑之！

---

018 《舊唐書》卷一八三〈太平公主傳〉。

在蕭至忠、吳兢等大臣的竭力勸阻和反對下，中宗只好不再追究此事。

相王和太平公主雖然暫時無恙，隆基兄弟卻都在重俊事件之後不久被趕出長安，顯然是出自韋后削弱相王勢力的意圖。

隆基就職的潞州，唐時轄有上黨、長子、屯留、潞城、壺關、黎城、銅鞮、襄垣、涉縣等九個縣，開元時有 64,276 戶，133 個鄉[019]。潞州地區古稱上黨，屬太行山區。這裡地勢高峻，層巒疊嶂，人煙稀少，為古來兵家必爭之地，戰略地位十分重要。別駕（五品）職位僅次於刺史，名義上可以掌貳州事，「紀綱眾務，通判列曹，歲終則更入奏計」[020]。實際上，別駕沒有具體事任，基本上是優遊祿位的閒職，往往用以安置貶退大臣和宗室、武將。隆基由從四品上的衛尉少卿去兼任五品的遠州別駕，明顯是遭到排斥。

隆基來到潞州時心情是抑鬱的。他雖然年紀輕輕，已經經歷了許多風險和挫折，在逆境和厄運的磨練中變得更加成熟，不僅勇敢倔強，而且穩健深沉。他把自己的命運和大唐王朝的命運連繫在一起，就不會氣餒和消沉，他在耐心地等待時機到來，奮起一搏。

隆基在潞州任職期間，經常帶領僚屬，巡視各地，體察民情，有機會接觸基層社會，累積從政的經驗，對他日後治理大唐王朝是十分有益的。隆基還注意結交地方豪傑，網羅人才。銅鞮令張暐「家本豪富，好賓客，以弋獵自娛。會臨淄王為潞州別駕，暐潛識英姿，傾身事之，日奉遊處」[021]。隆基「又見李宜德矯捷善騎射，為人蒼頭，以錢五萬買之」[022]。張暐、李宜德等人日後都成為隆基進行政治鬥爭的得力助手。

---

019 《元和郡縣圖志》卷十五〈河東道四〉。
020 《唐六典》卷三〇〈州縣官〉。
021 《舊唐書》卷一〇六〈張暐傳〉。
022 《舊唐書》卷一〇六〈王毛仲傳〉。

　　隆基在從政之餘，恣情於山水之間，騎馬圍獵，飲酒賦詩，偶爾也有豔遇。山東來的樂人趙元禮有個女兒，姿容美麗，善於歌舞，透過張暐介紹，隆基納其為妃，即趙麗妃，在潞州生有一子，就是後來廢掉的太子瑛。

　　在潞州的這段生活，給隆基留下了極其深刻的印象。開元年間，他曾於開元十一年（西元 723 年）、十二年（西元 724 年）、二十年（西元 732 年）三次重返潞州。每次回到潞州，總要大張宴席，宴請父老鄉親，免除潞州百姓租稅，赦免「大辟」以下罪犯，表現了他對潞州的深情厚誼。

　　隆基在重返潞州時曾寫有〈巡省途次上黨舊宮賦〉，小序中說：「朕昔在初九，佐貳此州。……爰因巡省，途次舊居。山川宛然，人事無間，忽其鼎革，周遊館宇，觸目依然。雖跡異漢皇，而地如豐邑。擊築慷慨，酌桂留連。空想大風，題茲短什。」詩中寫道：

　　長懷問鼎氣，夙負拔山雄。
　　不學劉琨舞，先歌漢祖風。
　　英髦既包括，豪傑自牢籠。
　　人事一朝異，謳歌四海同。

　　隆基把自己和潞州的關係比作漢高祖劉邦之於家鄉沛邑。從序和詩中不難看出，當時他身在潞州，心向長安，時刻關心著宮廷中的鬥爭，滿懷為李唐王朝建功立業的雄心壯志。

　　景龍三年（西元 709 年）冬，隆基藉口參加中宗祭祀南郊的大典，準備返回長安。據說隆基在潞州期間，曾有黃龍升天、紫雲出現等 19 件符瑞之事。開元十三年（西元 725 年），潞州獻〈瑞應圖〉，隆基對宰臣說：

　　朕往在潞州，但靖恭所職，不記此事。今既固請編錄，卿喚取藩邸舊

僚，問其實事，然後修圖。[023]

　　這段不置可否的話，其實是默認。所謂「符瑞」，大多是一些特殊的自然現象，好事者加以附會衍義而成，不可遽信。但這些「符瑞」在當時的出現和流傳，則是隆基在政治上將有所作為的曲折反映。隆基在離開潞州之前，命術士韓禮用蓍草占卜此行吉凶。「蓍一莖孑然獨立，禮驚曰：『蓍立，奇瑞非常也，不可言。』」[024]於是，他滿懷信心地奔赴長安，以一展胸中的抱負。

023 《冊府元龜》卷四八〈帝王部・謙德〉。
024 《舊唐書》卷八〈玄宗上〉。

第二章 潞州别驾

第三章　誅滅韋黨

　　當隆基回到長安時，長安依然是那樣雄偉、莊嚴。長安的宮廷卻正風
起雲湧，浪濤滾滾，很不平靜。

　　中宗當政已經五年了，朝政毫無起色，反而越來越糟。南郊祭祀天地
的大典正在緊張地籌備。關於祭祀的禮儀，發生了激烈的爭執。國子祭酒
祝欽明、國子司業郭山惲建議以韋后為亞獻助祭，安樂公主擔任終獻的角
色，遭到唐紹、蔣欽緒、褚無量等大臣的堅決反對。宰相韋巨源支持祝欽
明的建議，中宗同意由韋后亞獻，改終獻由韋巨源擔任。在祭祀天地的莊
嚴大典中，韋后身為亞獻，代表著她的政治地位已經非常突出，不由使人
想起高宗祀泰山時，武則天擔任亞獻的情景，李唐社稷似乎又一次面臨外
姓女皇君臨的危險。

　　隆基對此不會無動於衷。他從潞州回到長安，就是有所為而來的。他
敏銳地覺察到唐廷遲早會發生事變，積極投入了維護李唐王室的鬥爭。

　　隆基已經累積了豐富的宮廷鬥爭經驗。當張柬之等人發動政變時，他
二十多歲了，正是血氣方剛的年齡。他是否參加了這次復興李唐的政變，
史無所載。「五王」之一的袁恕己，是相王府司馬，負責統率王府兵事。
政變之前，從靈武軍回到長安的靈武道大總管姚崇，雖然不在五王之列，

卻也是政變的重要幕後人物，他長期任相王府長史，可見相王的班底是支持政變的。以隆基剛毅果敢的性格而言，他不會置身事外。「五王」之變的成功，首先是抓了軍隊，把楊元琰、桓彥範、敬暉、李湛四人安插到禁軍，又把「掌禁兵北門宿衛二十餘年」的右羽林大將軍李多祚爭取過來，這樣才取得了決勝的把握。太子重俊起兵事件，是中宗時宮廷中的大事。重俊的失敗，在於他的起事倉促，沒有經過精細周密的準備，尤其是沒有積蓄和整合足夠的軍事力量，起事很快被禁軍擊敗。隆基從這些成功的和失敗的經驗教訓中認知到，要想在宮廷鬥爭中取得勝利，關鍵是抓軍隊，尤其是宿衛宮中的禁軍。

因此，隆基回到長安之後，「常陰引材力之士以自助」[025]，在暗中積蓄力量，以備非常。隆基把發展個人勢力，爭取武裝力量的重點放在萬騎之中。萬騎屬北衙軍，是最接近皇帝的軍隊，也是最精銳的軍隊，它的主要任務是守衛宮城北門。隆基聯絡萬騎的工作是透過親信武士王毛仲去進行的。王毛仲原是高麗人，父親因罪沒入官府之後，毛仲始生。他在隆基為臨淄王時就追隨左右，毛仲弓馬嫻熟，武藝超群，聰明伶俐，善解人意。他非常了解隆基的意圖，主動結納萬騎中的將領和主要人物，把他們介紹給隆基，隆基「數引萬騎帥長及豪俊，賜飲食金帛，得其歡心」[026]，贏得了萬騎將領和中堅人物的好感和信任。

另一個幫助隆基發展勢力的是尚衣奉御王崇曄。崇曄「倜儻任俠，輕財縱酒，長安少年，皆從之遊。帝乃來求與相見，遂遇利仁府折衝麻嗣宗，押萬騎果毅葛福順、總監鍾紹京，言及家國，深相款結」[027]。尚衣奉御不過是正五品下的掌管皇帝服飾的官員，只因為他交遊廣泛，具有一定的社會聲望，隆基就不惜屈尊就駕，主動求見，以利用他去聯絡四方豪

---

025 《舊唐書》卷八〈玄宗上〉。
026 《新唐書》卷一二一〈王毛仲傳〉。
027 《冊府元龜》卷二〇〈帝王部・功業二〉。

傑，爭取禁軍中的將軍。就這樣，在隆基的苦心經營下，逐漸聚集起一股力量，為日後戰勝政敵奠定了堅實的基礎。

韋后的倒行逆施引起了朝野內外的不滿，不斷有人揭發韋后等將謀逆。景龍四年（西元 710 年）五月，許州司兵參軍燕欽融上書指出：「皇后淫亂，干預國政，宗族強盛。安樂公主、武延秀、宗楚客圖危宗社。」中宗召見質問，欽融叩頭上奏，侃侃而談，神色不變，中宗默然無話。宗楚客大為惱怒，假傳聖旨，命飛騎將欽融殺害於宮中。宗楚客如此蠻橫無忌，連懦弱的中宗都大為不滿。中宗態度的變化，使韋后及其黨羽恐懼。韋后早想取中宗而代之，安樂公主希望韋后臨朝稱制，自己做皇太女。母女合謀，在精通醫術的散騎常侍馬秦客、善於烹飪的光祿少卿楊均的協助下，於食物中下毒。六月初二，中宗被妻女毒死，時年五十五歲。

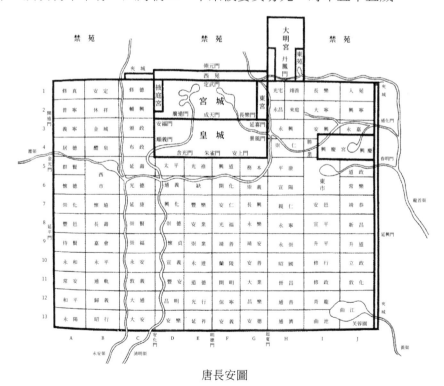

唐長安圖

　　韋后暫時沒有公布中宗的死訊。初三，她召開了有宰相重臣韋安石、韋巨源、蕭至忠、宗楚客、紀處訥、韋溫、李嶠、韋嗣立、唐休璟、趙彥昭及蘇瓌等 19 人的會議，討論修改中宗遺制。遺制規定：「立溫王重茂為皇太子，皇后知政事，相王旦參謀政事。」討論時爭執的焦點是相王輔政的問題。

　　中宗遺制由太平公主和上官昭容起草。太平公主是中宗的妹妹，武則天唯一的親生女兒，「沉敏多權略，武后以為類己，故於諸子中獨愛幸，頗得預密謀，然尚畏武后之嚴，未敢招權勢」。她曾經支持「五王」之變，中宗即位後，開始發展自己的勢力。這是個權勢欲極強，又頗有謀略的女人，和野心勃勃的韋后、安樂公主自然難以相容。她們互相詆毀，各樹朋黨，矛盾十分尖銳，弄得中宗束手無策。太平公主在起草中宗遺制時，把相王推到「參謀政事」的地位，就是要限制韋后的大權獨攬。

　　上官昭容即著名的才女上官婉兒。她是高宗時曾任宰相的上官儀的孫女，上官儀被殺後，沒入掖廷。由於「辯慧善屬文，明習吏事」，武則天將她收留在身邊，幫助處理表章奏疏，深受信用。中宗即位後，婉兒仍然被重用，拜為婕妤，專掌制命，參與核心機密。武三思是她的情夫，她又將三思引薦給韋后，出入禁中。中宗朝初期，武氏集團與韋氏集團的勾結，上官婉兒發揮促成的作用。所以，太子重俊起兵殺掉武三思、武崇訓之後，「自肅章門斬關而入，叩閣索上官婕妤」。當婉兒與武、韋勢力沆瀣一氣時，她的姨表兄弟、左拾遺王昱曾對婉兒的母親鄭氏說：「今婕妤附於三思，此滅族之道也，願姨思之。」鄭氏轉述王昱的話，告誡婉兒，婉兒當時還不以為然。經過太子重俊事件，富有政治鬥爭經驗的婉兒，敏感地覺察到韋后勢力的不可靠。她回憶起王昱的勸告，政治立場開始變化，由韋后、安樂公主一邊轉向以相王、太平公主為代表的李唐王室一邊。所以在起草中宗遺制時，她也支持相王參謀政事。

如果相王輔政，必然會束縛住韋后的手腳，這是韋后及其黨羽絕不能接受的。

中書令宗楚客謂（韋）溫曰：「今須請皇太后臨朝，宜停相王輔政。且皇太后於相王居嫂叔不通問之地，甚難為儀注，理全不可。」（蘇）瓌獨正色拒之，謂楚客等曰：「遺制是先帝意，安可更改！」楚客及韋溫大怒，遂削相王輔政而宣行焉。[028]

參加這次會議的宰相，韋溫、韋巨源、宗楚客、紀處訥諸人是韋后死黨，其餘或為韋后拉攏，或屈服於韋后淫威，都同意刪改遺制，排擠相王參政。宰相們的態度，從誅韋之後他們受到的處分也可以看出：韋安石，「昔相中宗，受遺制，而宗楚客、韋溫擅削相王輔政語，安石無所建正。……監察御史郭震奏之，有詔與韋嗣立、趙彥昭等皆貶」[029]。韋嗣立「坐宗楚客等削遺制事，不執正，貶岳州（今湖南岳陽）別駕」[030]。蕭至忠在「唐隆元年（西元710年）以後黨應坐，而太平公主為言，出為晉州（今山西臨汾）刺史」[031]。李嶠的態度如何呢？「初，中宗崩，嶠嘗密請相王諸子不宜留京師，及玄宗嗣位，獲其表宮中」[032]，他連相王的兒子都要趕出京師，當然不會支持相王輔政。宰相中只有蘇瓌堅決反對刪改遺制，但他孤掌難鳴，不起作用。

在召開宰相會議的同時，韋后作了如下部署：一是徵諸府兵五萬人屯京城，使駙馬都尉韋捷、韋灌，衛尉少卿韋璿等諸韋子弟統率，用以控制京師；二是命左監門大將軍兼內侍薛思簡等將兵五百馳驛戍均州，以監視譙王重福。重福是中宗第二子，後宮所生。韋后所生懿德太子重潤死後，

---

028 《舊唐書》卷八八〈蘇瓌傳〉。
029 《新唐書》卷一二二 〈韋安石傳〉。
030 《新唐書》卷一一六〈韋嗣立傳〉。
031 《新唐書》卷一二三〈蕭至忠傳〉。
032 《新唐書》卷一二三〈李嶠傳〉。

重福就居長了，是最有資格的皇位繼承人。因而韋后對他的行動要加以戒備；三是詔刑部尚書裴談、工部尚書張錫並同中書門下三品，充東都留守，以防東都有變。

韋后作了這番布置之後，才於中宗死後第三天，即六月初四，集百官發喪。韋后臨朝攝政，赦天下，改元唐隆。初七，溫王即位。溫王重茂是中宗的小兒子，時年十六。由韋溫總知內外守捉兵馬事，南北衛軍及臺閣要司都由韋氏子弟及親信控制。宗楚客、武延秀、趙履溫、葉靜能及諸韋屢勸韋后效法武則天，革唐命而稱帝。韋后也想稱帝，只是暫時還不具備條件，她首先必須消滅以相王、太平公主為代表的反韋勢力。中宗一去世，韋后和反韋后兩種勢力的鬥爭便空前激烈起來。

從關於相王輔政的鬥爭中，可知相王當時居於舉足輕重的地位，以聲望和資歷而言，他最為韋后忌憚。但正因為相王地位顯赫，樹大招風，反而不便活動。加之，相王秉性曠達，不貪權勢，在經歷了許多宮廷鬥爭的風險之後，也無意進取。相王的長子成器和次子成義，都資質平平，不堪重任。李唐王室中，反韋勢力真正的組織領導者，是不為人注目的李隆基。他早已在暗中聯絡、積蓄力量，進行捍衛李唐社稷，反對韋后篡權的鬥爭，準備在時機到來時一舉消滅韋后集團。隆基得到了姑姑太平公主的支援，太平公主派兒子衛尉卿薛崇簡參與了隆基的誅韋密謀。

隆基的政治傾向和活動，身為父親的相王不會全然無知，一定會給予支援。但誅韋密謀的具體整合工作是背著相王進行的。隆基認為：「我曹為此以徇社稷，事成福歸於王，不成以身死之，不以累王也。」隆基的考慮是周到、成熟的。他深知誅韋是「危事」，形勢嚴峻。韋后控制著小皇帝，可以挾天子以令諸侯，在政治上占有主動地位。韋后能夠刪改遺制，抵制相王參政，說明她在宰相和朝臣中有相當大的勢力。特別是諸韋占據著禁軍和京城宿衛部隊的要職，握有兵權。所以隆基不可能輕而易舉地戰

勝韋后，他冷靜地估計了成功與失敗的兩種可能性。

韋后雖然勢力強大，在謀害中宗之後的部署，也相當周密。但她要想達到稱帝的目的，有難以克服的、致命的弱點。第一，在中宗、韋后當政期間，吏治腐敗，賄賂公行，財政匱乏，民不聊生，韋后是不得人心的。第二，李唐王朝剛剛結束了武周革命，人心思定，人心向唐。韋后沒有武則天那樣傑出的才幹和政績，也沒有像武則天那樣在稱帝前做過長期的、艱苦的準備工作。韋后要革唐命，缺乏現實基礎。第三，諸韋及其黨羽的驕奢淫逸，激起了社會各階層的強烈不滿。如分押萬騎左右營的韋播、高嵩（韋溫的外甥），常常用毆打軍士的方法來樹立自己的威望，使萬騎將士深感憤怒。萬騎將領葛福順、陳玄禮、李仙鳧等力勸隆基誅滅諸韋，願生死相隨。諸韋對軍隊和各部門的控制極不穩固。

由於上述原因，在鬥爭日趨白熱化的時候，韋后集團中一些有識之士，開始轉向隆基一方。原來黨附宗楚客、武三思、武延秀的兵部侍郎崔日用，在韋后臨朝稱制時，「恐禍及己，知玄宗將圖義舉，乃因沙門普潤、道士王曄密詣藩邸，深自結納，潛謀翼戴」[033]。他還向隆基進言，誅韋之舉，「事必克捷，望速發，出其不意，若少遲延，或恐生變」[034]，催促及早動手。崔日用其人，「才辯絕人而敏於事，能乘機反禍取富貴」[035]，是一個善於觀察宮廷鬥爭形勢，能夠根據形勢而決定自己去向的人。他的立場轉變，預示著韋氏集團的分崩離析。

韋后對相王、太平公主竭力防範，毫不放鬆。相王、太平公主、隆基的府第實際已被重兵圍困，嚴密監視。韋后「將圖剪覆，設兵潛備，內外阻絕」[036]，隆基只能透過東明觀道士馮處澄、寶昌寺僧普潤等人和外界保

033 《舊唐書》卷九九〈崔日用傳〉。
034 同上。
035 《新唐書》卷一二一〈崔日用傳〉。
036 《冊府元龜》卷二〇〈帝王部·功業二〉。

持聯繫。形勢異常緊張，隆基決定不再等待，立即發動政變。

　　六月二十日傍晚，華燈初上，暮色蒼茫，隆基改換服裝，在道士馮處澄的掩護下，悄悄離開王府，來到政變的指揮部——禁苑總監鍾紹京的府第。這將是一次以弱勝強、以少勝多的決戰，隆基以大智大勇的氣概奮起拚搏。就在這關鍵時刻，玄宗身邊也有人畏懼動搖了。一個是鍾紹京。他是由王崇曄聯絡參與密謀的，政變的指揮部就設在他家裡。隆基到來，舉事在即，他卻心懷恐懼，臨戰膽怯，想拒絕隆基一行進入他的府第。多虧鍾紹京的妻子許氏深明大義，勸他說：「忘身徇國，神必助之。且同謀素定，今雖不行，庸得免乎？」鍾紹京才堅定下來，出迎隆基。另一個是隆基的心腹武士王毛仲，在政變前兩天就不知去向，躲起來了。

　　入夜，萬騎將領葛福順、李仙鳧來到鍾紹京府第，向隆基請示號令。隆基對這次政變，謀劃已久，成竹在胸。在他的行動計畫中，第一個攻擊的目標是玄武門。玄武門的得失是宮廷政變成敗的關鍵所在。唐太宗的玄武門之變及武則天晚年的「五王」之變，都是首先控制了北門禁軍、奪取了玄武門而取得成功的。中宗時太子重俊起兵，則由於中宗控制了玄武門，重俊因在門下受阻而失敗。這些歷史經驗，隆基了然在心。葛福順等人奉命進入宿衛玄武門的羽林營，斬統領羽林軍的韋璿、韋播、高嵩，向羽林營將士宣布：「韋后鴆殺先帝，謀危社稷，今夕當共誅諸韋，馬鞭以上皆斬之。立相王以安天下，敢有懷兩端助逆黨者，罪及三族。」羽林軍將士對諸韋久懷憤慨，都欣然從命。掌握了玄武門及羽林軍，政變已取得了勝利的決定性把握。

　　隆基驗看了葛福順送來的韋璿等人的首級，證實奪取玄武門成功，便帶領劉幽求等人離開鍾紹京府第，出禁苑南門，向玄武門出發。鍾紹京率丁匠、戶奴兩百餘人執斧鋸相從。葛福順率左萬騎攻玄德門，李仙鳧率右萬騎攻白獸門，斬關而入，進展順利。三鼓，兩軍會師凌煙閣前。在太極

殿宿衛梓宮的諸衛兵都披甲回應，韋后倉皇逃入飛騎營，被飛騎斬首，獻給隆基。安樂公主、武延秀、內將軍賀婁氏等都被誅殺。

上官婉兒也被殺了。這位姿容美麗、文思敏捷的才女，曾經多次成功地度過了宮廷鬥爭的風浪，這回卻翻了船。她遇到一個強硬的對手。當隆基進入宮中，婉兒持燭率宮人迎接，拿出遺制草稿交劉幽求，以證明她早已是支持相王的。劉幽求為婉兒向隆基求情，隆基不為所動，下令斬婉兒於旗下。開元初，登上皇位的李隆基，下令收集婉兒的詩文，撰成文集二十卷，並令中書令燕國公張說為之序。可惜文集後來失傳，但張說的序文和婉兒的部分詩作至今仍在。隆基雖然不允許這個玩弄政治的才女存在於世間，結束了她的生命，但卻留下了她的靈魂，允許她的思想和感情在詩文中留傳。

隆基誅韋，部署周密細緻，行動迅速果斷，一夜之間，大獲全勝。第二天，宮內平定，隆基出見相王，叩頭謝不先報告之罪，相王勗勉有加地說：「社稷宗廟不墜於地，汝之力也。」隆基迎相王入宮，輔佐少帝。同日，關閉宮門及京師城門，大肆搜捕諸韋親黨。韋溫、宗楚客、宗晉卿、趙履溫、韋巨源等都被捕殺。崔日用率兵誅殺聚居在京城南杜曲的韋氏，連襁褓中的嬰兒都不能倖免。

六月二十三日，太平公主傳少帝命，讓位於相王。二十四日，相王即位，改元景雲。

第三章　誅滅韋黨

第四章　剷除太平

　　誅滅韋后集團之後，隆基以平定內難之功，被封為平王，兼知內外閑廄、押左右廂萬騎，掌管禁軍及御馬。很快又兼殿中監、同中書門下三品。睿宗即位後的第三天，七月二十七日，立隆基為太子。

　　本來，立太子未必要這樣匆忙，而且按長子繼承的原則，應立宋王成器，成器涕泣固辭，他說：「國家安則先嫡長，國家危則先有功，苟違其宜，四海失望。臣死不敢居平王之上。」朝中大臣也都贊成立隆基。隆基領導了誅韋之役，為父皇復位作出決定性的安排，表現出獨立支撐李唐社稷的非凡膽略和才幹，擁有強大的實力和眾多的擁護者，他成為太子是勢在必然的，是聰明的大哥李成器不敢競爭的。

　　睿宗在位初期，武、韋兩個代表腐朽勢力的集團被剷除，唐廷政局有所轉機。睿宗任用許州刺史姚元之（崇）和洛陽長史宋璟為宰相，「璟與姚元之協心革中宗弊政，進忠良，退不肖，賞罰盡公，請託不行，綱紀修舉，當時翕然以為復有貞觀、永徽之風」。這種向好的方向轉化的聲勢，發展了一年多，便停止了。阻力來自太平公主。

　　武則天逝世之後，太平公主是宮廷政治舞臺上最為活躍的人物之一。

　　她在誅滅韋黨、擁立睿宗的過程中立有大功，地位越來越高。太平

第四章　剷除太平

公主專橫跋扈，貪賄好財，過著豪華奢侈的生活。她的「田園遍於近甸膏
腴，而市易造作器物，吳、蜀、嶺南供送，相屬於路。綺疏寶帳，音樂輿
乘，同於宮掖。侍兒披羅綺，常數百人，蒼頭監嫗，必盈千數，外州供狗
馬玩好滋味，不可紀極」[037]。睿宗對這位頗富權略的妹妹十分尊重，常和
她商量國家大政，「公主所欲，上無不聽，自宰相以下，進退繫其一言，
其餘薦士驟歷清顯者不可勝數，權傾人主，趨附其門者如市」。而太平也
以玩弄權勢為樂，「軍國大政，事必參決，如不朝謁，則宰臣就第議其可
否」[038]。在誅韋之役中，太平支持過隆基，姑姪立場一致。可是在隆基成
為太子後，太平干預朝政，必然會和隆基發生矛盾。太平深知隆基英明幹
練，不可忽視。只有改立一個懦弱的太子，她的權勢和利益才不會受到傷
害，所以，她開始攻擊隆基，姑姪之間的矛盾日趨尖銳。

太平公主在隆基身邊安插了自己的耳目，監視隆基的舉動。她常在睿
宗那裡告隆基的狀，挑撥隆基父子間的關係，弄得隆基惶惶不安。她還散
布流言，說「太子非長，不當立」，並網羅黨羽，集結反對隆基的力量。
景雲二年（西元711年）正月，太平公主竟然在光範門會見宰相，提出改
易太子的要求，宰相們大驚失色，「宋璟抗言曰：『東宮有大功於天下，
真宗廟社稷之主，公主奈何忽有此議！』」太平的要求，遭到宰相們的拒
絕，她和隆基的矛盾至此已完全公開化了。

太平公主勇於向宰相提出改易太子的要求，是自恃聲望和實力都在隆
基之上。的確，從武則天時代以來，「二十餘年，天下獨有太平一公主，
父為帝，母為后，夫為親王，子為郡王，貴盛無比」[039]。剛被選補為諸暨
縣主簿的王琚，「過謝太子，琚至廷中，故徐行高視，宦者曰：『殿下在
簾內。』琚曰：『何謂殿下？當今獨有太平公主耳！』」王琚這樣講，固然

---

037 《舊唐書》卷一八三〈太平公主傳〉。
038 同上。
039 《舊唐書》卷一八三〈太平公主傳〉。

有激發太子與太平鬥爭的用意，但他的話，並不誇張，太平的聲望顯赫，遠在隆基之上。然而，太平還是高估了自己的力量。當時的宰相是中書令姚崇、黃門侍郎同中書門下三品李日知、檢校吏部尚書同中書門下三品宋璟、中書舍人參預機務劉幽求，以及剛被任命為同中書門下平章事的太僕卿郭元振、中書侍郎張說。宰相班底支持太子隆基。太平的要求被拒絕，她從此在改組宰相班底上下工夫。

光範門會見之後，針對太平改易太子的要求，宰相姚崇和宋璟祕密向睿宗進言：

宋王陛下之元子，邠王高宗之長孫，太平公主交構其間，將使東宮不安。請出宋王及邠王皆為刺史，罷岐、薛二王左、右羽林，使為左、右率以事太子。太平公主請與武攸暨皆於東都安置。

睿宗基本上採納了姚、宋這個很有見地的意見，只是說：「朕更無兄弟，惟太平一妹，豈可遠置東都！」對太平還是感念手足之情的。二月初一，睿宗命宋王成器為同州（治今陝西大荔）刺史，邠王守禮為邠州（治今陝西彬縣）刺史，左羽林大將軍岐王隆範為左衛率，右羽林大將軍薛王隆業為右衛率，太平公主蒲州（山西永濟西南）安置。

當太平得知此議出自姚、宋，大怒，指責太子背後指使，隆基恐懼，趕緊上奏姚、宋離間他和姑、兄的關係，請處以極刑。睿宗自然明白，姚、宋的建議完全是從維護太子的地位、穩定唐廷大局出發，未必受隆基指使，為了應付太平，只好貶姚崇為申州（今河南信陽）刺史，宋璟為楚州（今江蘇淮安）刺史。太平畢竟到蒲州待了三個多月，五月，應隆基的請求，召回京城。這個具有諷刺意味的事件是值得玩味的。太平可以公開要求改易太子，姚、宋的建議只能「密言於上」。太平一怒，隆基馬上加罪姚、宋，劃清界限，以求自保。睿宗明知姚、宋建議合理，又不能不把他們貶出京城。這樣微妙的關係，反映了太平的勢力和影響都很大，隆基

還不敢與之正面抗衡。

對於太平和太子的矛盾，睿宗的態度如何呢？一邊是妹妹，一邊是兒子，都有骨肉之情，他不能不相當謹慎地盡量持平，在處理問題時，兩人的意見都要考慮到。「每宰相奏事，上輒問：『嘗與太平議否？』又問：『與三郎議否？』然後可之。三郎，謂太子也。」但在尖銳的矛盾面前，他不可能做到絕對的持平，還是傾向兒子隆基的。睿宗與隆基兩人在長期的宮廷鬥爭中，休戚與共，立場一致。誅韋之前，隆基首先考慮的是父親的安危，誅韋之後，睿宗很快立隆基為太子。太平的目的是要廢掉隆基的太子地位，如果睿宗對隆基不滿，趁勢廢去隆基並不困難。睿宗不僅沒有這樣做，反而主動將皇位讓給隆基，使隆基在政治上贏得了重要的優勢。這就表明了睿宗的基本態度是支持隆基的。

睿宗逐步讓位給隆基的過程，充分展現了他在鬥爭中的智慧和策略。一定是出於過分的自信，太平低估了睿宗在政治上的成熟，對睿宗與隆基之間的關係缺乏正確的了解，這是招致她以後覆沒的重要失誤。

當睿宗採納姚、宋建議，決心將太平安置蒲州，太子處境略有好轉時，「上謂侍臣曰：『術者言五日中當有急兵入宮，卿等為朕備之。』張說曰：『此必讒人欲離間東宮。願陛下使太子監國，則流言自息矣。』姚元之曰：『張說所言，社稷之至計也。』上悅」。術者之言的目的是挑撥離間睿宗與隆基的關係，當出自太平授意。睿宗卻因此接受張說、姚崇的建議，於蒲州安置太平的次日，二月初二命太子監國，六品以上官的任用及徒罪以下，並取太子處分，實現了部分權力的移交。

兩個月之後，睿宗召見三品以上的大臣，提出傳位太子。太平公主黨羽、殿中侍御史和逢堯等竭力諫止，傳位雖沒有實現，睿宗於四月十三日下制：「凡政事皆取太子處分。其軍旅死刑及五品以上除授，皆先與太子議之，然後以聞。」再一次移交了部分權力。

景雲三年（西元 712 年）七月（是年八月改元先天），彗星出現在西方，「太平公主使術者言於上曰：『彗所以除舊布新，又帝座及心前星皆有變，皇太子當為天子。』上曰，『傳德避災，吾志決矣』」，太平的本意是指使術士借星變讓睿宗猜疑、防範隆基，結果弄巧成拙，睿宗決心借星變實現傳位。雖然太平及其黨羽竭力勸阻，隆基也一再推辭，但睿宗決心已定。他意味深長地對隆基說：「社稷所以再安，吾之所以得天下，皆汝力也。今帝座有災，故以授汝，轉禍為福，汝何疑耶！」二十五日，制傳位於太子。太平只好勸睿宗不要全部放權。八月五日，隆基即位，是為玄宗，改元先天。尊睿宗為太上皇，「三品以上除授及大刑政決於上皇，餘皆決於皇帝」。睿宗仍保留了一點權力，作為安撫太平的姿態。

隆基登上了皇位，太平的勢力也有很大的發展。自從光範門受挫後，太平開始注意調整宰相，至先天二年（西元 713 年），七個宰相中，竇懷貞、岑羲、蕭至忠、崔湜四人依附太平，不附太平的是郭元振、魏知古和陸象先三人，太平的親信在宰相中已占優勢。朝中「文武之臣，太半附之」。太子少保薛稷、雍州長史新興王晉、中書舍人李猷、右散騎常侍賈膺福、鴻臚卿唐晙等都是太平死黨。太平還控制了一部分軍權。左羽林大將軍常元楷、知右羽林將軍李慈、左金吾將軍李欽等領兵將領也都依附她。太平的勢力是相當強大的。但隆基已由太子成為皇帝，在政治上占有優勢。崔日用對此曾有透澈的闡述，他對玄宗說：

太平公主謀逆有期，陛下往在宮府，欲有討捕，猶是子道臣道，須用謀用力。今既光臨大寶，但須下一制，誰敢不從？[040]

就是說，玄宗要誅滅太平，已處於名正言順的有利地位。

玄宗即位之後，與太平的矛盾更趨尖銳。劉幽求和左羽林將軍張暐時

---

040 《舊唐書》卷九九〈崔日用傳〉。

曾計劃用羽林軍誅殺太平，玄宗表示同意。這個密謀過早洩露，玄宗只好將劉、張流貶邊州。太平公主集團也在積極活動，密謀舉行兵變，廢掉玄宗。他們的計畫是在先天二年七月初四，由常元楷、李慈率羽林軍攻入玄宗所在的武德殿，宰相竇懷貞、蕭至忠、岑羲等於南衙舉兵回應。這個計畫被宰相魏知古知悉，並報告玄宗。玄宗立即與弟弟岐王範、薛王業、兵部尚書同中書門下三品郭元振、龍武將軍王毛仲、殿中少監姜皎、太僕少卿李令問、尚乘奉御王守一、內給事高力士等親信密商對策，決定提前一天動手，先發制人。

七月初三，玄宗令王毛仲取閑廄馬及士兵三百多人，從武德殿入虔化門，召左羽林大將軍常元楷、知右羽林將軍事李慈入內並斬首。除掉這兩個太平公主的心腹將領，便控制了羽林軍。緊接著，大肆捕殺太平黨羽，宰相蕭至忠、岑羲被殺，竇懷貞自縊，太平公主逃入山中寺院，三天後外出，賜死於家。她的兒子（除薛崇暕外）及死黨被殺者數十人，「籍公主家，財貨山積，珍物侔於御府，廄牧羊馬，田園息錢，收之數年不盡」。這位弄權貪財、不可一世的公主就這樣身名俱裂了。

七月初四，睿宗以太上皇的身分宣布：「朕將高居無為，自今後軍國刑政一事以上，並取皇帝處分。」[041] 從此，玄宗才真正握有皇帝的全部權力，開始了治理大唐的輝煌業績。

玄宗誅韋是在劣勢下奮起一搏，誅太平則占有一定的優勢；玄宗身居皇位，以上制下，占有政治上的優勢。玄宗洞悉太平的密謀，搶先動手，占有時機上的優勢。玄宗採取「先定北軍，次收逆黨」的方針，首先解除了太平對羽林軍的控制，占有軍事力量上的優勢。由此可見，在長期的宮廷鬥爭中，玄宗受到鍛鍊，變得成熟了。他善於長期積蓄力量，等待時機，也善於在時機到來時，勇敢果決，奪取勝利。

---

041 《舊唐書》卷七〈睿宗紀〉。

對於誅殺太平，睿宗態度如何呢？從文獻看，是睿宗親自授意的。誅殺太平之後，在睿宗的《命明皇總軍國刑政詔》中說：「昨者奸臣構釁，竊犯禁闈。凶黨布於蕭牆，飛變聞於帷扆。朕慮深倉卒，爰命討除。皇帝遂與岐王範、薛王業等勵茲孝心，率彼義勇，戮鯨鯢於闕下，掃欃槍於天路，元惡大憝，罔不伏誅。」[042] 玄宗在即位赦文中也說：「太上皇聖斷宏通，英謀獨運，命朕率岐王範、薛王業等，躬事誅鋤。齊斧一麾，凶渠盡殄。」[043] 這些事後起草的文件雖然言之鑿鑿，但並不盡然可信。從睿宗對待太平與太子矛盾的態度來看，他似乎不願採取這種骨肉相殘的辦法去解決。所以他盡量滿足太平的要求，同時又把皇位讓給太子，而且是一點一點地讓，就是想使太子能夠成為皇帝，而又不過分傷害太平。然而，這只是睿宗善良的願望，他無法改變客觀實際，太平和太子都是個性和自信很強的人，他們之間的矛盾最終只能用武力解決，雙方都在磨刀霍霍。決戰的時機，睿宗不知道的可能性更大些。事後說成是睿宗授意，玄宗誅殺姑姑，違迕孝道的惡名就可以洗刷了。

睿宗其人，歷來被認為是一位軟弱無能、無所作為的皇帝，其實不然。睿宗一生，曾經三次讓出皇位，第一次是他的母親武則天當女皇把他降為皇嗣；第二次是他把皇嗣的地位讓給哥哥盧陵王。中宗即位後，他又堅決辭去皇太弟的位置；第三次是他把皇位讓給了兒子玄宗自己當太上皇。每次讓位元都是當時形勢的需要，都對穩定朝政大局有好處。睿宗身處皇位而不為皇權誘惑，不以個人進退為重的風格是難能可貴的。睿宗「素懷澹泊，不以萬乘為貴」，三讓天下，在中國歷代封建帝王中是絕無僅有的。

睿宗一生，幾乎都在複雜的宮廷鬥爭中度過。每次大的動盪，都會波及他。他頭腦清醒，處事謹慎，善於審時度勢，決定自己的行動去

---

042 《唐大詔令集》卷三〇。
043 《唐大詔令集》卷二。

向。「自則天初臨朝及革命之際，王室屢有變故，帝每恭儉退讓，竟免於禍。」[044] 睿宗的「恭儉退讓」，不是軟弱無能，而是一種鬥爭的策略，它淵源於道家思想。

睿宗受道家影響頗深。他在位期間，兩個女兒金仙公主和玉真公主都成為女道士。他還不顧國家財政的困竭和群臣的反對，大興土木，為兩個女兒建造規模宏大的道觀，表現出崇道的極大熱情。後來玄宗的崇道，受父親的影響也是重要原因。道家在政治鬥爭中，主張「以柔弱勝剛強」，認為「天下莫柔弱於水，而攻堅強者莫之能勝」[045]。在道家看來，事物處於柔弱的地位，不轉化為剛強，就可以避免走向滅亡的結局。水雖然柔弱，它最終可以沖決比它堅強的東西。睿宗在宮廷鬥爭中採取的「恭儉退讓」的方針，是深得道家「以柔弱勝剛強」的思想精髓的。他的「恭儉退讓」，不僅使自己得以保全，度過難關，而且為玄宗的生存和從事抗爭創造了有利條件。玄宗能夠取得一次又一次的成功，最終接管了大唐王朝的最高權力，是和睿宗的「恭儉退讓」分不開的。把「恭儉退讓」作為一種抗爭策略、方法，並非易事，它需要有高度的政治智慧和頑強的毅力，睿宗具備了這些條件。他是一個聰明的皇帝，在從武則天到唐玄宗的權力過渡中，他以獨特的方式作出了積極的貢獻，對開元盛世的到來有開創奠基之功，是應當給予正確評價的。

睿宗卒於開元四年（西元 716 年）六月十九日，終年恰巧和哥哥中宗一樣，也是五十五歲，兄弟二人不同的是，一個暴卒，一個善終。位於蒲城的巍巍橋陵，是人們對這位生性恬靜的皇帝永遠的紀念。

---

044 《舊唐書》卷七〈睿宗紀〉。
045 《老子》第 78 章。

第五章　開元天子與「救時之相」

對於玄宗來說，西元 713 年是不平凡的一年。雖然在一年多前，他已經登上皇位，但只有在這年七月成功地剷除了太平公主集團之後，才真正成為名符其實的大唐皇帝。十一月，在群臣的請求下，玄宗加尊號為開元神武皇帝。十二月，宣布改元開元。

年輕的開元天子非常仰慕唐太宗，決心要「改中宗之政，依貞觀故事」[046]，滿懷宏圖壯志，投入了振興唐朝的事業。他夙興夜寐，廢寢忘食，勤勉奮發地工作。現在西安附近終南山樓觀臺的〈老子顯見碑〉（開元二十九年刻）碑文中說：玄宗「自臨御以來，向卅年，未曾不四更即起」。《開元天寶遺事》卷下〈金函〉記：「明皇憂勤國政，諫無不從，或有章疏規諷，則探其理道優長者貯於金函中，日置於座右，時取讀之，未嘗懈忽也。」

玄宗儘管勤於為政，畢竟還年輕，缺乏經驗。他即位伊始，需要一個精明幹練的宰相作為助手。剷除太平之後新任命的宰相是中書令張說和左僕射劉幽求，張、劉兩人都以文學見長，處理實際問題的能力稍差一點，玄宗並不滿意，經過認真選擇，仔細考慮，他決心起用姚崇。

---

046 《隋唐嘉話》下。

　　姚崇是陝州硤石（今河南三門峽）人，字元之，本名元崇。為避開元尊號，省去「元」字，名崇。玄宗想起用姚崇，一是因為姚崇有傑出的才幹。他為人豪爽，崇尚氣節，極負才華。少年時代，不知讀書，長大後才發憤攻讀。儀鳳二年（西元677年）應下筆成章科制舉，獲得出身。他不僅文才出眾，也通曉軍事，文武雙全。萬歲通天元年（西元696年）姚崇任夏官（兵部）郎中，適逢契丹大舉進犯河北，連續攻陷營州（今遼寧遼陽）、冀州（今河北冀縣）、幽州等許多州縣，當時羽書飛馳，軍情告急，姚崇「剖斷如流，皆有條理」，處理得及時適當。他的軍事才能，深為武則天賞識。史稱姚崇「吏道敏捷」、「善應變成務」，就是說他處理實際事務的能力強，效率高，善於根據具體情況的發展變化，及時採取相應的對策，取得良好的效果。

姚崇畫像

　　二是因為姚崇有豐富的經驗。他曾兩度出任宰相，多次出任地方軍政長官，所至皆有政績。姚崇第一次任宰相是在聖曆元年十月，經狄仁傑推薦，擢升夏官侍郎、同鳳閣鸞臺平章事。長安元年（西元701年）被派往並州以北檢校各州兵馬，整軍備戰，以防突厥侵擾。長安四年（西元704年），姚崇以母親衰老，請求解職侍養，言甚哀切，武則天只好任命他為相王府長史，罷政事。但同月，就又任命他為夏官尚書、同鳳閣鸞臺三品。姚崇說：「臣事相王，知兵馬不便，臣非惜死，恐不益相王。」改任春官（禮部）尚書。武則天對他是深為倚重的。中宗朝，姚崇被貶為亳州刺史，又歷任宋、常、越、許諸州刺史。睿宗即位，從許州（今河南許昌）召回姚崇，任命他為兵部尚書、同中書門下三品，尋升中書令。他和宰相宋璟共同努力，協助睿宗整肅吏治，罷免斜封官，革除中宗朝各項弊政，頗見成

效。不久，因建議出刺諸王及安置太平於東都，被貶為申州刺史，又歷任徐州、潞州刺史，揚州長史，淮南按察使，同州刺史。姚崇在他任職的地方，「為政簡肅，人吏立碑紀德」[047]。姚崇任職的經歷相當廣泛，從中央到地方，從內地到邊疆，從政治經濟到軍事邊防，他都有著豐富的知識和實踐經驗，並且政績卓著，是一位成熟的政治家。

三是因為姚崇有正確的政見。在武則天時代，姚崇對酷吏政治深為不滿。「天授之際，獄吏峻密，公持法無頗，全活者眾。」[048]當時，姚崇任京城司刑丞。神功元年（西元 697 年），姚崇向武則天直言詔獄冤濫的情況，指出自垂拱以來，所謂謀反案件，都是酷吏羅織而成。只要除去酷吏，他願「以百口為陛下保，自今內外之臣，無復反者」。姚崇的進諫，深為武則天賞識，促進了酷吏政治的結束。武則天晚年，姚崇任春官尚書，受理僧人狀告張易之兄弟私移京城高僧十餘人往其原籍定州私置寺，姚崇依法「斷停」，禁止二張私自轉移僧人。二張再三求情，姚崇不允，因此得罪二張，出為靈武道大總管。臨行前，向武則天推薦張柬之堪為宰相，並說：「惟陛下急用之。」神龍元年「五王」之變前夕，姚崇從靈武道返回京城，應是參與了兵變的決策。武則天退位，遷往上陽宮時，「王公更相慶，崇獨流涕」，張柬之深為不滿，當天，將姚崇貶出京城。後來，武、韋勢力聯合，「五王」被害，姚崇則得以倖免。睿宗時期，在太平公主與玄宗的鬥爭中，姚崇堅定地維護玄宗，因此獲罪。姚崇與相王父子的歷史淵源，可追溯到他在武則天時代任相王府長史。在多次重大的宮廷鬥爭中，他和相王父子的政見相同，立場一致，發揮過重要作用。他沒有參與誅韋和誅太平兩役，身上的血腥氣少一些，功勞也小一些，這不僅使他沒有居功自傲的本錢，可以更為冷靜客觀地看待問題，而且使玄宗對他不

---

047 《舊唐書》卷九六〈姚崇傳〉。
048 《文苑英華》卷八八四〈梁國公姚崇神道碑〉。

產生什麼疑慮。

四是因為姚崇有很高的聲望。開元元年，姚崇已經 63 歲了，他歷武則天、中宗、睿宗三朝，出將入相，兩度執掌朝政，屢建戰功，政績顯著，以他的才能、資歷和遠見卓識，已經贏得了很高的聲望。因此，玄宗選擇姚崇為相，這一選擇是獨具慧眼的。

玄宗起用姚崇在當時有一定困難。一方面，宰相中書令張說素與姚崇不和。張說在朝中頗有勢力和影響，他得知玄宗想任命姚崇為相時，便極力阻撓。先是指使御史大夫趙彥昭彈劾姚崇，後又指使殿中監姜晈推薦姚崇為河東道總管，玄宗都沒有聽從。另一方面，景雲二年姚崇被貶的事件，在關鍵時刻，玄宗犧牲姚崇以自保，雖然出於環境所迫，但這種做法肯定會給姚崇留下極不愉快的回憶，姚崇對出任宰相的態度如何，玄宗還拿捏不準。因此，起用姚崇需要有一個適當的時機和場合。

十月十三日，玄宗在長安近郊的驪山下整合了規模宏大的軍事演習。徵兵 20 萬，旌旗相連長達 50 里。誅滅太平之後，玄宗馬上親自「講武」，用意是很清楚的。身為皇帝，他要確認自己是全國軍隊的最高統帥，他要顯示自己掌握的強大軍事力量，這對結束動亂，穩定政局，威脅政敵和鞏固自己的地位都是非常必要的。玄宗選擇在驪山講武，還有另一個不為人知的目的，就是為會見在距驪山不遠任同州刺史的姚崇創造有利的時機。

在驪山講武中，玄宗以軍容不整為理由，下令斬兵部尚書、同中書門下三品郭元振於旗下，劉幽求、張說等大臣跪在玄宗馬前諫止說：「元振有大功於社稷，不可殺。」元振才得以免死，改為流放新州。玄宗還以制定軍禮不嚴肅為名，下令斬給事中、知禮儀唐紹。其實，玄宗本意不是真要斬唐紹，就像他的本意也不是一定要斬郭元振一樣。郭元振身為宰相，一直支持玄宗，又剛在誅滅太平時立有大功，唐紹曾極力反對韋后作為中宗祭祀南郊的亞獻，在中宗、睿宗兩朝都以直言敢諫著稱。玄宗藉故懲罰

這兩位大臣，無非是用以樹立自己的權威，告誡功臣不可居功自傲。但唐紹的命運不如郭元振，由於金吾將軍李邈宣敕迅速，大臣們還沒有來得及勸諫，唐紹已被殺頭。假戲真做，玄宗只好下令罷免李邈官職，終身不再敘用。郭、唐兩大臣受罰，各軍多因害怕而進退失常，稍有混亂。只有左軍節度薛訥、朔方道大總管解琬兩軍秩序井然，受到玄宗的嘉獎。

驪山講武的次日，十月十四日。玄宗到渭川打獵時，召見同州刺史姚崇。這次會見是經過精心安排的。藉打獵的機會，召見姚崇，可以避開張說等人的干擾。像打獵這樣比較隨便的場合，也有利於年輕的皇帝與他曾經傷害過的老臣交談和疏通思想。

關於這次重要的會見，《資治通鑑》卷二一○〈考異〉引述吳兢《開元升平源》有細緻而生動的記述：

上方獵於渭濱，公至，拜馬首。上曰：「卿頗知獵乎？」元崇曰：「臣少孤，居廣成澤，目不知書，唯以射獵為事。四十年方遇張憬藏，謂臣當以文學備位將相，無為自棄，爾來折節讀書。今雖官位過忝，至於馳射，老而猶能。」於是呼鷹放犬，遲速稱旨，上大悅。上曰：「朕久不見卿，思有顧問，卿可於宰相行中行。」公行猶後，上縱轡久之，顧曰：「卿行何後？」公曰：「臣官疏賤，不合參宰相行」。上曰：「可兵部尚書，同平章事。」公不謝。上顧訝焉。至頓，上命宰臣坐，公跪奏：「臣適奉作弼之詔而不謝者，欲以十事上獻，有不可行，臣不敢奉詔。」上曰：「悉數之，朕當量力而行，然定可否。」公曰：「自垂拱已來，朝廷以刑法理天下，臣請聖政先仁義，可乎？」上曰：「朕深心有望於公也。」又曰：「聖朝自喪師青海，未有牽復之悔，臣請三數十年不求邊功，可乎？」上曰：「可。」又曰：「自太后臨朝以來，喉舌之任，或出於閹人之口；臣請中官不預公事，可乎？」上曰：「懷之久矣。」又曰：「自武氏諸親猥侵清切權要之地，繼以韋庶人、安樂、太平用事，班序荒雜；臣請國親不任臺省官，凡有斜封、待闕、員外等官，悉請停罷，可乎？」上曰：「朕素志也。」又曰：「比

來近密佞幸之徒，冒犯憲綱者，皆以寵免；臣請行法，可乎？」上曰：「朕切齒久矣。」又曰：「比因豪家戚裡，貢獻求媚，延及公卿、方鎮亦為之；臣請除租、庸、賦稅之外，悉杜塞之，可乎？」上曰：「願行之。」又曰：「太后造福先寺，中宗造聖善寺，上皇造金仙、玉真觀，皆費鉅百萬，耗蠹生靈；凡寺觀宮殿，臣請止絕建造，可乎？」上曰：「朕每睹之，心即不安，而況敢為者哉！」又曰：「先朝褻狎大臣，或虧君臣之敬；臣請陛下接之以禮，可乎？」上曰：「事誠當然，有何不可！」又曰：「自燕欽融、韋月將獻直得罪，由是諫臣沮色，臣請凡在臣子，皆得觸龍鱗，犯忌諱，可乎？」上曰：「朕非唯能容之，亦能行之。」又曰：「呂氏產、祿幾危西京，馬、竇、閻、梁亦亂東漢，萬古寒心，國朝為甚，臣請陛下書之史冊，永為殷鑑，作萬代法，可乎？」上乃潸然良久曰：「此事真可為刻肌刻骨者也。」公再拜曰：「此誠陛下致仁政之初，是臣千載一遇之日，臣敢當弼諧之地，天下幸甚！天下幸甚！」

　　這次事關重大的會見，是從談論打獵開始的。儘管君臣間有過不愉快的往事，這種充滿生活情趣的交談卻有利於消除隔閡，溝通情感。當玄宗要姚崇出任宰相時，姚崇針對中宗以來存在的問題，提出了著名的「十事要說」。「十事」可以歸納為三方面：一是穩定政局，不允許國親、外戚、幸臣、宦官干預朝政，結束酷吏政治，施行仁政，以緩和各種社會矛盾和階級矛盾。二是整頓吏治，在選任官員時，國親不得任臺省官，凡斜封、待闕、員外官一律停罷，對官吏要賞罰分明，尤其是對近密佞幸之臣，犯法者要嚴懲，絕不姑息。皇帝要禮敬大臣，提倡直言敢諫的良好政風。三是改善國家財政狀況，不求邊功，安定邊疆，減少軍費開支，禁止濫建寺觀，浪費錢財。除租、庸、賦稅外，杜絕一切額外貢獻。

　　「十事要說」既是姚崇出任宰相的條件，也將是他出任宰相後的施政綱領。對於姚崇提出的每一件事，玄宗都表示深有同感，完全同意。在年輕皇帝一連串的允諾聲中，流露出他希望姚崇出任宰相的急切心情。姚崇

則在「十事要說」得到玄宗的首肯之後，才同意出任宰相。

　　玄宗和姚崇的合作，一開始就受到連年天災的考驗。開元元年秋冬，旱象嚴重，雨雪全無。開元二年（西元714年）春正月，關中「人多飢乏，遣使賑給」。大旱之後，常有蝗災。緊接著，開元三年（西元715年）六月，山東諸州發生了大蝗災，蝗蟲飛來，鋪天蔽日，「下則食苗稼，聲如風雨」[049]，田地裡的禾苗，頃刻為之食盡。在這毀滅性的自然災害面前，農民感到恐懼不安，束手無策，只能在田旁設祭，焚香膜拜，不敢捕殺。災情嚴重地影響著人民的生活和社會的安定，抗災救荒成為當時穩定政局、發展經濟的中心問題。

　　姚崇建議派遣御史督促州縣捕殺蝗蟲。他說：「蝗既解飛，夜必赴火，夜中設火，火邊掘坑，且焚且瘞，除之可盡。」[050]姚崇的建議，遭到朝野內外許多人的反對。就連平日遇事不拿主意的「伴食宰相」盧懷慎也認為殺蝗蟲太多，恐傷和氣，不宜捕殺。還有的認為，蝗蟲是天災，非人力所能克服，除之不盡。在一片反對聲中玄宗頗為猶豫，就此事再徵詢姚崇的意見。姚崇指出：「昔魏時山東有蝗傷稼，緣小忍不除，致使苗稼總盡，人至相食。後秦時有蝗，禾稼及草木俱盡，牛馬至相噉毛。今山東蝗蟲，所在流滿，仍極繁息，實所稀聞。河北、河南，無多貯積，倘不收穫，豈免流離，事繫安危，不可膠柱。縱使除之不盡，猶勝養以成災。」[051]姚崇從歷史上蝗蟲為害的慘痛教訓說起，闡明了滅蝗對安定社會和發展生產的現實意義。玄宗完全接受姚崇的意見，轉而堅定地支持滅蝗，下令派御史至諸道督促官吏組織捕殺蝗蟲，「是歲，田收有獲，人不甚飢」[052]。

　　開元三年，一冬無雪，旱象依然嚴重。四年五月，山東地區蝗災又

049　《舊唐書》卷八〈玄宗紀上〉。
050　《舊唐書》卷九六〈姚崇傳〉。
051　同上。
052　《舊唐書》卷八〈玄宗本紀〉。

起，姚崇再下令遣使捕殺。汴州刺史兼河南採訪使倪若水抗拒御史，不捕殺蝗蟲，其理由是：「蝗乃天災，非人力所及，宜修德以禳之，劉聰時常捕埋之，為害益甚！」姚崇措辭強硬地告誡倪若水，「劉聰偽主，德不勝妖，今日聖朝，妖不勝德，古之良守，蝗不入境。若其修德可免，彼豈無德致然！」有力地駁斥了倪若水修德禳災的說法，倪若水才不敢違抗捕蝗的命令。倪若水的作為，說明對捕蝗還存在很大阻力。五月，玄宗敕令：「今年蝗蟲暴起，乃是孳生，所由官司不早除遏，信蟲成長，開食田苗，不恤人災，自為身計。向若信其拘忌，不有指麾，則山東田苗，掃地俱盡。」[053] 玄宗派出檢校捕蝗使狄光嗣、康瓘、敬昭道、高昌、賈彥璿等人，巡行河南、河北各地，督促捕蝗。令他們「詳察州縣捕蝗勤惰者，各以名聞」。捕蝗戰績顯著，「獲蝗一十四萬石，投之汴水，流下者不可勝數」[054]。由於認真地進行了滅蝗，所以，「連歲蝗災，不至大飢」。

滅蝗是姚崇相業中一件輝煌的功績，他力排眾議，堅主滅蝗，表示「若使殺蝗有禍，崇請當之」，在天災面前，表現了大無畏的精神。

滅蝗在當時，不僅是個救災問題，也是思想認知上的一次大的抗爭。武則天晚年以來，濫建寺觀，宗教（主要是佛教）流行，迷信思想隨之氾濫，人們的主觀能動性受到束縛，反對滅蝗，在天災面前無所作為，其思想根源就是對神的意志的畏服。滅蝗的成功，無疑在一定程度上抑制了迷信思想的氾濫，它使人們在戰勝天災中看到了自己的力量，有利於煥發人們身上奮鬥進取的精神，促成一個繁榮的新時代的出現。

姚崇的成功，是和玄宗的全力支持分不開的。《開天傳信記》說：「開元初，山東大蝗，姚元崇請分遣使捕蝗埋之。……時中外咸以為不可，上謂左右曰：『吾與賢相討論已定，捕蝗之事，敢議者死。』」玄宗支持捕蝗，

---

053 《冊府元龜》卷一四四〈帝王部‧弭災第二〉開元四年五月甲辰詔。
054 《唐會要》卷四四〈蝝蝗〉。

在思想上還是和姚崇有所區別的。姚崇具有一定的樸素唯物主義思想，他反對崇佛佞佛，不相信鬼神，認為「死者無知，自同糞土」，對於「殺蝗傷和氣」「蝗乃天災，非人力所及」之類的說法是不相信的，堅定地加以反對。玄宗對這些說法就有所疑慮，態度不像姚崇那樣堅決。但身為一個傑出的政治家，他敏銳地感覺到姚崇所說滅蝗「事繫安危，不可膠柱」的重要意義。因為武則天之後，唐中央政局動盪了十幾年，他剛剛即位不久，政局尚待安定，皇位尚待鞏固，如果山東地區（唐朝最重要的傳統經濟區域）的蝗災不及時加以撲滅，農業嚴重歉收，糧食不供，飢餓相繼，社會便會動盪不安，就會直接危及政權的穩定。所以，在姚崇陳述了滅蝗的理由後，他便全力地支持滅蝗，使農業在遭災之後，仍然有所收穫。這對改善國家財政和穩定社會秩序都是很有益處的。

姚崇由於在開元初年的政績顯著，被譽為「救時之相」。這位「救時之相」把自己的全部智慧和幹練貢獻給年輕的開元天子，他們的精誠合作，為開天盛世的到來邁出了堅實的第一步。

第五章　開元天子與「救時之相」

第六章　鞏固皇位，安定政局

當玄宗君臨大唐王朝時，他面對的是一個既充滿希望、又困難重重的局面。

開元初，儘管遇到連年的天災，加之中宗以來，在政治、經濟、社會等各方面都形成了一些嚴重的問題，有待解決。但在武則天近半個世紀的卓有成效的治理下，唐王朝的農業生產和手工業、商業都有了巨大的發展。人口的成長是封建經濟繁榮的明顯代表，據戶部統計，永徽三年（西元652年），全國有380萬戶，到神龍元年武則天退位時已增至615萬戶，這期間，「平均每年成長百分之零點九一，在封建社會裡，這是一個很大的數字」[055]。直至開元初，社會經濟仍然保持繼續發展的良好情勢，為玄宗治理大唐形成了有利的客觀形勢。玄宗已經掌握了唐王朝的最高權力，他具有運用權力的才能，又選擇了傑出的宰相姚崇作為助手，姚崇在「十事要說」中明確指出當時存在的問題和施政的方針。這樣，玄宗就具備了解決問題、克服困難、開創新局面的基本條件。

在政治上，玄宗當務之急是進一步鞏固自己的地位，使動盪的局勢盡快地安定下來。從神龍元年正月到先天二年七月，只不過8年多的時間

---

055 《汪籛隋唐史論稿》，中國社會科學出版社，1981年，第130頁。

裡，唐廷就發生了七次政變，換了四個皇帝。頻繁的政變和長期的動盪，使宮廷上空彌漫著險惡的氣氛。玄宗從豐富的宮廷鬥爭經驗中懂得，對皇權的威脅和朝政的干擾，主要來自兩種勢力：一是皇親國戚，二是元老功臣。要想使皇位得以鞏固，權力得以行施，政局得以安定下來，就必須限制和防範這兩部分人的權力過分膨脹。

先說玄宗和宗室的關係：

玄宗兄弟六人，他排行第三，除最小的弟弟隋王隆悌早夭外，開元初都住京城。大哥宋王成器，為人「恭謹畏慎，未曾干議時政及與人交結，玄宗尤加信重之」[056]。二哥申王成義，「性弘裕，儀形瓌偉，喜於飲啖」[057]。兩個弟弟岐王（隆）範和薛王（隆）業，都參加過誅滅太平之役。此外，邢王守禮為章懷太子李賢之子，高宗長孫，雖然「才識猥下」，卻也有特殊的名分。由於玄宗不是以嫡長子的身分繼位，而是「因功而立」，在重視宗法關係的時代，具有先天不足的缺陷，這就促使他尤其要注意處理和兄弟、堂兄弟的關係，採取了軟硬兼施、恩威並行的雙重原則，對他們既極表「友愛」，又在政治上嚴加限制。

一方面，玄宗努力加深兄弟之間的手足之情，《資治通鑑》中有生動的描述：

> 上素友愛，近世帝王莫能及。初即位，為長枕大被，與兄弟同寢。諸王每旦朝於側門，退則相從宴飲、鬥雞、擊球，或獵於近郊，遊賞別墅，中使存問相望於道。上聽朝罷，多從諸王遊，在禁中，拜跪如家人禮，飲食起居，相與同之。於殿中設五幄，與諸王更處其中。或講論賦詩，間以飲酒、博弈、游獵，或自執絲竹；成器善笛，範善琵琶，與上更奏之。諸王或有疾，上為之終日不食，終夜不寢。業嘗疾，上方臨朝，須臾之間，使者十返。上親為業煮藥，回飆吹火，誤爇上須，左右驚救之。上曰：「但

056　《舊唐書》卷九五〈睿宗諸子〉。
057　同上。

使王飲此藥而愈,須何足惜?」

　（開元二年七月）宋王成器等請獻興慶坊宅為離宮;甲寅,制許之,始作興慶宮。仍各賜成器等宅,環於宮側,又於宮西南置樓,題其西曰「花萼相輝之樓」,南曰「勤政務本之樓」。上或登樓,聞王奏樂,則召升樓同宴,或幸其所居盡歡,賞賚優渥。

　玄宗對兄弟的友愛,不完全是出於策略、權術的故作姿態。玄宗兄弟從小被幽禁宮中,一同經歷了艱難困苦,他們之間是有深厚情誼的。開元二十九年(西元 741 年)宋王成器去世,玄宗深感悲痛,令右監門大將軍高力士致手書於靈前,他寫道:「隆基白:一代兄弟,一朝存歿,家人之禮,是用申情,興言感思,悲涕交集。……遠自童幼,泊乎長成,出則同遊,學則同業,事均形影,無不相隨。」[058] 手足深情,溢於言表。玄宗是個重感情的人,他即位之後,仍然繼續努力深化而不是淡化這種感情,賦予這種努力以新的意義。《開元天寶遺事》卷下〈竹義〉條記:「太液池岸,有竹數十叢,牙筍未嘗相離,密密如栽也。帝因與諸王閒步於竹間,帝謂諸王曰:『人世父子兄弟,尚有離心離意,此竹宗本不相疏,人有懷貳心生離間之意,睹此可以為鑑。』諸昜王皆唯唯,帝呼為『竹義』。」很明顯,玄宗加深手足之情,是為了消弭「懷貳心生離間之意」。

　另一方面,玄宗對諸王的限制是極其嚴格的。他不給諸王任何權力,「專以聲色畜養娛樂之,不任以職事」。開元二年六月,玄宗命宋王成器兼岐州刺史,申王成義兼豳州刺史,邠王守禮兼虢州刺史。七月,又命岐王範兼絳州刺史,薛王業兼同州刺史。每季允許兩人入朝。諸王離京出任外州刺史是一種防範性的措施,避免了他們干預朝政或被人利用的可能。此議當出自姚崇。早在景雲二年為維護隆基的太子地位,他就建議過出諸王為外州刺史,為太平所阻,未能實現。諸王任刺史,玄宗「令到官但領大

058 《舊唐書》卷九五〈睿宗諸子〉。

綱，自餘州務，皆委上佐主之，是後諸王為都護、都督、刺史並準此」。任刺史的諸王，徒有虛名，並無實權。

　　玄宗嚴厲禁止諸王與朝官來往，防止他們在朝中形成私人的政治勢力。開元元年，宰相張說因玄宗任命姚崇為相，生怕於己不利，祕密會見岐王範，希望引以為後援。此事被姚崇揭發，他對玄宗說：「岐王，陛下愛弟，張說為輔臣，而密乘車入王家，恐為所誤，故憂之。」玄宗立即將張說貶為相州刺史，趕出京城。張說與玄宗的關係很深，「玄宗為太子，說與褚無量侍讀，尤見親禮」[059]，算是玄宗的老師。在玄宗與太平鬥爭時，張說堅定地支持玄宗，發動誅太平之役前夕，張說從東都洛陽派人獻上佩刀，勸玄宗當機立斷，及早動手。但玄宗一發現張說與岐王祕密往來，就給予嚴厲的處分，說明對這類問題的重視。

　　對於諸王與朝官來往的事件，玄宗則處分朝官重，一般不追究諸王的責任。岐王範「好學工書，雅愛文章之士，士無貴賤，皆盡禮接待」[060]。他與外人來往頻繁，發生的事件也較多。光祿卿、駙馬都尉裴虛己和岐王範遊玩宴會，因私自挾有讖緯，被流放新州（今廣東新興），並令公主與之離婚。萬年縣尉劉庭琦、太祝張諤，多次和岐王範飲酒賦詩，劉庭琦因此被貶為雅州司戶，張諤貶為山荏丞。玄宗待岐王範友好親切，依然如故。他說：「我兄弟友愛天至，必無異意，秖是趨競之輩，強相託附耳。我終不以纖芥之故責及兄弟也。」[061]開元十三年玄宗生病時，薛王業妃弟內直郎韋賓與殿中監皇甫恂私下議論玄宗的吉凶，被人告發，玄宗令杖殺韋賓，左遷皇甫恂為錦州刺史。薛王業與其妃均惶懼待罪。玄宗下令召見他們，親下臺階拉著薛王業的手說：「吾若有心猜阻兄弟者，天地神明，

059　《新唐書》卷一二五〈張說傳〉。
060　《舊唐書》卷九五〈睿宗諸子〉。
061　同上。

所共咎罪。」[062]。在處理這類事件時，玄宗在嚴屬處分朝官的同時，始終堅持對兄弟們的信任，表現出處處都顧念手足之情，把懷柔與控制之間的分寸掌握得恰到好處，這是玄宗身為政治家的高明之處。

玄宗對外戚的恃寵驕橫、仗勢欺人、胡作非為採取堅決打擊的態度，絕不回護。岐王範的舅舅趙常奴橫行霸道，河南尹李朝隱說：「此不繩，不可為政。」[063] 把他抓起來痛打一頓。玄宗知道後，非常讚賞李朝隱的做法。開元二年，薛王業的舅舅王仙童侵暴百姓，為御史糾彈，薛王業出面為王仙童說情，玄宗下令復按此事。宰相姚崇、盧懷慎等復按後認為：王仙童罪狀明白，御史糾彈無誤，應依法懲處。玄宗同意。從此，外戚不敢放肆。皇后的妹夫、尚衣奉御長孫昕平時就與御史大夫李傑不和，開元四年正月，「昕與其妹夫楊仙玉於里巷伺傑而毆之。傑上表自訴曰：『鬢膚見毀，雖則痛身，冠冕被陵，誠為辱國。』上大怒，命於朝堂杖殺，以謝百僚。仍以敕書慰傑曰：『昕等朕之密戚，不能訓導，使陵犯衣冠，雖置以極刑，未足謝罪，卿宜以剛腸疾惡，勿以凶人介意。』」玄宗對這一系列案件的處理，尤其是對長孫昕毆打李傑一案的處理，是嚴肅而公正的。他殺掉了長孫昕，又下敕慰勉李傑，作自我批評。這樣不僅打擊了外戚的氣焰，有利於社會和朝廷的安定，也使宗室諸王不致與外戚結合成具有離心力的政治勢力。

再說玄宗和功臣的關係：

玄宗身邊有一批參加過誅韋、誅太平兩役的功臣，號稱「唐元功臣」。他們大多原來官品不高，都是四五品以下的中下級官員。如王毛仲、李宜德是玄宗家奴，劉幽求是縣尉，王琚是縣主簿，鍾紹京是苑總監，麻嗣宗、葛福順、陳玄禮、李仙鳧等則是諸衛府兵中的折衝都尉和果

---

062 《舊唐書》卷九五〈睿宗諸子〉。
063 《新唐書》卷一二九〈李朝隱傳〉。

毅都尉。隨著玄宗地位的變化，他們也都在一夜之間升遷為高級官員。他們本身的素養、能力都和職位不大相稱，驟然間身居要職，肩負重任，往往居功自傲，個人的欲望隨著權勢的增大一起膨脹，稍不如意，便心懷不滿。這部分人，如果不加限制，就會成為不安定的因素。

玄宗對功臣絕不姑息遷就。王琚是玄宗為太子時的密友，也是玄宗誅滅太平的主要謀士。先天二年七月，因功授銀青光祿大夫、戶部尚書，封趙國公，深受玄宗信任，常出入禁中，與聞大政，有「內宰相」之稱。十一月，有人對玄宗說：「王琚權譎縱橫之才，可與之定禍亂，難與之守承平。」玄宗覺得此話有理（或者，上言者原本就是迎合玄宗心意而言），馬上命王琚兼御史大夫，按行北面諸軍，把他派離京城。緊接著，十二月，誅滅太平後才任宰相的張說和劉幽求，同時被免職，張說是因為與姚崇不和，又私謁岐王範。劉幽求罷官，很可能是出自玄宗「難與之守承平」的想法。開元二年閏二月，有人狀告劉幽求、鍾紹京心懷不滿，口出怨言，玄宗將他兩人囚禁，由紫微省（中書省）按問。劉幽求不服，姚崇、盧懷慎、薛訥向玄宗進言：「幽求等皆功臣，乍就閒職，微有沮喪，人情或然。功業既大，榮寵亦深，一朝下獄，恐驚遠聽。」提出了處理功臣的對策，即功臣不受重用，必然心懷不滿。他們建有大功，官職爵位都很高，採取下獄治罪的辦法，社會影響不好。玄宗接受這一建議，貶劉幽求為陸州刺史，鍾紹京為梁州刺史，王琚為澤州刺史。

太常卿姜皎，在玄宗為臨淄王時，就已悉心投靠，後來又參與了誅殺太平之役。玄宗即位後，授銀青光祿大夫，工部尚書，封楚國公。「寵遇群臣莫及，常出入臥內，與后妃連榻宴飲，賞賜不可勝紀。」其弟姜晦也因之而任吏部侍郎。開元五年（西元717年），宋璟向玄宗進言，認為姜皎兄弟權寵太盛，令人不安。七月，玄宗下制：「西漢諸將，以權貴不全，南陽故人，以優閒自保。皎宜放歸田園，散官、勳、封皆如故。」以愛護

他為理由，解除了他的職務。

王毛仲等北門禁軍中的有功將領，開元十八年也進行了處置。誅滅太平後，王毛仲因功授輔國大將軍、左武衛大將軍、檢校內外閑廄兼知監牧使，封霍國公。毛仲養馬事業做得很出色，為人「奉公正直，不避權貴」，在兩營萬騎功臣中威望很高，頗有勢力，又和葛福順結為兒女親家，李守德、唐地文等都很依附於他。玄宗一直對毛仲恩寵有加。王毛仲遂氣焰大盛，與玄宗寵信的宦官高力士、楊思勗等矛盾甚深。毛仲「視宦官貴近者若無人，其卑品者小忤意，輒詈辱如僮僕」。宦官們也常在玄宗面前說王毛仲的壞話。開元十八年（西元 730 年），王毛仲想當兵部尚書的要求沒有滿足，快快不樂，見於詞色。高力士等宦官趁機進言：「北門奴官太盛，豪者皆一心，不除之，必起大患。」[064] 不久，毛仲向太原軍器監索要甲仗，太原少尹嚴挺之上奏玄宗，玄宗擔心他們謀叛，決心將王毛仲及其勢力除掉。玄宗謹慎地避開了索要甲仗一事，而以「不忠怨望」為由，貶毛仲為瀼州別駕。禁軍將領葛福順、盧龍子、唐地文、李守德、王景耀、高廣濟等同時被貶為遠州別駕，毛仲四子皆貶遠州參軍，一齊被趕出京城。毛仲行至永州（今湖南零陵），追賜死。

王毛仲的處理要比劉幽求、姜皎等人要晚，背景也更複雜。王毛仲除以功臣自傲外，還涉及他在北門禁軍中的活動以及和宦官之間的矛盾。玄宗在處理和功臣的關係時，一旦發現他們權勢太盛，便立即予以削奪。他採取的方式較為溫和，一般不下獄治罪，更不殺頭，只是降職貶逐，令其離開京城。這樣處理，展現了玄宗對功臣還有一定感情，也有利於政局的安定。只有王毛仲被賜死，是和謀叛之事有關。

---

064 《舊唐書》卷一〇六〈王毛仲傳〉。

第七章　整頓吏治

　　姚崇在「十事要說」中，有好幾處是講到整頓吏治的。玄宗對這些意見完全贊成，因為他深知吏治敗壞是中宗以來一直存在的問題。韋后、安樂公主為了擴大自己的勢力，用高官厚祿來網羅親信死黨，也用賣官鬻爵來搜刮錢財。當時花錢 30 萬，就可以別降墨敕，斜封付中書授官。這種斜封官的任命，不透過正常的考選途徑，不能保證任官者具有合格的素養。斜封官補授沒有限制，員闕不夠，就置員外官，多達數千人。「時政出多門，濫官充溢，人以為三無坐處，謂宰相、御史及員外官也。」吏治的敗壞達到無以復加的地步。

　　睿宗朝初期，宋璟任檢校吏部尚書、同中書門下三品，李乂、盧從願為吏部侍郎。姚崇任兵部尚書、同中書門下三品，陸象先、盧懷慎為兵部侍郎。他們都為官清正，不徇私情，文武選舉，取捨平允，銓綜有敘，又罷去斜封、待闕、員外等官數千人，使吏治的情況好了一陣子。不久，由於太平公主干權弄政，姚、宋被貶職，斜封官又重新起用，賄賂公行，任人唯私，吏治的腐敗一如中宗之世。

　　玄宗從睿宗那裡接過來的官僚隊伍是一支冗員眾多、素養不良、辦事效率極低的隊伍。他必須整頓和改造現有的官僚隊伍，使之變得精幹、有

效率，才能使整個國家機器有力地運轉起來。

玄宗整頓、刷新吏治，首要的是物色正直幹練的宰相。他即位之初，排除阻力，任用姚崇，表明對宰相人選的重視。姚崇於開元四年十二月罷相，原因是他的兩個兒子光祿少卿姚彝和宗正少卿姚異「廣通賓客，頗受饋遺，為時所譏」。姚崇的親信、主書趙誨，接受胡人賄賂，事情敗露，玄宗親自審問，下獄當死。姚崇竭力營救，引起玄宗的不滿，在赦免京城罪犯時，赦令特別標名趙誨，令杖刑一百，流於嶺南，「崇由是憂懼，數請避相位」。對於兒子和親信的貪汙受賄問題，姚崇採取竭力迴護的態度，很可能是他自己在為政上還不夠清廉的緣故。

姚崇辭去相位時，推薦宋璟繼任宰相。宋璟是邢州南和（今屬河北）人，「少耿介有大節，博學，工於文翰」[065]，為官剛直，深受武則天器重。武則天晚年，張易之、張昌宗弄權，氣焰囂張，傾朝附之，宋璟卻屢次挫折二張。長安三年，二張誣陷宰相魏元忠謀反，用高官厚祿誘使鳳閣舍人張說作偽證。宋璟對張說說：「名義至重，不可陷正人以求苟免，緣此受譴，芬香多矣。若不測者，吾且叩閣救，將與子借死。」[066]這番義正詞嚴、大義凜然的話，使張說深為感動，在武則天面前揭露了二張逼迫他作偽證的行為。中宗時，宋璟因拒絕武三思請託，被排擠出京，歷任杭州、相州刺史。睿宗即位，宋璟與姚崇一起為相，輔佐睿宗。玄宗當時是太子，宋璟兼太子右庶子，因維護玄宗，得罪太平，出為睦州刺史。姚崇罷相後，宋璟從廣州都督任上返京，玄宗派內侍將軍楊思勖前往迎接。「璟風度凝遠，人莫測其際，在途竟不與思勖交言。思勖素貴幸，歸，訴於上，上嗟嘆良久，益重璟。」宋璟為相，正直無私，賞罰公平。他精心選拔人才，量才授職，人盡其才。勇於犯顏直諫，據理力爭，使玄宗對他

---

065 《舊唐書》卷九六〈宋璟傳〉。
066 《新唐書》卷一二四〈宋璟傳〉。

心存敬畏，有時雖不合意，也不得不聽從他的意見。宋璟以直言敢諫、剛正不阿著稱，在相位三年多，總體上是繼續執行姚崇制定的政策，創建不多。史稱：

> 姚、宋相繼為相，崇善應變成務，璟善守法持正；二人志操不同，然協心輔佐，使賦役寬平，刑罰清省，百姓富庶。唐世賢相，前稱房、杜，後稱姚、宋，他人莫得比焉。

姚、宋之後，至開元二十四年（西元 736 年）十一月張九齡罷相之前，先後任宰相的還有：盧懷慎、蘇頲、杜暹、蕭嵩，裴光庭、韓休、宇文融、裴耀卿、李林甫等。他們雖然品德才識高下不同，但都各有所長，為一時人選。司馬光曾評論說：玄宗「即位以來，所用之相，姚崇尚通，宋璟尚法，張嘉貞尚吏，張說尚文，李元紘、杜暹尚儉，韓休、張九齡尚直，各其所長也」。《新唐書》的作者也說：「開元之盛，所置輔佐，皆得賢才……朝多君子，信太平基歟！」[067] 宰相賢明，是盛世太平的基礎。

玄宗選拔宰相十分慎重，在使用他們時，大膽放手，充分信任。玄宗和姚崇之間有段著名的故事：

> 姚元之嘗奏請序進郎吏，上仰視殿屋，元之再三言之，終不應。元之懼，趨出。罷朝，高力士諫曰：「陛下新總萬機，宰臣奏事，當面加可否，奈何一不省察！」上曰：「朕任元之以庶政，大事當奏聞共議之。郎吏卑秩，乃一一以煩朕邪！」會力士宣事至省中，為元之道上語，元之乃喜。聞者皆服上識君人之體。

《新唐書》的作者也高度評價了這件事：「由是進賢退不肖而天下治。」[068] 所謂玄宗「識君人之體」，就是說他能正確處理與朝臣的關係，懂得禮敬朝臣，尊重制度，不濫用權力，對一些具體事務不加干涉。玄宗的

067　《新唐書》卷一二七〈張嘉貞、源乾曜、裴耀卿傳〉「讚曰」。
068　《新唐書》卷一二四〈姚崇傳〉。

這種態度是有利於達到「天下治」的。

玄宗使用宰相有幾個特點：一是有主有從，人數不多。武后、中宗時，宰相很多，少則六七個，多則十幾個。玄宗用相一般是兩三個，並以其中一人為主。姚崇為相，玄宗選擇盧懷慎同時為相。盧懷慎為山東著姓，進士出身，為人清謹儉素，不營資產，所得奉賜，都分散給親戚故舊，自己「妻子不免飢寒，所居不蔽風雨」。盧的品德雖好，辦事能力卻很差，遇事總推給姚崇處理，故有「伴食宰相」之稱。有次姚崇因事請假十餘日，公事堆積很多，盧懷慎束手無策，不會處理，只好向玄宗請罪，玄宗對他說：「朕以天下事委姚崇，以卿坐鎮雅俗耳。」話講得很透澈。就是說，任命盧為相，主要是借重盧的人品和聲望，並不希望他有所作為，或者，玄宗所希望的正是盧的無所作為而便於姚崇放手管理天下事，有所作為。可見玄宗在宰相的配置上是頗費心計的。宋璟和蘇頲同時為相的情況，大致相同。「頲遇事多讓於璟，璟每論事則頲為之助。」兩人配合默契。姚、宋之成為著名的賢相，除他們個人的品德才幹外，是和玄宗為他們選擇了恰當的助手以及助手們的精誠合作分不開的。

二是任期不長，一般三四年。「開元初，輔相率三考輒去，雖姚崇、宋璟不能逾。」[069] 宰相的去職，都有一些具體原因。這些具體原因是否就一定構成宰相去職的理由，關鍵是看玄宗的態度。姚崇因趙誨事件而辭職，以他的精明幹練和宦途經驗的豐富，應當是從玄宗的不滿中看出玄宗不準備再用他為相了，才主動遞上辭呈的。趙誨事件不過是玄宗想換宰相的口實。姚崇罷相後，玄宗還經常就朝政大事徵詢姚崇的意見，也可說明這點。玄宗頻繁地調換宰相，一方面是適應形勢的變化和政策改變的需要，同時是為了防止宰相個人勢力的過分成長。玄宗對宰相的使用是放手的，他給予宰相較大的權力，有利於幫助他治理天下。他又不想因此使大

---

069 《新唐書》卷一八○〈李德裕傳〉。

權旁落。解決這種既信任又不信任的矛盾，最為穩妥和可行的辦法，就是適時地更換宰相。

三是各樹朋黨者，一齊罷免。宰相之間，宰相與朝臣之間有時不能很好合作，發生衝突糾紛，嚴重者，各樹朋黨，互相攻擊。開元十五年（西元727年），「御史大夫崔隱甫、中丞宇文融，恐右丞相張說復用，數奏毀之，各為朋黨。上惡之。二月，乙巳，制說致仕，隱甫免官侍母，融出為魏州刺史」。開元十七年（西元729年）宰相李元紘與杜暹不和，「元紘、暹議事多異同，遂有隙，更相奏列，上不悅。六月甲戌，貶黃門侍郎、同平章事杜暹荊州長史，中書侍郎、同平章事李元紘曹州刺史」。開元二十一年（西元733年）宰相韓休與蕭嵩不和，「韓休數與蕭嵩爭論於上前，面折嵩短，上頗不悅。……嵩罷為左丞相，休罷為工部尚書」。對於朝臣之間發生的權力之爭、意氣之爭，玄宗採取不問是非、雙方同時罷免的辦法，是防止朋黨傾向繼續發展的有效措施。

玄宗整頓和刷新吏治，還非常注意官吏的選拔。他親政之始，就公布了有周利貞、裴談、裴棲貞等13人的酷吏名單，敕令將他們「終身勿齒」[070]。開元十三年，玄宗再次敕令將還健在的酷吏來子珣等長流嶺南，酷吏子孫不許出仕。在公布酷吏名單的同時，開元二年五月，玄宗下令全部罷免員外官、試官和檢校官，規定這三項官，今後非有戰功或別敕特行錄用外，吏部和兵部不得給授。廢止酷吏和罷免冗官是姚崇在「十事要說」中提出的，玄宗很快實行，糾正武后、中宗以來吏治中的這兩大弊病，有利於改善官吏素養和嚴格官吏的選拔。

在選授官吏上，玄宗控制很嚴，發現問題，及時解決。開元四年，有人向他反映，「今歲吏部選敘大濫，縣令非才」。在新選縣令入宮辭謝時，玄宗出安人策一道，對他們進行考試，只有鄄城令韋濟文理第一，升為醴

---

070 《新唐書》卷二〇九〈周利貞傳〉。

泉令，其餘 200 人不及格，暫且先讓他們上任，有 45 人成績太差，「放歸學問」，讓他們回家攻讀。負責典選的吏部侍郎盧從願、李朝隱都因此貶為外州刺史。在選任官吏時，玄宗對自己的一些不恰當的決定，能夠虛懷納諫，及時改正。申王成義請以其府錄事（從九品上）閻楚珪為參軍（正七品上），玄宗已經同意，宰相姚崇、盧懷慎認為不妥，他們說：「量材授官，當歸有司，若緣親故之恩，得以官爵為惠，踵習近事，實紊紀綱。」玄宗聽從宰相的意見，不再任命閻楚珪為參軍，從此請託求官行不通了。岐山令王仁琛係玄宗為臨淄王時的故吏，又是王皇后的親戚，玄宗念及舊情，墨敕令給五品官。宰相宋璟堅持任官應根據有關條例，由吏部檢勘，酌情給授。玄宗聽從宋璟的意見，收回了已下的敕令。由於玄宗的重視和以身作則，開元時期選官是嚴格的，出現了盧從願、李朝隱、王丘、席豫等一批以知人善任出名的官吏，選官恰當是吏治清明的先決條件。

　　在整頓吏治中，玄宗尤其注意對縣令、刺史等地方長官的選用。唐前期，一直存在重京官、輕外官的風氣。有才幹、有學識的人都願意在京為官，京師聚集了大批優秀人才，地方官吏的素養相對就差些。中宗以來，這個問題更為嚴重。韋嗣立曾指出：「刺史、縣令，近年以來，不存簡擇，京官有犯及聲望下者方遣刺州，吏部選人，衰耄無手筆者方補縣令，以此理人，何望率化！」為了扭轉這種狀況，玄宗反覆強調地方官的重要性，他在詔令中一再指出，「撫字之道，在於縣令」[071]，「親百姓之官，莫先於邑宰」[072]，「戶口安存，在於撫育，移風易俗，莫先令長。知人不易，選此良難」[073]。在玄宗看來，地方官吏是親民之官，他們的好壞，直接關係著統治效率的高低和百姓的疾苦，所以他在七月誅滅太平之後，諸事繁忙，日理萬機的情況下，地方官吏的情況就是他最先過問的事情之一。九

071 《全唐文》卷二七〈勸獎縣令詔〉。
072 《全唐文》卷三四〈賜京畿縣令敕〉。
073 《全唐文》卷三四〈令內外臣僚各舉縣令敕〉。

月二十六日，再設右御史臺，督察各州。十月初一，召見京畿縣令們，告誡他們年歲饑荒要賑養人民。十二月十三日，下敕：「都督、刺史、都護將之官，皆引面辭畢，側門取進止。」玄宗規定接見將赴任的地方官吏，既示以尊崇，也便於了解地方的情況。

　　玄宗為了提升地方官吏的素養和聲望，改變重內輕外的風氣，開元二年正月十三日下令「選京官有才識者，除都督、刺史，都督刺史有政跡者，除京官，使出入常均，永為恆式」。在京官與外官之間實行對流交換。後來又進一步規定：「自今已後，三省侍郎有闕，先求曾任刺史者。郎官闕，先求曾任縣令者。」[074] 還規定：「京官不曾任州縣官者，不得擬為臺省官。」[075] 把擔任地方官作為選任京官的重要資歷。這些都是鼓勵、促使京官外任，重視地方官的措施。開元八年，宰相源乾曜主動上疏說：「臣竊見形要之家，並求京職，俊義之士，多任外官。王道平分，不合如此。臣三男俱是京任，望出二人與外官，以葉均平之道。」[076] 這裡透露出京官中有相當數量的形要之家的子弟。玄宗肯定了源乾曜的要求，令文武百官中父子兄弟三人並任京官者，自相通融，出任外官。由此公卿子弟由京官出任外官者百餘人，既充實了地方政府，也疏導了官僚子弟聚集中央機構的狀況。開元十六年（西元 728 年），玄宗還親自選擇朝臣許景先、源光裕、寇泚等十一人出任刺史，他們離京時舉行了盛大的送別儀式，宰相、諸王、御史以上都參加。玄宗寫了〈賜諸州刺史以題座右〉一詩，詩中諄諄告誡刺史們：「視人當如子，愛人亦如傷。講學試誦論，阡陌勸耕桑。虛譽不可飾，清知不可忘。求名跡易見，安貞德自彰。訟獄必以情，教民貴有常。恤惸且存老，撫弱復綏強。」[077] 詩的結尾說：「勉哉各祗命，

---

074 《全唐文》卷三五〈重牧宰資望敕〉。
075 《全唐文》卷二七〈整飭吏治詔〉。
076 《舊唐書》卷九八〈源乾曜傳〉。
077 《全唐詩》卷三〈賜諸州刺史以題座右〉。

知予眷萬方。」表達了他對刺史們寄予的厚望。

　　加強對官吏的監察，是玄宗改善吏治的重要措施。為此，他大力支持御史的工作，充分發揮御史臺的作用。御史李傑正直敢言，盧懷慎說他：「勤苦絕倫，貞介獨立，公家之事，知無不為，干時之才，眾議推許。」[078]開元三年李傑糾彈貪暴不法的京兆尹崔日知，反被崔日知構陷成罪，侍御史楊瑒上奏說：「若糾彈之司，使奸人得而恐愒，則御史臺可廢矣！」玄宗完全支持楊瑒關於保護御史權宜的建議，馬上下令李傑照舊任職，貶崔日知為歙縣丞。後來，在處理皇后妹夫尚衣奉御長孫昕毆打李傑的事件中，不僅僅反映了玄宗對外戚橫行的打擊，也反映了他對御史的尊崇。

　　為了嚴格對御史和縣令的考核，玄宗專門頒布了〈整飭吏治詔〉，規定：「每年十月，委當道按察使較量理行殿最，從第一等至五等奏聞較考，仍使吏部長官總詳覆。」[079]考核情況作為任免升降的依據。如：「刺史第一等量與京官。若要在州未可除改者，紫微黃門簡勘聞奏，當加優賞。」[080]為了便於對地方官吏考查監督，加強中央集權，開元二十一年（西元733年），玄宗下令將全國分為15道，各道設採訪使，有常設的辦公機構。採訪使「以六條檢察非法，兩畿以中丞領之，餘皆擇賢刺史領之。非官有遷免，則使無廢更。惟變革舊章，乃須報可，自餘聽便宜從事，先行後聞」。可見採訪使是相對穩定並有相當自主權的官職，它的職務是協助皇帝督察地方官吏。

　　玄宗對中央機構和官吏的監察也加強了，作了一些制度上的改進：按太宗貞觀之制，中書、門下及三品官入朝奏事，必須有諫官、史官伴隨，有過失便於即時匡正，好壞一定要記錄，各司都在正牙奏事，御史有權當眾彈糾官員。貞觀時代的這些規定，表明宮廷政治有一定的民主性和透明

---

078 《舊唐書》卷九八〈盧懷慎傳〉。
079 《全唐文》卷二七〈整飭吏治詔〉。
080 《全唐文》卷二七〈整飭吏治詔〉。

度。高宗、武則天時，許敬宗、李義府當權，這種制度開始被破壞，奏事官員往往在仗衛百官退朝後，把皇帝左右的人摒開，祕密上奏，御史、史官皆不得與聞。這就為奸臣的進讒為惡大開方便之門。開元五年九月，宋璟向玄宗建議恢復貞觀舊制，玄宗下制說：「自今事非的須祕密者，皆令對仗奏聞，史官自依故事。」恢復了宮廷政治生活中的有限的民主和透明度，對改善吏治發揮了良好的作用。

第七章　整頓吏治

第八章　改善財政的措施

　　玄宗在整頓吏治的同時，採取措施改善國家財政。

　　玄宗即位的前一年，即景雲二年，右散騎常侍魏知古進諫中講到當時財政匱乏的情況，他說：「今風教頹替，日甚一日，府庫空虛，人力凋弊，造作不息，官員日增。今諸司試及員外、檢校等官，僅至二千餘人，太府之布帛以殫，太倉之米粟難給。」[081] 這種情況，在太平公主干政時很難改變。誅滅太平之後，玄宗罷免員外官、試官和檢校官，固然於澄清吏治有益，同時也縮減了官吏俸祿的供給，減輕了國家財政的壓力。為了進一步改善國家財政狀況，針對干擾財政最嚴重的問題，玄宗採取了三項措施。

　　第一項措施是禁抑奢靡。中、睿兩朝，奢靡成風。皇室貴族、達官貴人都縱情享樂，無不窮奢極欲。安樂公主有一條用鳥的羽毛織成的裙子，價值一億。裙上織繡的花卉鳥獸，精細小巧，富有立體感，從不同的角度或時間看，顏色都變化不同。安樂公主造百鳥毛裙，百官、百姓家爭相效仿，以至「山林奇禽異獸，搜山蕩谷，掃地無遺，至於網羅殺獲無數」[082]。可見社會奢靡的風尚。貴族們大量消費的金錢，來自於掠奪百姓和鯨吞國庫財產。玄宗為了禁抑奢靡之風，開元二年六月，將宮內的珠

---

081 《舊唐書》卷九八〈魏知古傳〉。
082 《朝野僉載》卷三。

玉、錦繡等服玩，集中在殿前焚毀。緊接著，七月初十下制：「乘輿服御，金銀器玩，宜令有司銷毀，以供軍國之用。其珠玉、錦繡，焚於殿前。后妃以下，皆毋得服珠玉錦繡。」兩天之後，十三日，又下敕令：「百官所服帶及酒器、馬銜、鐙，三品以上，聽飾以玉，四品以金，五品以銀，自餘皆禁之。婦人服飾從其夫、子，其舊成錦繡聽染為皂，自今天下更毋得採珠玉、織錦繡等物，違者杖一百，工人減一等。」同時，還撤銷了兩京織錦坊。由於封建統治階級生活奢靡的主要內容和代表，就是追求珠玉珍寶、錦繡羅綺等高級的奢侈性消費品，他們在這方面浪費的大量人力、物力和財力，於社會生產和經濟的發展毫無益處，玄宗禁止無節制地生產和使用珠玉錦繡是有利於抑制奢靡之風的。

　　封建統治階級生活奢靡的另一種表現形式就是厚葬。他們不僅要在人世間過豪華奢侈的生活，也希望在死後繼續生活得奢侈豪華。所以，陵園務求精美，墓穴務求宏大，陪葬務求豐富，喪禮務求隆重。亡者子女，也往往以喪葬奢厚為忠孝，以儉薄為吝惜，甚至傾家蕩產，在所不惜，這也助長了厚葬的風氣。宰相姚崇對此頗不以為然，他認為：「死者無知，自同糞土，何煩厚葬，使傷素業。」[083] 玄宗在開元二年九月頒布〈禁厚葬制〉，指出厚葬無益，為害甚多。「宜令所司據品令高下，明為節制：冥器等物，仍定色數及長短大小，園宅下帳，並宜禁絕，墳墓塋域，務遵簡儉，凡諸送終之具，並不得以金銀為飾，如有違者，先決杖一百，州縣長官不能舉察，並貶授遠官。」[084]

　　玄宗即位之初，對抑制奢靡的重要，認知清醒，也能夠身體力行。他宵衣旰食，勤於為政。公務的繁忙，對於制約他追求生活上的享受發揮了一定作用。但生活奢靡是封建統治階級的本性，他們能夠暫時抑制卻無法

---

083 《舊唐書》卷九六〈姚崇傳〉。
084 《舊唐書》卷八〈玄宗紀上〉。

074

根除這種欲望，只要環境和條件適宜，這種欲望就會迅速膨脹。玄宗也不例外。開元四年，有胡人勸他派人出海尋求珠翠奇寶、靈藥和善醫之嫗，玄宗遂命監察御史楊範臣和胡人一起出海。範臣說：「陛下前年焚珠玉綿繡，示不復用，今所求者何以異於所焚者乎！」在範臣的勸諫下，玄宗引咎自責，打消了派人出海的念頭。這件事說明他在下令禁抑奢靡的時候，內心仍然有追求享樂的欲望，但他以國事為重，可以克制私欲。所以，司馬光在評論玄宗出宮廷內珠玉錦繡焚毀一事時說：「明皇之始欲為治，能自刻厲節儉如此，晚節猶以奢敗，甚哉，奢靡之易以溺人也！」十分慨嘆禁抑奢靡的困難。

第二項措施是沙汰僧尼。武則天時代以來，佛教迅速發展。中宗、韋后都熱衷於興建佛寺，私度僧尼；他們所建佛寺，數量極多，規模壯麗，大者費用百數十萬，小者也要三五萬，所費竟在千萬以上。興建佛寺的巨額費用，最終還是出自百姓的賦稅。辛替否曾對中宗說：「是十分天下之財而佛有七八，陛下何有之矣！百姓何食之矣！」[085] 此語雖有誇張，還是反映了濫建佛寺對國家財政和群眾生活帶來的嚴重影響。不僅如此，寺院宗教活動的大量費用，也向百姓搜刮，「化誘所急，切於官徵。法事所須，嚴於制敕」。這筆費用成為人民身上的沉重負擔。隨著佛教的發展和寺院的興建，僧尼的數量巨增。由於僧尼享有免繳賦稅和免服勞役的特權，富戶強丁、奸詐惡人因此千方百計掛名佛寺，剃度為僧，逃避賦役。皇親國戚、達官貴人也倚仗權勢私置佛寺，私度僧尼，隱占大量人丁戶口，以增加私產收入。於是，國家徵稅的物件迅速減少。其後果是「造寺不止，費財貨者數百億，度人無窮，免租庸者數十萬，所出日滋，所入日寡」，國家府庫怎麼能不空虛？睿宗時，情況並未好轉，「天下濫度僧尼

085 《舊唐書》卷一〇一〈辛替否傳〉。

道士女冠並依舊」[086]。睿宗為兩個女兒金仙、玉真公主修建道觀，大興土木，耗資達百萬緡之多。

鑑於佛教勢力的膨脹危及國家財政和人民生活，姚崇在「十事要說」中就提出「凡寺觀宮殿，臣請止絕建造」的要求。開元二年正月，姚崇又向玄宗進言，提出了沙汰僧尼的建議，他說：「佛圖澄不能存趙，鳩摩羅什不能存秦，齊襄、梁武，未免禍殃。但使蒼生安樂，即是福身，何用妄度奸人，使壞正法。」姚崇是具有樸素唯物主義思想的。他借鑑歷史，從後趙、後秦的皇帝大興佛法，廣建寺院、廣度僧尼，終於免不了國破身亡的命運，來揭露佛教那套虛假騙人的東西，論證抑制佛教、沙汰僧尼的正當性，頗具說服力。玄宗完全同意和接受了姚崇的意見，下令有司沙汰天下僧尼，即對僧尼的身分進行檢查考核，以不合條件而令其還俗的僧尼有一萬兩千多人。二月十九日，下令「自今所在毋得創建佛寺，舊寺頹壞應葺者，詣有司陳牒檢視，然後聽之」。嚴禁創建新寺院，對舊寺院的維修也要嚴加管理。七月，又下令「禁人間鑄佛、寫經」。玄宗這一系列抑佛的詔令，煞住了建寺造佛、濫度僧尼的歪風，有利於改善國家財政狀況。

玄宗還專門下過一道〈禁百官與僧道往還制〉。因為佛教勢力的膨脹，不僅在經濟上影響國家財政，在政治上也是一個不穩定因素。武則天時的僧人薛懷義，中、睿兩朝的胡僧慧範，都以干預朝政而著名。玄宗起兵誅韋，僧人普潤、道士馮處存等都曾參與其事。在僧尼道士與百官的交往中，往往妄陳禍福，容易引起事端，所以玄宗下令「自今已後，百官家不得輒容僧尼等至家，緣吉凶要須設齋者，皆於州縣陳牒，寺觀然後依數聽去」[087]，禁止百官與僧尼道士私自往還，既有利於遏止佛教勢力的發展，也有利於政治局勢的穩定。

---

086 《舊唐書》卷七〈睿宗本紀〉。
087 《唐會要》卷四九〈雜錄〉。

第三項措施是改革食封制度。唐代的食封有兩種，即食封（亦稱食邑）與食實封。食封的戶數是與一定爵位相應的，沒有具體的經濟利益和特權，是虛封。食實封則相反，它和爵位的關係不大，實封家能得到與實封戶數相應的物質財富與經濟特權。當實封家數目不多和封戶數量有限時，對國家財政影響不大，如果實封家的數量巨增，他們分割國家賦稅的數量相應增加，就會為財政帶來困難。中宗時期，「濫食封邑者眾」，實封家由唐初的二三十家增至一百四十餘家，入實封家的庸調絹是一百二十萬匹，政府收入則多不過百萬匹，少則七八十萬，出現了「國家租賦，太半私門，私門則資用有餘，國家則支計不足」[088] 的反常現象。

　　玄宗即位之後，由於在連續不斷的政變中，一些實封家被殺，特別是像太平公主、安樂公主、武三思等實封戶多、丁高、地好的封家在政變中被消滅，使封家和封戶的數目都有所下降，食封問題對財政的干擾略有緩解，但並沒有完全解決。玄宗親眼看到了中宗時代食封問題的嚴重和食封制度的弊病，因此對食封制度進行了改革。

　　首先，玄宗削減了封家的實封戶數和丁數，減少了他們對國家賦稅收入的分割。貞觀時規定，「親王食封八百戶，有至一千戶，公主三百戶，長公主加三百戶，有至六百戶」[089]，高宗時，由於沛、英、豫王和太平公主為武則天所生，實封數開始突破太宗的定制。中宗時食封數更無限制，相王與太平公主均食實封至萬戶，韋后所生安樂、長寧公主各食實封四千戶和三千五百戶。新都、宣城、定安三公主各食實封一千三百戶。開元初，玄宗僅給公主食實封五百戶，致使「公主等車服殆不給」。群臣一再請求為公主加封，玄宗說：「此輩何功於人，頓食厚封，約之使知儉嗇，不亦可乎！」[090] 不予增加。直到開元十年（西元 722 年），公主始封一千

088 《舊唐書》卷八八〈韋嗣立傳〉。
089 《唐會要》卷五〈諸王〉。
090 《唐會要》卷九〇〈緣封雜記〉。

戶，諸王及長公主一般賜封兩千戶，雖比太宗時有增加，但比中宗時就減少很多了。

按唐制，封戶封丁數也有限制，「凡封戶，三丁以上為率」。[091] 中宗時，相王、太平、長寧、安樂公主封戶皆「以七丁為限」，他們所占的封戶是「高資多丁」或「富戶」，所得封物也較一般封戶為多。玄宗規定，封戶「通以三丁為限」[092]，限制了實封家占有的封丁數，使封建國家的收入增加了。

其次，玄宗改變了封物徵收的辦法和數量。按舊制，封物徵收允許代表封家的國邑官司和代表封建國家的州縣官司「執帳共收其租調」[093]，封物不進入封建國家財政收支的數額之內，直接流入封家。封家對封物的徵收，不僅是對國家賦稅的分割，而且是對國家徵收賦稅的權力的分割。封家派出前往徵收封戶封物的屬吏、奴婢，往往挾勢顯威，凌突州縣，敲詐勒索封戶，除收取封戶應繳納的封物外，還要額外索取「裹頭」、「中物」，使封戶不勝其侵擾，「為封戶者亟於軍興」[094]，弄得有些封戶破產逃亡，使社會經濟發展受到干擾、破壞。

玄宗取消了封家直接向封戶徵收賦稅的權力，使食封成為單純的賦稅數量的分割。開元初，玄宗令封物的授受分兩級進行。三百戶以上的封家，其封物隨庸調送入京師，在京由太府寺、賜坊領受。三百戶以下的封家，其封物由州縣徵收，封家須持戶部符到州縣領取。州縣「徵未足聞，封家人不得輒到出封州」[095]。到州縣領取封物的封家，雖然他們是封家中實封較少、勢力也較小的，但他們沿襲舊例，對州縣和封戶仍有侵擾。天寶六載（西元747年）有關部門奏請：「準長行旨，三百戶以下，戶部給符

---

091 《新唐書》卷四六〈百官志一〉吏部司封郎中員外郎條。
092 《新唐書》卷八二〈十一宗諸子〉。
093 《唐六典》卷三〈尚書戶部〉戶部郎中條。
094 《新唐書》卷一一六〈韋嗣立傳〉。
095 《唐會要》卷九〇〈緣封雜記〉。

就州請受，……今緣就州請受，有損於人。今三百戶以下，尚許彼請，公私之間，未免侵擾，望一切送至兩京，就此給付，即公私省便，侵損無由。」[096] 因此，三百戶以下的封家，其封物也改在京領受。這就徹底切斷了封家與封戶之間的直接連繫，把封物的授受納入國家賦稅和財政收支的範圍內。要做到這一點，從開元初到天寶六年竟花了三十多年。

由於封戶「皆以課戶充」，封物就是課戶繳納的租調庸。按舊制，封物的數量，「準其戶數，收其租調，均為三分，其一入官，其二入國」[097]「入國、邑者收其庸」[098]。就是說，封戶租調的三分之一，歸封建國家，三分之二歸封家，庸則全部歸封家。玄宗在開元十一年五月十日敕令：「請諸食實封，並以三丁為限，不須一分入官」[099]，限制了封家占有封丁數，卻放棄了國家徵收封戶三分之一租調的權力，把封戶繳納的租庸調全歸封家，在封物的數量上對封家作了讓步。

再次，玄宗修改了實封的繼承法。實封是可以世襲的，按照繼承法，「諸食封人身殁之後，所得封物，隨其男數為分，承嫡者加一分，至玄孫即不在分限。其封總入承嫡房，一依上法為分者」[100]。即封物的繼承，子、孫、曾孫三代是一個週期，至玄孫代，封物要全部歸回嫡長玄孫（即承嫡房），「一依上法為分者」，再開始一個新的繼承週期，而玄孫代的其他人，不再享有分食封物的權利。在這樣的繼承序列中，封戶總數不會減少。玄宗雖然沒有改動繼承的順序和方法，卻屢次下詔削減繼承中的食封數。

(1)「（開元）四年（西元 716 年）三月十八日，宰臣奏對：『諸國請自始封至曾孫者，其封戶三分減一。』制可之。」[101] 即自始封至曾孫一個

---

096 同上。
097 《通典》卷三一〈職官十三〉。
098 《唐會要》卷九〇〈食實封數〉。
099 《唐會要》卷九〇〈緣封雜記〉，《通典》卷三一〈職官十三〉記此敕令時為開元二十年五月。
100 《唐會要》卷九〇〈緣封雜記〉。
101 《唐會要》卷九〇〈緣封雜記〉。

繼承週期之後，封物全入嫡長玄孫時，封戶數量較始封數削減三分
之一；

(2)「（開元）二十二年（西元 734 年）九月敕，諸王公以下食封薨，子孫應
承襲者，除喪後十分減二，仍具所食戶數奏聞。無後者，百日後除。
諸名山大川及畿內縣，並不封」；[102] 即在食封開始繼承時，就削減十
分之二。

(3) 天寶六年（西元 747 年），戶部認為繼承法有不合理之處，「若如此，
則玄孫諸物，比於嫡男，計數之間，多校數倍，舉輕明重，理實未
通。望請至玄孫以下，準玄孫直下一房，許依令式，餘並請停」[103]。
因為封家嫡男要和諸男分食封戶，而嫡長玄孫則食全部封戶，所以，
嫡長玄孫較嫡男所食封戶多，戶部認為這種現象不合理，建議嫡長玄
孫可繼續依法承襲上代的封戶，其餘玄孫不僅不能承襲封戶，而且也
不能將停止承襲的封戶歸給嫡長玄孫，這樣，嫡長玄孫的封戶數量就
會少於嫡男。

　　玄宗對食封制度的改革，收回了封家向封戶徵收封物的權力，把食封
完全納入國家賦稅制度和財政收支之中，使封家不再成為直接干預社會經
濟生活的勢力。他對封家的封戶數和丁數的削減，以及對食封繼承法的修
改，都使封家分割國家賦稅收入的數量減少，有利於改善國家財政狀況。
從食封制度演變的歷史看，玄宗的改革有重要的意義。食封制度有悠久的
歷史，從西周到唐代已存在了一千多年。在封建社會中，食封制度發生過
兩次大的變革。一次是漢武帝對食邑制度的改革，他取消了諸侯王對土地
的直接占有和治民的權力，只給他們保留了衣食租稅的特權。漢武帝改革
的重要意義在於他結束了從西周以來食邑制度和土地占有制度的連繫，使

102　同上。
103　同上。

食邑制度不再成為孕育封建割據勢力的溫床，從而加強了封建專制主義的中央集權。漢武帝的改革也有不足之處。元人馬端臨指出：「蓋古之所謂諸侯即後之所謂守令，然自漢中葉以後，王侯之與守令始判然為二，承流宣化而實有治人之責者，守令也。食租衣稅而但襲茅土之封者，王侯也。……王侯於所受封之郡邑，既無撫字之責，而徒利租賦之入，於是一意侵漁，不顧怨讟，為封戶者，甚於徵行，非百姓之利也。」[104] 馬端臨指出的封家食租衣稅的弊病，在中宗時代暴露得非常清楚。食封制度另一次大的變革就是玄宗的改革。唐代封家對於國家徵收賦稅的權力的分割，是食封制度在「裂土封國，共用天下」的原本含意中殘留的痕跡。玄宗的改革抹掉了這個殘留的痕跡，使食封制度不再能夠獨立於國家賦稅制度之外，不再能對社會政治和經濟產生巨大的影響和作用，這不僅對改善國家財政是必要的，而且對於進一步加強封建專制主義的中央集權也是十分必要的。

---

104 《文獻通考》卷二七五〈封建考〉。

第八章　改善財政的措施

第九章　檢括田戶

　　玄宗在姚崇和宋璟的悉心輔佐之下，用了七、八年的時間，鞏固了自己的地位，穩定了政局，成功地解決了政治、經濟等方面存在的迫切需要解決的問題，唐王朝開始出現了新的生機。

　　但是，唐朝立國至玄宗即位已經有近百年的歷史了，在此期間，由於社會經濟的發展和階級關係的變化，帶來了一些新的問題。如逃戶嚴重、府兵制敗壞等等。這些問題遠比濫建佛寺、多給食封之類的弊政有著更為深刻的歷史的和社會的原因，解決起來也困難得多。

　　開元九年（西元 721 年）正月，監察御史宇文融向玄宗提出檢查色役偽濫、檢括逃戶和籍外田等三項建議。其核心問題是檢括逃戶。所以《資治通鑑》在記述這件事時徑直寫道：「監察御史宇文融上言，天下戶口逃移，巧偽甚眾，請加檢括。」僅言括戶而不提另兩項內容。

　　逃戶問題的發展是由來已久的。早在貞觀十六年（西元 642 年），唐太宗就「敕天下括浮游無籍者，限來年末附畢」。這時的浮游無籍者，多是由於隋末戰爭和動亂形成的。隨著政局的穩定，農民返回故里或就地耕墾落籍，問題也就解決了。高宗、武則天時代，隨著經濟的繁榮，人口增加，官僚機構膨脹，國家財政開支加大，以及對外戰爭的日益頻繁，致使

賦役繁苛，百姓負擔越來越沉重，無法生存的農民，只好背井離鄉，出外逃亡，這就使逃戶問題越來越嚴重。證聖元年（西元 695 年）鳳閣舍人李嶠在上疏中說：「今天下之人，流散非一，或違背軍鎮，或因緣逐糧，苟免歲時，偷避徭役。此等浮衣寓食，積歲淹年。王役不供，簿籍不掛。」[105]到玄宗即位之前的中宗、睿宗時代，逃戶問題更為嚴重，韋嗣立甚至說：「天下戶口，逃亡過半。」[106] 玄宗即位後，著力於政局的穩定和經濟的恢復，無暇顧及此事，逃戶問題並沒有緩解。到開元八、九年，雖然社會經濟有了很大發展，政府控制的戶口卻沒有增加。當時的情況是：「天下戶版刓隱，人多去本籍，浮食閭里，詭脫徭賦，豪弱相併，州縣莫能制。」[107]中央政權機構的所在地西京長安和東都洛陽附近的地方，土地兼併尤為劇烈，徭役和兵役的徵發格外苛急，因而，「兩畿戶口，逃去者半」，逃戶的情況較其他地方更為嚴重。

造成逃戶問題嚴重的原因很多，如暴斂橫徵、徭役繁重、食封偽濫、吏治敗壞等，最主要的是土地兼併。由於唐代田令對土地買賣的限制放寬，不但永業田、賜田可以買賣，就是口分田，在遷居和賣為園宅、碾磑和邸店時，也可以買賣。由此，封建地主經濟和商品經濟的發展，使土地兼併愈益激烈。無法得到土地的農民和已經得到土地又在土地兼併中失去土地的農民，不得不離開故土，四出逃亡，以謀生路。他們大部分到了新的地方成為佃種地主土地的佃農，也有的到邊遠偏僻地區開荒，成為新的自耕農和半自耕農。還有的流入城市，棄本逐末。

逃戶問題嚴重，直接影響著國家的財政收入，唐前期的賦役制度是建立在國家控制大量自耕農基礎之上的租庸調制。租庸調制以「丁身為本」，賦役收入量的大小完全依政府控制的戶口、人丁的多寡而定。因

---

105 《唐會要》卷八五〈逃戶〉。
106 《舊唐書》卷八八〈韋嗣立傳〉。
107 《新唐書》卷一三四〈宇文融傳〉。

此，戶口的增減對唐王朝來說是性命攸關的大事，當然也會引起玄宗的高度重視。宇文融提出檢括逃戶的建議，玄宗馬上任命他為覆田勸農使，著手此項工作。

宇文融「明辯有吏幹」，開元初，曾任富平縣主簿，宰相源乾曜在做京兆尹時，就對他的才幹深為賞識，因而也積極支持他的建議。宇文融接受委任後，「鉤檢帳符，得偽勳亡丁甚眾」[108]。也就是說，他在長安勾校戶部、比部等有關部門的帳簿，在很短的時間內，便查獲許多偽充勳官去服色役，從而逃避徵行賦稅的人丁。這反映了問題的嚴重，也顯示了宇文融的才幹，使他得到玄宗的賞識和信任。

開元九年二月十日，玄宗頒布〈科禁諸州逃亡制〉[109]，宣布了檢括逃戶的基本政策：

諸州背軍逃亡人，限制到百日內各容自首，准令式合所在編戶，情願住者，即附入簿籍，差科賦斂，於附入令式，仍與本貫計會停徵。若情願歸貫及據令式不合附者，首訖，明立案記，不須差遣，先牒本貫知，容至秋收後遞還。情願即還者，聽待到本鄉訖，免今年賦租課役。如滿百戶以上，各令本貫差官就戶受領。過限不首，並即括取遞邊遠，附為百姓。家口隨逃者，亦便同送。若限外州縣，公私容在界內居停及事有未盡，所司明為科禁，其天下勾徵逋懸及貸糧種子、地稅在百姓限（腹）內，先有追收之文案，未納者，自開元七年十二月以前，並宜放免，官典隱欺，不在免限。

與此同時，玄宗接受宇文融的建議，「置勸農判官十人，並攝御史，分往天下，所在檢括田疇，招攜戶口」[110]。在全國範圍內開始了大規模的檢括戶口的工作。

---

108 《新唐書》卷一三四〈宇文融傳〉。
109 《冊府元龜》卷六三〈帝王部‧發號令二〉；《全唐文》卷二二玄宗〈科禁諸州逃亡制〉。
110 《舊唐書》卷一○五〈宇文融傳〉。

　　這次由宇文融具體主持，長達四年之久的括戶工作，大致可分為兩個階段，即從開元九年二月至開元十二年五月為檢括階段，開元十二年五月至十二月為安撫階段。

　　檢括階段又可根據進展的情況和政策的變化，以玄宗在開元十一年八月十日頒布的敕令為代表，分為前後兩期。前期進展緩慢，困難重重，阻力很大。陽翟縣尉皇甫憬、左拾遺楊相如等都曾上疏反對括戶。皇甫憬指責括戶「故奪農時，遂令受弊」，「務以勾剝為計」[111]，致使逃亡更甚。這些意見反映了前期的檢括工作存在一些問題。後期情況好轉，檢括工作主要在十一年冬至十二年春進行，這段時間正是唐政府例行清理戶口，編制籍帳的時間，到十二年的五、六月間，括戶約八十萬，田亦稱是，取得了顯著的成績。

　　檢括階段前期與後期的情況迥然不同，關鍵在於玄宗調整和改變了檢括政策，主要有以下兩點：

　　第一，關於逃戶的去留。〈科禁諸州逃亡制〉頒布了檢括前期的基本政策，規定全國各地的逃戶，在限定時間內，根據不同情況，有的遣返原籍，有的就地留住，不追究逃戶的罪責，承認逃戶的合法地位。這對於唐初關於嚴格控制戶口遷移和逃亡的法令，是一項重要的政策變化，它反映了在逃戶眾多的情況下，政府不得不有限度地放寬對戶口的控制。但是，〈科禁諸州逃亡制〉對於逃戶的去留強調必須符合令式規定，因此，必須遣返大量「據令式不合附者」[112]歸還本縣，這會遭到逃戶的反抗，給括戶帶來很大的困難。檢括後期，不再強調逃戶的去留必須符合有關令式，允許逃戶就地附籍。玄宗在開元十一年八月十日的敕令中宣布：

　　前令檢括逃人，慮成煩擾，天下大同，宜各從所樂，令所在州縣安集，遂其生業。

111　《唐會要》卷八五〈逃戶〉。
112　《冊府元龜》卷六三〈帝王部‧發號令二〉。

說明逃戶的去留「宜各從所樂」，願留住的逃戶，所在州縣應對他們的生活生產作妥善安排，不必像以前那樣強行遣返，以免造成「煩擾」。玄宗允許逃戶就地落籍，是符合社會經濟發展的客觀形勢的，因為當時逃戶是一支流動的生產大軍，他們發揮了擴大耕地面積、開發新的經濟區的積極作用，所以玄宗對逃戶的政策是應予肯定的。

　　第二，關於逃戶的負擔。據〈科禁諸州逃亡制〉規定，逃戶情願留住當地者，應據令式差科賦斂，只是除去了他們在本貫虛掛簿籍而出現的橫徵鄰里的弊病。對歸還本貫者，雖說「免今年賦租課役」，逃戶實際受益也不大。檢括後期則以優惠的條件促使逃戶附籍，規定：「免其六年賦調，但輕稅入官。」[113] 所謂輕稅，即「每丁量稅一千五百錢」[114]。按敦煌吐魯番文書提供的天寶年間的普通物價，絹每匹 460 文，粟每石 295 文計[115]，每個課丁負擔的租庸調、地稅、戶稅共折錢 1,966.5 文，較丁稅為重。逃戶附籍六年之後，始為國家正式編戶，徵租庸調。這一政策頒布的具體時間，難以指明。開元十八年，裴耀卿上疏說：天下所檢客戶，「年限向滿，須准居人，更有優矜，即此輩僥倖」[116]。據此按附籍六年規定推算，可證明輕稅政策的實行在開元十二年，這是後期檢括進行順利的又一個重要原因。

　　為了使括戶能夠順利進行，玄宗在開元十年曾頒布過兩個敕令：一，「天下寺觀田，宜准法據僧尼道士合給數外，一切管收，給貧下欠田

---

113 《舊唐書》卷一〇五〈宇文融傳〉。

114 《舊唐書》卷四八〈食貨志上〉。

115 參閱韓國磐《隋唐五代史論集》（三聯書店，1979 年，214—233 頁） 中〈唐天寶時農民生活一瞥〉。另據《唐會要》卷四〇〈定贓估〉云：「開元十六年五月三日，御史中丞李林甫奏：……請天下定贓估，絹每匹計五百五十價為限，敕依。」可知開元年間絹價較高，因此，每丁徵一千五百確為輕稅。

116 《唐會要》卷八五〈逃戶〉。

丁」[117]。二，「收內外官職田，以給逃還貧民戶」[118]。由此想盡力拿出一些土地來安置逃戶。然而，這兩個敕令作用甚微，因為在開元初就曾集中力量對寺觀僧尼及田產進行了大規模的清理，將其土地分給貧下課戶。時隔不久，重複這一做法，實際效果不會太大。而職田雖說收回，到開元十八年又重新恢復[119]，並不能解決農民的土地問題。從玄宗企圖用寺觀田、職田來給逃戶，可以看出政府手中掌握的空閒土地是極其有限的。

在括戶的同時，進行了括田，即「恤編戶之流亡，閱大田之眾寡」[120]，皇甫憬在上疏反對括戶時也曾提到「何必聚人阡陌，親遣檢量」[121]，可見丈量和登記籍外田的工作是切實進行了的。括戶和括田同時進行，說明檢括的對象主要是那些逃往山谷川澤進行墾荒而出現的新的半自耕農、自耕農和富裕農民。官僚地主及豪強享有種種特權，他們蔭占的佃農及籍外田是很難括取的。

開元十二年六月，玄宗頒布〈置勸農使安撫戶口詔〉，這道詔書口氣溫和，不僅肯定了檢括後期的政策，而且以更為寬容的條件對待落籍逃戶，如檢括階段規定逃戶「差科之間，務令停減」，這時已改為「一皆蠲放」了。這道詔書主要是宣示皇帝愛民之心，安撫附籍逃戶，表明檢括已進入最後的安撫階段。事實上，由於檢括階段的工作涉及逃戶的去留，土地的丈量登記，對豪人奸吏的打擊，同時，也難免有的州縣官吏為邀功取寵，括戶「務於獲多，皆虛張其數，亦有以實戶為客者」[122]，因而會出現一些問題，引起社會的一些波動，有必要進行安撫工作。

玄宗在詔書中宣布：「宜令兵部員外郎兼侍御史宇文融兼充勸農使，

117　《唐會要》卷五九〈祠部員外郎〉。
118　《舊唐書》卷八〈玄宗上〉，《唐會要》卷九二〈內外官職田〉。
119　《唐會要》卷九二〈內外官職田〉。
120　《冊府元龜》卷七〇〈帝王部・務農〉。
121　《唐會要》卷八五〈逃戶〉。
122　《舊唐書》卷一〇五〈宇文融傳〉。

巡按人邑，安撫戶口。所在與官僚及百姓商量處分，乃至賦役差科，於人非便者，並量事處分，續狀聞奏。」[123] 賦予宇文融更多的機動處置權，處理括戶中出現的問題。宇文融大權在握，神氣十足，出巡異常順利。史載「融乘驛周流天下」。「融之所至，必招集老幼，宣上恩命，百姓感其心，至有流淚稱父母者。」[124] 宇文融出巡半年即回京述命。開元十三年二月，玄宗在〈置十道勸農判官制〉中說他：「遂能恤我黎元，克將朕命，發自夏首，來於歲終，巡按所及，歸首百萬。仍聞宣制之日，老幼欣躍，惟令是從，多流淚以感朕心，咸吐誠以荷王命。」[125] 玄宗對宇文融的出巡和百姓對括戶的支持顯然是十分滿意的。

　　玄宗全力進行檢括田戶的基本出發點，是維護均田制、租庸調制等一套祖宗的成法，他力圖「改中宗之政，依貞觀故事」[126]，曾於開元七年（西元 719 年）和開元二十五年（西元 737 年）兩次重新頒布田令，並屢次下詔限制土地買賣，表明他維護田令規定的決心。玄宗在這方面的努力，沒有取得什麼成果，因為他無力挽回由於社會經濟的發展而使均田制崩潰的客觀發展趨勢。但在檢括逃戶、加強政府對人口的控制、維護「以丁身為本」的租庸調制時，他取得了成功。關鍵的原因，就在於玄宗沒有刻板地堅持唐初的有關田地、戶籍的律令，而是根據已經變化了的社會實際情況制定和調整有關政策。玄宗在括戶時，允許逃戶就地附籍，就突破了過去「軍府之地，戶不可移，關輔之民，貫不可改」[127] 的法令。逃戶附籍後每丁每年納稅 1,500 文，可稱之為「丁稅」，丁稅固然是為招誘逃戶落籍而設立的，但它本身是與租庸調、地稅、戶稅相並列的新稅收。因為丁稅對逃戶只收六年，有一定的臨時性，然而，逃戶是不斷產生又不斷括出的，

123 《唐大詔令集》卷一一一〈政事〉「置勸農使安撫戶口詔」。
124 《舊唐書》卷一〇五〈宇文融傳〉。
125 同上。
126 《隋唐嘉話》下。
127 《唐會要》卷八五〈逃戶〉。

對政府財政來說，丁稅則是一種長期的稅收。它的特點是：(1)以丁稅代替租庸調、地稅、戶稅，含有簡化稅收種類的意思；(2)丁稅需以貨幣交納。這兩個特點是和後來實行兩稅法相似的；(3)丁稅徵收以丁身為本，與租庸調法相同。因此，丁稅是一種具有從租庸調制向兩稅法過渡性質的新稅法。這些政策上的變革，說明玄宗在社會情況發生變化時，並不墨守成規，抱殘守缺，而是能從實際出發，對舊的制度、政策進行調整、改革，以適應新的形勢。這展現了玄宗身為政治家的眼光和魄力，也是開元盛世出現的重要原因。

　　檢括逃戶，對國家財政狀況的好轉發揮了重要的作用。因為政府掌握更多的能夠收稅的戶口與土地是增加財政收入的主要途徑。以開元十四年全國總戶數為 707 萬計，括出的 80 萬客戶即占總戶數的 11.3%，這是一個相當可觀的數目。開元十七年，宇文融被貶為汝州刺史，玄宗仍認為他「往以封輯田戶，漕運邊儲，用其籌謀，頗有宏益」[128]。宇文融被貶後，「國用不足，上復思之，謂裴光庭曰：『卿等皆言融之惡，朕既黜之矣，今國用不足，將若之何，卿等何以佐朕？』光庭等懼不能對」。從玄宗對宇文融的思念中，不難想到這次檢括田戶確實是豐富了國家財政收入，讓玄宗留下了深刻的印象。

---

128 《全唐文》卷二二〈貶宇文融汝州刺史制〉。

第十章　軍事體制的變革

　　隨著逃戶問題日益嚴重，唐王朝的另一項重要制度──府兵制，從武則天時代開始破壞，玄宗對此採取什麼態度和對策呢？

　　剛開始，玄宗還是想竭力維護府兵制的。先天二年正月十一日，他下令：「往者分建府衛，計戶充兵，裁足周事，二十一入募，六十一出軍，多憚勞以規避匿。今宜取年二十五以上，五十而免。屢征鎮者，十年免之。」[129] 縮短了服役年限[130]。開元六年（西元718年），改折衝府兵三歲一簡為六歲一簡。開元八年（西元720年）又重申前令，指出「役莫重於軍府，一為衛士，六十乃免，宜促其歲限，使百姓更迭為之」。玄宗希望透過縮短府兵服役年限，減輕府兵的負擔，來保證兵源和軍隊的穩定。然而，府兵制崩潰的趨勢已無法挽回，在具體規定上稍作改變，無異杯水車薪，於事無補。所以，史稱縮短府兵服役期限的詔令，「雖有其言，而事不克行」[131]。

　　開元十年閏五月，兵部尚書、同中書門下三品兼知朔方節度使張說到朔方巡視邊務，平定了蘭池州胡康待賓餘黨康願子的反叛，並徙河西六州殘胡五萬餘口於許、汝、唐、鄧、仙、豫等州安置，使黃河之南、朔方千

129　《新唐書》卷五〇〈兵志〉。
130　《資治通鑑》所記與《新唐書‧兵志》同。但《唐會要》云：「應令天下衛士取年二十五已上者充，十五年即放出，頻經徵鎮者十年放出。」十五年放出，即四十而免兵役，未知孰是。
131　《新唐書》卷五〇〈兵志〉。

里的地方人煙稀疏。張說於八月回到長安，向玄宗提出兩項重要建議：一是他認為邊疆沒有大的戰事和強敵，目前駐防戍邊的軍隊總數達六十餘萬，太多，可以裁減二十萬，使之歸田。玄宗頗有懷疑，張說：

> 臣久在疆場，具知其情，將帥苟以自衛及役使營私而已。若禦敵制勝，不必多擁冗卒以妨農務。陛下若以為疑，臣請以闔門百口保之。

張說在中宗時，曾任兵部員外郎、侍郎。開元初，為姚崇排擠，出為外州刺史，尋遷右羽林將軍兼檢校幽州都督，開元七年，為檢校並州大都督府長史兼天兵軍使。他長期任邊疆重臣，多次參與同北方少數民族的戰爭，對邊防的形勢、軍事力量的配置及邊防軍隊存在的問題都有豐富的經驗和深刻的了解。在武則天時代，北方邊境最強大的敵人是突厥的默啜可汗。中宗景龍二年（西元 708 年）三月，朔方道大總管張仁願利用默啜全軍西擊突騎施的機會，乘虛奪取漠南之地，在黃河之北築三受降城[132]，拓地三百餘里，又在陰山山脈的牛頭朝那山以北一帶，設置烽候一千八百餘所，派兵戍守巡邏。由於唐軍占領了有利地形，不僅使突厥不能侵擾，而且能夠將原有的鎮守兵士裁減了數萬人。以後，默啜因「自恃兵威，虐用其眾」，終至「部落漸多逃散」[133]，逐漸衰落。開元四年，默啜為反叛的拔曳固兵所殺，毗伽可汗立，他在位期間（開元四年至二十一年，西元 716 ～ 733 年）採取對唐和好的政策，唐和突厥間很少戰爭。張說正是根據邊疆的實際情況及張仁願裁軍的歷史經驗提出裁軍的建議。在他的堅持下，玄宗接受了這一建議。

張說的另一個建議是：鑑於府兵兵源枯竭，衛士逃亡，「請一切罷之，別召募強壯，令其宿衛，不簡色役，優為條例。逋逃者必爭來應募」[134]

132　中受降城在今內蒙古包頭西，東受降城在今托克托南黃河北大黑河東岸，西去中城 300 里。西受降城在杭錦後旗烏加河北岸，狼山口南，東去中城 380 里。

133　《通典》卷一九八〈突厥中〉。

134　《舊唐書》卷九七〈張說傳〉。

張說的建議是要停止府兵番上（折衝府已無兵番上），改用募兵的辦法解決京師宿衛問題。因為在府兵制下，折衝府有 633 個，分布極不平衡。關中一帶是京師長安所在地，設立的折衝府最多，約占全國 40％，接近關中的河東、河南折衝府也較多。這樣布置的好處是使中央在軍事上能夠「居重馭輕」，「舉關中之眾，以臨四方」[135]。但關中軍府數多，人民的兵役負擔格外沉重，於是，「人逐漸逃散，年月漸久，逃死者不補，三輔漸寡弱，宿衛之數不給」[136]，兵源逐漸枯竭。張說建議採取招募的辦法，即不問出身來歷，只要符合條件，就給予優厚的待遇，使當兵成為一種謀生的職業，逃亡的人就會踴躍應募。玄宗接受張說的建議，於次年十一月二十六日，命尚書左丞蕭嵩會同京北、蒲、同、岐、華等州長官就地招募強壯十二萬，免其徵鎮賦役，一年兩番，宿衛京師，號長從宿衛。開元十三年，改稱彍騎，分隸十二衛，每衛萬人，總十二萬，為六番，一年中輪流宿衛京師兩個月。此後，徵行戍邊的任務，也逐漸以募兵代替，由府兵到募兵的過渡，直到天寶八載才大體完成。

玄宗廢止府兵制、改行募兵制對後世的影響是深遠的。《資治通鑑》在記述了玄宗接受張說的建議後說：「兵農之分，從此始矣！」胡三省則評論道：「史言唐養兵之弊，始於張說。」的確，從此以後，歷朝皆行募兵之制，軍費開支成為國家財政支出的沉重負擔。隨著時光的流逝，唐代兵農合一、寓兵於農的府兵制，變成理想化的、美好的回憶縈繞在一些人的心中，每逢軍費浩大，財政匱乏，「養兵之弊」嚴重時，主張恢復府兵之議往往會出現。

究竟應該如何看待玄宗支持的兵制變革呢？

第一，玄宗改革兵制順應了歷史發展的必然性。任何制度都不是永恆

---

135 《唐陸宣公翰苑集》卷十一〈論關中事宜狀〉；《唐會要》卷七二〈京城諸軍〉。
136 《唐會要》卷七二〈府兵〉。

的，都有它發生、發展、興盛和衰亡的過程，對於它所由發生的時代和條件來說，它有存在的理由，隨著特定的歷史、社會、經濟條件的變化和消失，它就會無法繼續存在而必然消亡。府兵制從西魏、北周實行至唐，已經有一百多年的歷史。這種兵制是和土地有密切連繫的。充當府兵的主要是國家控制下的自耕農民，按田令規定，衛士均可授田。揀點衛士的原則是：「財均者取強，力均者取富，財力又均，先取多丁。」[137] 因而衛士中有相當數量的中小地主和富裕農民。衛士本人可免去租調徭役，需要自備糧餉及某些軍資武器。府兵在戰爭中立功授勳，田令規定可按勳級授田。田令為充當衛士的農民提供多占土地的法律依據，鼓勵農民充當衛士，透過建立功勳擴大土地的占有。在武德、貞觀年間，田令執行情況較好，府兵制相應的日趨完善，在唐統一全國的戰爭及對抗周邊少數民族的戰爭中都發揮過積極的作用。自高宗、武后時期開始，「府兵之法寖壞」[138]。一方面，是因為土地兼併劇烈，失去土地的農民無力充當自備資糧甲仗的衛士；另一方面，國家能夠用以給授的土地越來越少，而透過戰爭授勳的人則越來越多，按勳官品階給授土地的規定完全成為一紙具文，充當衛士對那些希望因此而擴大土地占有的人不再具有吸引力。勳官的社會地位隨著他們數量的成長而下降，他們「身應役使，有類僮僕，據令乃與公卿齊班，論實在於胥吏之下，蓋以其猥多，又出自兵卒，所以然也」[139]。這種情況，使中小地主及富家子弟由唐初的充滿尚武精神，樂於從軍，改變為恥於從軍，規避兵役。他們往往出錢僱傭貧苦百姓代服兵役，使府兵的戰鬥力大為削弱。而府兵軍隊內部的奴役、壓迫日益嚴重，弊端叢生。戍邊軍將常用極其嚴酷的方法折磨士兵至死，從而吞沒他們隨身攜帶的有限的財物，衛士只好以逃亡來加以反抗。這樣的兵制和軍隊已經是無可救藥了。因此，玄宗進行重大的兵制變革中，社會很平

---

137 《唐律疏議》卷十六〈擅興律〉。
138 《新唐書》卷五〇〈兵志〉。
139 《舊唐書》卷四二〈職官一〉。

靜，實際效果較好，統治階級內部也沒有人出來反對，可見兵制的變革已經到了瓜熟蒂落、水到渠成的時候了。

第二，玄宗改革兵制和社會經濟的客觀情況相適應。採用募兵制，國家財政的負擔加重了。在玄宗時，政府已累積了大量的財富，庫存的糧食及絹帛、軍械完全有能力裝備一支龐大的軍隊；而農民則無力負擔沉重的府兵役使。府兵的廢止使農民的負擔有所減輕，有利於提高他們的生產積極性和促進社會生產的發展。

第三，實行募兵，兵農分離，使士兵和農民各專其業，對提高軍隊的素養和發展生產都是有利的，代表著社會分工達到了新的高度，是社會進步的表現。府兵的兵農合一，寓兵於農，是有限度的。就其實際情況而言，不可能做到既當兵，又不妨礙生產。如距京師五百里內的折衝府府兵，按制度應為五番，即每個府兵平均每年應宿衛京師兩次還不足，每次番期一月，每年平均番上 72 天，不包括旅程在內。旅程以每日步行五十里計，兩次的往返路程約需四十多天，一年中，總計用於上番的時間將近四個月 [140]，此外，在折衝府集中軍訓還要用去一定時間，這就不可能不影響生產，所謂「三時農耕，一時教戰」是難以做到的。府兵制內部存在的農、戰之間的矛盾，也是它破壞的重要原因之一。

玄宗是個頗好邊功的皇帝，甚至有「窮兵黷武」的名聲。姚崇在「十事要說」中曾提出「臣請三數十年不求邊功」的要求，當時玄宗答應了，後來並沒有完全實行。開元二年正月，並州長史、和戎、大武等軍州節度大使薛訥奏請出兵擊契丹，復置營州。姚崇等大臣竭力反對，認為打契丹的條件並不成熟，玄宗「方欲威服四夷」[141]，力排眾議，提升薛訥為同紫微黃門，命他率軍打契丹，群臣才不敢反對。七月，薛訥率六萬大軍出檀州（今北京密雲），

---

140 參閱谷霽光：《府兵制度考釋》，上海人民出版社，1962 年，167 頁。谷先生認為 500 里內五番的府兵，每年平均宿衛京師 66 天，似應為 72 天。

141 《舊唐書》卷九三〈薛訥傳〉。

行至灤水山峽中，遇契丹兵伏擊，「唐兵大敗，死者什八九」，薛訥與數十騎突圍得免。對於西北邊境的突厥、吐蕃，玄宗一貫主張採取強硬態度，屢次興兵征討。開元四年六月，突厥可汗默啜出兵討伐屬部拔曳固，為拔曳固人頡質略所殺。頡質略將默啜首級交給出使在突厥的郝靈荃，請郝上獻唐廷。默啜自武則天以來，常為邊患，郝靈荃得其首級，自以為立有不世之功。但宰相宋璟「以天子好武功，恐好事者競生心徼幸，痛抑其賞，逾年始授郎將，靈荃慟哭而死」。可見宋璟對玄宗的好武功也是深有認知並力加勸阻的。

玄宗好武功，在主觀上，是一位雄心勃勃、勵精圖治的皇帝。他個性剛強豪爽，極善騎射，熱衷於用軍事手段，透過戰爭來弘揚國威，解決邊疆問題，是符合他的個性的。在客觀上，唐朝經過太宗和高宗武后近百年的治理，人口增加，經濟發展，到了玄宗時代更是進入鼎盛時期，具備進行戰爭的豐厚的物質條件。從邊疆的形勢來看，高宗武后時期，唐廷與周邊各族不斷進行著戰爭。在東北部，奚和契丹日益強大，「常遞為表裡，號曰兩蕃」[142]，多次侵擾唐境。在北方，東突厥復興，默啜可汗拓地萬里，有戰士四十多萬，經常侵入內地。聖曆元年突厥軍隊竟深入到河北定州（今定縣）、趙州（今趙縣）境內，所過甚為殘暴。西北部，吐蕃進一步強大，多次出兵西域，奪取了安西四鎮，又滅吐谷渾。武則天雖然於長壽元年（西元 692 年）派大將王孝傑收復四鎮，保持了絲綢之路的暢通，但吐蕃在西域的勢力依然強大。武則天晚年以來，唐廷內部政局動盪，政變頻仍，制度敗壞，嚴重影響到對外政策和軍事實力。唐與周邊民族的戰爭，勝少敗多，在戰略上只能處於守勢。玄宗不甘心於這種狀況，力圖變守勢為攻勢。由於姚崇、宋璟等大臣的諫阻，也由於需要時間來解決國內問題，調整軍事體制和準備作戰的物資，開元前期的對外戰爭較少，邊境相對安寧。玄宗一直在整軍備戰，只要條件成熟，他就會放手進行對外戰

---

142 《舊唐書》卷一九九下〈北狄傳·奚〉。

爭，以改變唐廷的被動局面。到開元後期，邊境戰爭日漸增多。陳寅恪先生在分析玄宗對西域的戰爭時曾說：

> 玄宗之世，華夏、吐蕃、大食三大民族，皆稱強盛。中國欲保其腹心之關、隴，不能不固守四鎮，欲固守四鎮，又不能不扼據小勃律，以制吐蕃，而斷絕其與大食通援之道。當時國際之大勢如此，則唐代所以開拓西北，遠征蔥嶺，實亦有其不容己之故，未可專咎時主之黷武開邊也。[143]

玄宗重武功，與周邊諸民族和戰的情況，後文將會述及。在兵制的變革上，玄宗能夠毅然拋棄祖宗成法，改府兵為募兵，是和他重武功，迫切要求增強軍事力量的願望分不開的。玄宗是十分重視軍事問題的，為了增強唐王朝的國防軍事力量，除變革兵制而外，他在周邊設立節度使，屯田、養馬等方面也做了大量工作：

首先，玄宗在前代周邊設防的基礎上，至天寶元年（西元 742 年）之前，陸續設置了十節度使，重新布局並完善了邊疆的防衛體制。這十個節度使從東北向西北、西南分布，其名稱、治所、任務、轄區和兵力分別是：

- 平盧節度使：開元七年升平盧軍使為平盧節度使，治營州（今遼寧朝陽），統平盧、盧龍二軍，榆關守捉、安東都護府，兵力 37,500 人。轄境約當今河北遵化、唐山以東，遼寧大凌河以西，阜新、朝陽以南地區[144]。
- 范陽節度使：開元二年置。治幽州（今北京市西南），統經略、威武等九軍，兵力 91,400 人。轄境約當今河北懷安、新城以東，撫寧、昌黎以西，天津以北地區。

平盧、范陽兩鎮的任務是防制東北諸部，主要是奚、契丹、室韋、靺鞨等。

143　陳寅恪：《唐代政治史述論稿》，三聯書店，1956 年，137 頁。
144　各節度使轄境依程志、韓濱娜《唐代的州和道》所說，見該書第 82 – 84 頁，三秦出版社。

- 河東節度使：開元八年改天兵軍大使為天兵軍節度使，至開元十八年，始稱河東節度使。治太原府（今太原市西南晉源區）。統天兵、大同等四軍，雲中守捉。兵力 55,000 人。轄境約當今山西長城以南，中陽、沁源、左權以北地區。

- 朔方節度使：開元九年置。治靈州（今寧夏靈武西南）。統經略、豐安、定遠三軍，三受降城，安北、單于二都護府。兵力 64,700 人。轄境約當今寧夏回族自治區大部及內蒙古中西部並今蒙古人民共和國及俄羅斯西伯利亞南部一帶。

  河東、朔方兩鎮互為犄角，主要任務是防制北方的突厥。

- 河西節度使：景雲二年置，治涼州（今甘肅武威），統赤水、大斗等八軍，張掖等三守捉，兵力 73,000 人。轄境約相當今甘肅河西走廊及青海北部地方。任務是隔斷吐蕃與突厥的連繫，抵禦他們的進攻，守護河西走廊。

- 隴右節度使：開元元年置。治鄯州（今青海樂都）。統臨洮、河源等十軍，綏和等三守捉，兵力 75,000 人。轄境約當今甘肅南部及青海湖以東地區。

- 劍南節度使：開元七年置。治益州（今四川成都），統天寶、平戎等六軍，兵力 30,900 人。轄境約當今四川中部、貴州西部及雲南大部。

  隴右、劍南兩鎮主要任務是防禦吐蕃，劍南還須撫寧西南方的少數民族。

- 安西節度使：設於開元六年。治龜茲（今新疆維吾爾自治區庫車縣）。統龜茲、焉耆、于闐、疏勒四鎮，兵力 25,000 人。轄境約當今西至鹹海，東接阿爾泰山，北至天山，南達昆侖山和阿爾金山。

- 北庭節度使：先天二年置。治庭州（今新疆吉木薩爾北破城子）。統

瀚海、天山、伊吾三軍,兵力 2 萬人,轄境約當今西抵威海,北至巴爾喀什湖和額爾齊斯河上游,南抵天山。

安西、北庭兩鎮內外相連,主要任務是鎮撫西域天山南北的諸國。

- 嶺南五府經略使:設於開元二十一年,治廣州(今廣東省廣州)。統經略、清海二軍,兵力 15,400 人。轄境約當今廣東除連山、連江以外的全省之地及廣西全部,雲南東南至越南中部地區。任務是綏靖該地區內各少數民族。

節度使開始是轄區的最高軍事長官,後來為了便於解決軍隊給養,提高軍隊的戰鬥能力,玄宗往往任命他們兼營田使、度支使,以處理屯田、營田、軍資糧餉等事務,有的甚至是兼任有權督察地方官吏的採訪處置使。於是節度使不僅獨攬軍隊內部軍事、財政大權,而且逐漸向地方權力滲透,發展成一個地區的最高軍政長官。由於兵制的變革,節度使的軍隊由徵點而來的府兵變為僱傭而來的職業兵,「將不專兵」的情況隨之改變。這對提高軍隊的戰鬥力是有益的。因為職業兵服役期長,大多數都在當地有家庭,生兒育女,世代為兵。職業兵的軍事技術訓練良好,熟悉防區的風土人情,對敵情也了解。官兵之間的長期合作共事,增進了相互了解,便於指揮,共同作戰。他們比府兵有更強的作戰能力。這種狀況無疑是符合當時邊疆形勢的要求的。但是節度使權力的膨脹和軍事力量的增強,都潛伏著發展為分裂割據、對抗中央的危險。

可能發生的事情並不一定必然會發生,這要看是否具備由可能轉化為現實的條件。所以,把後來藩鎮坐大的原因歸咎於募兵制的實行並不正確,兩者之間沒有必然的關聯。玄宗於兵制變革的同時,在沿邊設置節度使,這兩件事分開來看,在當時的形勢下,都是必然的、合理的、有益的。從總體的宏觀的角度來看,也許是玄宗的眼光過分專注在前方邊疆而

忽略了眼皮之下的京師，出現了兩個重要的失策：其一，府兵制的基本原則之一，就是在兵力的布置上有利於中央「居重馭輕」，保持軍事力量上的優勢。改行募兵之後，節度使管轄的軍隊總計有四十多萬，宿衛中央的彍騎只有十二三萬，而且戰鬥力極差。「六軍宿衛皆市人，富者販繒綵，食粱肉，壯者為角觝、拔河、翹木、扛鐵之戲。及祿山反，皆不能受甲矣」[145]。這就在軍事力量的對比上，形成了「外重內輕」的態勢，在特殊情況下，中央沒有足夠的軍事威懾力量以保證對地方的控制。其二，玄宗不斷加大節度使的權力，卻沒有採取相應的措施加強對他們的督察控制，防止他們私人勢力的成長。開元前期，邊將的調動還比較頻繁，文武重臣，出將入相，他們一般都有很高的文化素養，在忠君報國的思想支配下，即使手握重權，也不易和中央離心離德。李林甫入相後，「林甫固位，志欲杜出將入相之源，嘗奏曰：『文士為將，怯當矢石，不如用寒族蕃人，蕃人善戰有勇，寒族即無黨援。』帝以為然」[146]。從此，高仙芝、哥舒翰，以至安祿山、史思明等蕃將都得以久負邊防重任，專斷一方。他們大多行伍出身，文化不高，受儒家思想、封建道德的約束較少。安祿山等人，一旦大權在握，便著意經營個人勢力，形成尾大不掉之勢。玄宗這兩點失策，最終帶來了嚴重的後果，成為安史之亂發生的遠因。

其次，玄宗繼續推行高宗、武后以來在邊境屯田的事業，以解決日益繁重的軍糧供應問題。武后時，名將婁師德長期在西北邊疆駐防，大興屯田，成績卓著。武則天曾賜書嘉獎說：「自卿受委北陲，總司軍任，往還靈、夏，檢校屯田，收率既多，京坻遽積，不煩和糴之費，無復轉輸之艱，兩軍及北鎮兵數年咸得支給。」[147]郭元振於大足元年（西元 701 年）任涼州都督、隴右諸軍州大使後，命甘州刺史李漢通開置屯田，數年之間，

---

145 《新唐書》卷五〇〈兵志〉。
146 《舊唐書》卷一〇六〈李林甫傳〉。
147 《舊唐書》卷九三〈婁師德傳〉。

連歲豐收。不僅當地糧價由「粟麥斛至數千」下跌至「一匹絹糶數十斛」，而且「積軍糧支數十年」[148]。可見屯田是解決軍糧行之有效的辦法。

玄宗既重邊功，必重屯田。他進一步整頓和健全了屯田的布局和經營管理體制，使屯田事業大為發展。玄宗時，「凡天下諸軍州管屯總九百九十有二，大者五十頃，小者二十頃。凡當屯之中，地有良薄，歲有豐儉，各定為三等。凡屯皆有屯官、屯副」[149]，屯官從勳官五品以上文武散官及前資邊州縣府鎮戍八品以上文武官中選拔。他們的考核標準，主要是看屯田產量的高低。玄宗曾頒布〈定屯官敘功詔〉說：「屯官敘功，以歲豐凶為上下，鎮戍地可耕者，人給十畝以供糧。方春，令屯官巡行，謫作不時者。」[150] 屯田之處，據土質軟硬程度不同，配以數目不等的耕牛，產量以粟計，其大麥、小麥、乾蘿蔔等均準粟計折斛斗，以定等級。由於屯田建立了嚴格的經營管理制度，產量大增。至天寶八年，「天下屯收者百九十一萬三千九百六十石，關內五十六萬三千八百一十石，河北四十萬三千二百八十石，河東二十四萬五千八百八十石，河西二十六萬八十八石，隴右四十四萬九百二石」[151]。這是相當可觀的數字，以河東為例，河東節度使共有兵 55,000，每人每月食粟一石[152]，屯田產量可供全部軍隊食用四個半月。屯田成為邊防軍糧的重要來源。

再次，玄宗大力復興馬政，發展養馬業。馬在古代戰爭中發揮非常重要的作用。唐王朝從建立之初，就特別重視騎兵的建設和訓練。在統一全國的戰爭以及和突厥、吐蕃、奚、契丹諸周邊民族作戰時，騎兵都是主力兵種。騎兵具有速度快、機動性強、衝擊力強等特點，陳寅恪先生曾具體地說：「騎馬之技術本由胡人發明，其在軍隊中有偵察敵情及衝鋒陷陣兩

---

148 《舊唐書》卷九七〈郭元振傳〉。
149 《唐六典》卷七屯田郎中員外郎條。
150 《全唐文》卷三一。
151 《通典》卷二〈食貨二‧屯田〉。
152 李筌：《神機制敵太白陰經》卷五〈人糧馬料篇〉。

種最大功用，實兼今日飛機、坦克兩者之效力。」[153] 所以馬匹的多寡精粗是國力強弱的重要代表。

　　玄宗即位時，唐的養馬業正處於低潮。唐初，平定關中後，得到突厥馬 2,000 匹和隋馬 3,000 匹，開始於隴右置監牧養馬，乙太僕卿主其事，下屬牧監、監副。凡馬 5,000 匹為上監，3,000 匹以上為中監，1,000 匹以上為下監。監有丞、有主簿、直司、團官、牧尉、排馬、牧長、群頭、掌閑等管馬官吏和技術人員。太宗命太僕卿張萬歲為隴右監牧，萬歲忠於職守，善於養馬，在他的苦心經營下，從貞觀至麟德四十年間，隴右監牧的馬匹發展到七十餘萬，下設八坊四十八監。馬匹增多，隴右八坊之地不夠牧放，又在鹽州設八監，嵐州設三監。張萬歲之後，馬政逐漸衰敗。永隆中（西元 680～681 年）夏州牧馬在兩、三年內死失的就有 184,990 匹。「垂拱以後，馬潛耗太半。」開元初牧馬有 24 萬匹，僅及張萬歲時的三分之一。開元二年，因馬匹短缺，「太常少卿姜晦乃請以空名告身市馬於六胡州，率三十匹讎一游擊將軍」[154] 玄宗同意，給三百道空告身。

　　玄宗是深知馬的重要的。他在發動誅韋之役時，主要依靠的軍事力量是萬騎，萬騎就是中央禁軍中最為精銳的騎兵部隊。誅韋之後，他被封為平王，兼知內外閑廄押左右萬騎，兼知內外閑廄即掌管皇家御馬的飼養系統，閑廄中的馬匹精良，主要為皇室服務並裝備北軍，掌管閑廄馬匹就可控制北軍力量。玄宗在政變後兼任此職，可見其重要。在誅滅太平公主集團時，玄宗「因王毛仲取閑廄馬及兵三百餘人」，以騎兵對太平黨羽作迅雷不及掩耳的打擊，取得成功。因此，玄宗也可以說是位「馬上皇帝」。天寶十三載（西元 754 年），應安祿山的請求，玄宗任命他為閑廄、隴右群牧使並兼知總監事，把國家和皇家兩個養馬系統的大權全交給他。安祿

153　陳寅恪：《金明館叢稿初編》第 269 頁。
154　《新唐書》卷五〇〈兵志〉。

山派親信暗選戰馬數千匹精心飼養，這是他日後叛亂的一宗本錢。安史之亂平定後，玄宗住在興慶宮，有馬三百匹。肅宗擔心玄宗東山再起，派李輔國取走宮中的馬匹，「才留十匹」。玄宗由此而敏銳地感到事情不妙，對高力士說：「吾兒為輔國所惑，不得終孝矣。」因為他知道取走馬匹就是削弱他的實力，表示兒子對他懷有疑慮和敵意，可見馬匹不僅關係著國家的軍事實力，也和皇家的安危關係密切。

玄宗消滅太平公主集團後，先天二年七月，任命王毛仲為檢校內外閑廄兼知監牧使。玄宗把皇家和國家兩大養馬系統全部交給這位心腹幹將，說明對馬政的重視。王毛仲是張萬歲之後對唐代養馬業卓有貢獻的人物。他善於騎射，對養馬也有特殊的愛好。「雖有賜莊宅、奴婢、駝馬、錢帛不可勝紀，常於閑廄側內宅住」，為的是便於管理閑廄事務。王毛仲沒有辜負玄宗的信任和重託，他勤勤懇懇工作，嚴格管理，馬政經過整頓迅速恢復，至開元十三年時馬匹已增至 43 萬。王毛仲提供的馬匹為玄宗封禪泰山的大典增添了不少光彩。

王毛仲因罪免職後，由於玄宗的重視，養馬業繼續發展。玄宗批准以朔方軍西受降城為交易市場，每年用金銀縑帛換取突厥馬匹，放在河東、朔方、隴右的監牧中牧養。由於得到突厥的良種馬，唐馬的素養大為提高。到天寶十三載，僅隴右監牧一處，就有馬、牛、駝、羊總 605,600，其中馬為 325,700 匹。

為了復興馬政，玄宗還大力發展民間的養馬業。開元九年（西元 721 年）正月他下詔：

天下之有馬者，州縣皆先以郵遞軍旅之役，定戶復緣以升之，百姓畏苦，乃多不畜馬，故騎射之士減曩時。自今諸州民勿限有無蔭，能家畜十馬以上，免帖驛郵遞徵行，定戶無以馬為貲。[155]

---

155 《新唐書》卷五〇〈兵志〉。

　　這個詔令反映了民間養馬政策的變化。原先民間養馬業不發展,是因為州縣派郵遞軍旅之役,有馬之家要先承擔。在定戶等時,馬算資產,有馬之家戶等定得高,賦役負擔也就重,而且養馬多少,還要受「有無蔭」的限制,這些政策都妨礙了民間養馬的發展,成為「騎射之士減曩時」的原因。玄宗在這個詔令裡對原先的督馬政策作了三點重要的改變:一、私人養馬數量不受養馬者「有無蔭」的限制;二、能養馬十匹以上之家,免去帖驛郵遞徵行。「若要須供擬,任臨時率戶出錢市買」[156],不能無償徵用;三、定戶等時,馬匹不算資產。這就把民間養馬的限制放開了。在新的政策的鼓舞下,民間養馬的積極性得到調動和發揮。

　　私人養馬對王公、百官及富豪有利,他們可以憑藉權勢,借公家的山谷為牧地,即所謂「置牧者唯指山谷,不限多少」[157]。經過二十多年,至天寶年間,「王侯、將相、外戚牛駝羊馬之牧布諸道,百倍於縣官,皆以封邑號名為印自別,將校亦備私馬」[158],私人養馬業得到空前發展。

　　在復興馬政上,玄宗採取了官、私養馬並重的方針,改變了開元初年缺馬的狀況,取得了顯著的效果。史稱「秦、漢以來,唐馬最盛」,唐馬則以玄宗時代為鼎盛。馬政的興盛為軍隊提供大量精良的馬匹,形成了強大的軍事實力,促使玄宗把重邊功的願望化為行動。

156　《冊府元龜》卷六二一〈監牧〉。
157　《冊府元龜》卷四九五〈邦計部‧田制〉天寶十一載十一月乙丑詔。
158　《新唐書》卷五〇〈兵志〉。

第十一章　張說的沉浮

　　檢田括戶和軍事體制的變革是玄宗為適應新形勢而同時抓緊推行的兩項工作。分別主持這兩項工作的宇文融和張說之間卻勢同水火，互不相容，他們的矛盾成為玄宗朝政爭的一樁重要公案。由於這兩個人都深受玄宗的信任和賞識，他們之間的鬥爭和玄宗的態度就更具有戲劇性而耐人尋味了。

　　帷幕是在開元九年拉開的。這年二月初十，玄宗命宇文融主持全國的檢田括戶。過了七個月，九月十九日又從檢校並州大都督府長史、天兵軍大使任上召回張說，拜兵部尚書，同中書門下三品。玄宗起用張說是意義深遠的。因為張說不僅是他的親信，而且是當時文壇領袖。張說，字道濟，又字說之，洛陽人，其先人事蹟，史無所載，可見沒有什麼顯赫的家世可言。垂拱四年（西元 688 年）應詞標文苑科的考試，武后曾親自臨試，參加考試的人特別多，張說在近萬名考生中名列第一，獨占鰲頭。他的文才大為武則天賞識，授官太子校書郎。後又曾參與大型類書《三教珠英》的編修。張說「為文俊麗，用思精密」，是享有盛名的文學家。玄宗在撥亂反正已經取得顯著成果的時候，任命他為宰相，是有借重他的聲望和才華粉飾太平、大興文治的意思。張說對此自然心領神會，他出任宰相後，

「善用己長，引文儒之士，佐佑王化，當承平歲久，志在粉飾盛時」[159]。玄宗既倚重張說，又對宇文融委以重任，在用人政策上，擺出了文學與吏治並重的格局。

關於玄宗時期文學與吏治之爭的見解，是由汪籛先生提出的。他說：「在姚崇用事的期間，匡贊玄宗的大臣，如劉幽求、張說之流，都相繼被貶逐流竄。這主要的原因，較為明顯地，是為了要使玄宗的皇位更加安定。但是，在骨子裡面，姚崇和這些功臣之間的互不相容，似乎還隱含著用吏治與文學的政見不同。關於這一點，他們自己是否已有自覺，現在無從知道，可是這種衝突，卻一定是存在著的。」[160]，汪籛先生認為：狄仁傑、五王 (桓彥範、敬暉、張柬之、崔玄暐、袁恕己)、姚崇這一班人，全都長於吏務，雖然有的人，如姚崇也以文章著名，但都不以文學見重。他們多把文士看成是齷齪不足道的，加以排斥。張說的觀點恰與姚崇相反，他所賞識提拔的人，如徐堅、韋述、賀知章、孫逖、王翰、張九齡等都以文詞知名，他以文章來拔擢人才，也以「無文」來排斥人士。由於用人標準和好惡的不同，在朝臣中逐漸形成文學與吏治兩派，黨同伐異，互相排斥，構成了錯綜複雜的政治鬥爭。汪籛先生的見解，為觀察開元時期的政治史提供了一個重要的、基本的觀點，然而，決非唯一的觀點。

玄宗對朝臣中文學與吏治之爭是有所了解的。他在用人時並無明顯的傾向。他用張說的長於文學來大興文治，用宇文融的長於吏幹來檢田括戶，對他們先後委以重任，多少帶有將兩派官員的地位擺平的意思。但宇文融和張說之間的衝突鬥爭還是不可避免地發生了。

宇文融主持括戶期間，從中央到地方都有人反對。陽翟縣尉皇甫憬上疏攻擊檢田括戶「故奪農時，遂令受弊」，州縣官吏「務以勾剝為計」，加

---

159 《舊唐書》卷九七〈張說傳〉。
160 《汪籛隋唐史論稿》第 196 頁。

重百姓負擔。他指出，農民逃亡主要是因為官僚隊伍龐大，「向逾萬數，蠶食府庫，侵害黎民」，民不聊生才造成的，不是括田稅客所能解決[161]。儘管玄宗貶皇甫憬為盈州尉，反對括戶的意見並沒有止息。開元十二年八月間，玄宗令召集百官於尚書省討論括戶得失，「公卿以下。畏融恩勢，不敢立異，惟戶部侍郎楊瑒獨抗議，以為：『括客免稅，不利居人；徵籍外田稅，使百姓困弊，所得不補所失。』」不久，楊瑒被貶為華州刺史。皇甫憬、楊瑒等是公開的反對派，還有暗中的反對派。宇文融以括獲田戶之功，被本司校考為上下。主持考核官吏的盧從願硬是不同意。反對派的後臺是張說。張說嫌括戶「擾人不便，數建議違之」[162]，利用手中的權力，壓制和阻撓宇文融的工作。不過他還沒有公開站出來反對，和宇文融維持著表面的和平。在這場鬥爭中，玄宗是大力支持宇文融的，不僅堅決罷免了反對括戶的官員，而且不斷提升宇文融的職務，括戶開始時，宇文融還是一個正八品上的監察御史，四年之後，已經成為正五品的御史中丞兼戶部侍郎，既居風憲之地，又貳戶部，官高權重，地位顯赫。

開元十二年冬，括戶取得成功，國家財政豐裕，張說率先倡儀封禪泰山，百官紛紛響應。張說的建議正符合玄宗的心意。封禪泰山是國運昌盛、天下太平的代表，主持封禪大典的當然是盛世明君，玄宗孜孜以求的正是這頂桂冠。十一月十四日，玄宗帶領文武百官前往洛陽，宣布明年十一月十日舉行封禪大典。

161 《唐會要》卷八五〈逃戶〉。
162 《舊唐書》卷九七〈張說傳〉。

大典的籌備工作在張說的主持下緊張地進行。制定封禪的禮儀是最重要的一件事。玄宗命張說、右散騎常侍徐堅、太常少卿韋滔、祕書少監康子元、國子博士侯行果等，與禮官在集賢書院刊撰儀注。主要根據高宗封禪的儀注，參照歷代儀禮，斟酌取捨，加以刊正。凡有爭議之處，由張說裁決。開元十三年三、四月間，封禪儀修成，玄宗非常高興，賜宴張說和禮官學士。張說還擔心在封禪時，突厥乘機入寇，準備加強邊防兵

紀泰山銘

力，召兵部郎中裴光庭商議。光庭建議請突厥派大臣前來參加封禪大典。在周邊諸族中，當時以突厥最為強大，「突厥來，則戎狄君長無不皆來，可以偃旗臥鼓，高枕有餘矣」。張說非常讚賞這個建議，上奏玄宗後實行。

十月十一日，玄宗率領百官、貴戚、各地朝集使、儒生文士以及突厥、契丹、奚等周邊民族酋長和日本、新羅等國使臣離開洛陽，向泰山出發。封禪隊伍由儀仗隊、衛隊、後勤供應隊伍組成，彩旗飄揚，鼓樂喧鳴，浩浩蕩蕩，數百里不絕。內外閑廄使王毛仲以牧馬數萬匹供使用，「色別為群，望之如雲錦」，龐大的封禪隊伍，宏偉壯觀的場面，充分展示了唐王朝的富庶和強盛。十一月初六，經過二十多天的行程，大隊人馬抵達泰山腳下。玄宗命隨從官留在山口，只帶宰相及祠官登山。祭祀前，玄宗問禮部侍郎賀知章，前代玉牒的內容為什麼保密？賀知章回答，大概是君主對上天有祕密請求，不願讓人知道。玄宗說：「朕今此行，皆為蒼生祈福，更無祕請。」[163] 於是將玉牒取出，向群臣宣布。初十，玄宗在泰山頂祭祀昊天上帝，群臣在山腳下祭祀五方帝及眾神。祀畢，玄宗封藏

---

163 《舊唐書》卷二三〈禮儀志〉。

玉牒，點燃燎壇上堆積的木柴，「火發，群臣稱萬歲，傳呼下山下，聲動天地」。[164] 次日，玄宗在社首祭地祇。至此，封禪按原定儀注順利完成。十二日，玄宗在帳殿接受群臣朝賀，赦免天下，封泰山神為天齊王。玄宗撰〈紀泰山銘〉，親筆書寫，刻在山頂石壁之上。張說、源乾曜、蘇頲等大臣也都紛紛撰文，頌揚這盛世的大典。

泰山唐玄宗封禪玉冊

封禪大典的成功，是張說相業中的一大成就，表明他不僅知識淵博，文采出眾，而且有傑出的組織才幹。但張說在封禪大典中也得罪了不少人，按規定，凡隨從玄宗登上泰山頂的祀官均可超授五品。充當詞官是升官的好機會，張說「多引兩省錄事、主書及己之所親攝官而上」[165]。張九齡不贊成這種做法，他勸張說說：「官爵者，天下之公器，德望為先。勞舊次焉。若顛倒衣裳，則譏謗起矣。今登封霈澤，千載一遇，清流高品，不沐殊恩，胥吏末班，先加章紱，但恐制出之後，四方失望。」[166] 張說不聽。果然招致許多官員的不滿。參加封禪的士兵，辛苦勞頓，沒有得到實

164 同上。
165 《舊唐書》卷九七〈張說傳〉。
166 《舊唐書》卷九九〈張九齡傳〉。

惠的賞賜，只給空頭的勳官，他們也怨氣很大。

宇文融在封禪大典之後，利用中外百官對張說的不滿，不失時機地發動進攻。張九齡深知張說與宇文融不和，曾經告誡張說：「宇文融承恩用事，辯給多詞，不可不備也。」張說不以為然，說：「此狗鼠輩，焉能為事」[167]，言語間對宇文融充滿蔑視之情，也太低估了對手的心計和能力。宇文融先是採取迂迴戰術。他了解到玄宗懷疑吏部銓選不公平，而銓選是由張說主管的，便建議分吏部為十銓典選。這個建議正投合了玄宗不信任吏部的心理，遂令蘇頲、韋抗、盧從願、宇文融等十人分掌吏部銓選，考試書判之後，直接送玄宗審核，吏部尚書、侍郎不得參與。張說對此極為不快，銓選雖越過吏部，宰相還是有發言權的。因此「融等每有奏請，皆為說所抑，由是銓綜失敘」[168]。玄宗因此對張說也極為不滿。十銓典選的辦法不妥，只行用一年。宇文融利用這件事，在玄宗與張說之間打進了一個楔子，使他們之間產生隔閡。

開元十四年（西元 726 年）四月初四，宇文融向張說發動正面進攻。他聯合御史大夫崔隱甫和御史中丞李林甫聯名奏彈張說「引術士占星，徇私僭侈，受納賄賂」。崔隱甫曾任洛陽令、華州刺史、太原府尹，為人精明強正，所至皆有政績。玄宗準備重用他，但張說「薄其無文」，奏擬他為金吾大將軍，推薦自己的好友殿中監崔日知為御史大夫。玄宗不同意，任命崔日知為左羽林大將軍，崔隱甫為御史大夫。崔隱甫因此對張說不滿。李林甫是日後大有名氣的人物。他是唐高祖李淵從父弟長平王叔良的曾孫，也算是李唐宗室子弟，由門蔭調補入仕，素無學術，明於吏治。他是宇文融援引為御史中丞的。所以李林甫、崔隱甫和宇文融一起攻擊張說。

167　《舊唐書》卷一○五〈宇文融傳〉。
168　《舊唐書》卷九七〈張說傳〉。

玄宗接到宇文融等人的彈奏，大怒，發金吾兵包圍張說府第，下敕由侍中源乾曜會同刑部尚書韋抗、大理少卿胡珪及崔隱甫等拘捕張說於御史臺訊問。張說的哥哥、左庶子張光至朝堂割耳稱冤，玄宗不予理睬。經過審訊，中書主書張觀、左衛長史範堯臣依仗張說權勢，弄虛作假，收受賄賂，張說與私度僧王慶則交往，並占卜凶吉都是事實，張說只好俯首認罪，被押獄中。玄宗大怒過後，又不放心，派高力士前往探視。力士回來說：「說蓬首垢面，席槀，食以瓦器，惶懼待罪。」張說狼狽的樣子，使玄宗憐憫之心油然而生，力士乘機勸玄宗體念張說曾為侍讀，於國有功，最好從輕發落。四月十二日，玄宗下令免除張說中書令職務，其餘官職依然如故。張觀、王慶則被處死，「連坐遷貶者十餘人」。

　　張說罷相後，玄宗仍然很器重他，遇有軍國大事，常遣中使徵求他的意見。宇文融、崔隱甫等人擔心張說東山再起，不斷在玄宗面前攻擊張說，以致使玄宗感到厭煩，再也不能容忍這種朋黨之爭。開元十五年二月初二，玄宗令張說退休，在家修史，崔隱甫免官，回家侍奉母親，宇文融出為魏州刺史，將他們一起趕出中央政府。

　　張說和宇文融之間的鬥爭，顯然是文學與吏治之爭，但又不單純是文學與吏治之爭。細細探究他們矛盾的由來，至少還有三個源頭：

　　一個是利益之爭。宇文融主持的括戶就其實質而言，既是封建國家與逃戶之間控制與反控制的抗爭，同時也是封建國家和它所代表的地主階級中某些階層或集團之間爭奪剝削對象的抗爭。當封建國家對農民的剝削超過農民所能負擔的程度時，他們就會脫離戶籍，成為逃戶。但在封建社會裡，農民即使逃亡，也不能獲得真正的獨立和自由，他們或者被封建國家重新控制，或者「暫因規避，旋被兼併」[169]，成為封建地主的剝削對象。宇文融括戶，就是在政策上給逃戶以優惠，使他們重新被國家控制。毋庸

---

169 《冊府元龜》卷七〇〈帝王部・務農〉。

諱言，他代表了封建國家的利益。儘管檢田括戶並不能觸動封建地主已經蔭占的農戶和土地，畢竟是限制了他們勢力的無限擴大，在一定程度上損害了他們的利益，因而遭到激烈的反對。

　　以張說為首的文學一派是唐代正在興起的普通地主的政治代言人。他們大多沒有顯赫高貴的出身，是在武則天時代透過科舉考試等途徑進入唐政府各級政權的，有的甚至進入最高統治集團。他們在獲得新的社會地位後，便透過合法的或非法的、經濟的或超經濟的方法，貪婪地擴大自己的勢力。這些「新營莊宅，尚少田園」[170] 的普通地主大肆兼併土地，擴大田產，從唐初以來，就是一種普通的現象。也就是說，當時蠶食農民土地、迅速發展封建地主大土地私有制的主要是普通地主。所謂「富豪之家，皆籍外占田」[171]，「豪富兼併，貧者失業」[172]，主要是指他們而言。武則天聽任土地兼併發展而不加制止，在經濟上採取無為而治的放縱政策，實際上是支持普通地主擴大自己的勢力，這和她在政治上扶植普通地主的態度是完全一致的。到了玄宗時代，士族地主已經完全衰落，普通地主當權多年，占有大片土地和勞動力，成為既得利益者，他們希望繼續維持武則天時的放縱政策。玄宗和武則天有所不同，他是要維護原有田令，抑制土地兼併的趨勢的。檢田括戶和兵制改革是和自耕農土地占有情況關係密切的兩件事。改府兵為募兵，順應了自耕農在農戶總數中比重下降和自耕農所占土地減少的趨勢。放鬆對農民的控制，有利於封建地主的發展，所以張說積極推行。檢田括戶則在於維護自耕農對土地的占有，以保持國家控制大量自耕農的格局和「以丁身為本」的賦役制度，有益於國家利益而限制了封建地主階級利益的過分擴大。所以，張說嫌括戶「擾人不便」，加以

---

170 《舊唐書》卷七八〈于志寧傳〉。

171 《舊唐書》卷一三五〈賈敦頤傳〉。

172 《新唐書》卷五一〈食貨志〉。

反對。括戶的反對派盧從願就是一個「占良田數百頃」的「多田翁」[173]。在括戶的抗爭中，玄宗全力支持維持國家利益的宇文融是不難理解的。

另一個源頭是權力之爭。開元十一年，經玄宗批准張說改政事堂為中書門下，改政事印為中書門下之印，並列置吏房、樞機房、兵房、戶房和刑禮房五房於政事堂（中書門下）正廳之後，分掌庶務。這是宰相制度中的一個重要變革，不僅代表著相權的集中和加強，而且代表著唐初以來的三省制的終結。唐承隋制，行三省六部制度，由中書取旨，門下封駁，尚書執行。但中書與門下之間常有相牴觸之處，紛爭不已，影響效率。唐初三省長官並為宰相，建立了合議於政事堂的制度，政事堂設在門下省，是宰相議政的地方。事情議定以後，中書出詔，門下審核自然易於通過，尚書執行也就順利了。弘道元年（西元 683 年）十二月二十一日，裴炎由侍中改任中書令，仍執政事筆（即仍為首席宰相），將政事堂移於中書省，政事堂仍為議政之所。張說將政事堂改為中書門下，不僅換了名字，使政事堂由議政之所改成了宰相的常設辦公機構，而且使它由決策、發令機關轉變為最高決策機關兼最高行政機構。這種變化，又和宰相由兼職轉化為專職相適應。唐初以來的宰相、侍中、中書令和尚書左右僕射是按政務處理的程序分工，以他官為宰相者不過是參議國政。因此，無論是以他官參知政事、同平章事，還是三省的首長，都是「午前議政於朝堂，午後理務於本司」[174]，各有辦公機關，宰相只是兼職。到開元年間，政務繁多，玄宗對宰相更加倚重，賦予他們重要的權力和地位。開元十年（西元 722 年）十一月，他令宰相共食實封三百戶，並特別強調，賜食封是「自我禮賢，為萬世法」[175]，玄宗所用宰相一般只兩三人，「宰臣數少，始崇

---

173 《舊唐書》卷一一〇〈盧從願傳〉。
174 《通典》卷二三〈吏部尚書〉。
175 《唐會要》卷九〇〈緣封雜記〉。

113

其任，不歸本司」[176]。宰相由兼職成為專職，不僅進行決策，而且成為最高行政首腦，設立了自己的辦公機構和工作班底，相權得到了進一步的集中和加強。在人口增加、經濟發展、政務繁多的情況下，相權加強是必然的，有利於提升行政辦事效率。

　　玄宗在不斷強化相權的同時，又給宇文融的使職極大的權力，以致「事無大小，諸州先牒上勸農使，後申中書，省司亦待融指撝，然後處決」。玄宗的做法事出有因。三省六部制是適應唐初的情況建立的，它的組織機構簡單規範，定編定員。如尚書省的戶部司，其職掌為「分理戶口、井田之事」[177]，包括土貢的收取、戶籍的編制、戶等的劃分、居民的遷徙、土地的管理、賦稅的徵調、課稅的減免等等。定員郎中（從五品上）2 人，員外郎（從六品上）2 人，主事（從九品上）4 人，令史 15 人，書令史 34 人，亭長 6 人，掌固 10 人，共 75 人。其中入流的官員 8 人，令史以下皆為未入流的胥吏。各種人員的數目、職務和分工都是固定不變的。儘管戶部司是戶部中最大的一個司，但它管的事務太多，唐初戶口有限，經濟蕭條，事情簡單，還管得過來。經過一百多年，隨著社會經濟的繁榮，其負荷必然越來越重，不能適應新的情況。行政制度和政府機構都存在一個改革和調整的問題，而三省六部二十四司已經固定化、模式化，不易改動。玄宗要在全國開展檢田括戶，就不能依靠已經滿負荷的戶部司，只好另設使職，抽調人員，負擔這項工作。由於括戶困難重重，他又必須賦予宇文融極大的權力，才能將工作推動起來。使職的出現反映了社會經濟發展對上層的影響，不能僅僅把它當作玄宗對宇文融其人的信任來看。使職的廣泛設立，在尚書六部之外，又出現了一個行政系統，因此，需要在尚書省之上另外設立一個機構，統管全國的行政事務。政事堂設在

176　《舊唐書》卷一〇六〈楊國忠傳〉。
177　《舊唐書》卷四三〈職官志二〉戶部郎中條。

中書門下，就是適應了這種需要。玄宗設置使職，改政事堂為中書門下，是對三省六部制的重大改革，對後世的影響是深遠的。宋朝官、職的分離和中書門下（中書）統領行政，就是這種制度的繼續和發展。

　　玄宗任命宇文融為覆田勸農使，無疑是對尚書省權力的分割。《舊唐書》說：「開元以前，事歸尚書省，開元以後，權移他官」[178]，就是講使職出現後權力再分配的情況。張說在宇文融充使之後，奏改政事堂為中書門下，從政治鬥爭的角度考察，是有限制宇文融權力的意圖的。在宇文融權力最大時，雖然可以凌駕尚書省，卻無法超越中書門下，因此，張說可以利用中書門下的權力壓制宇文融，「數建議違之」。括戶結束後，玄宗命宇文融為御史中丞兼戶部侍郎，張說「患其權重，融所建白，多抑之」。他和宇文融之間的矛盾，顯然是有權力之爭的因素。

　　還有一個源頭是意氣之爭。《新唐書》對張說甚為推崇，說他「敦氣節，立然許，喜推藉後進，於君臣朋友，大義甚篤」[179]。其實並不盡然。張說在品性上，有權勢欲強、脾氣暴躁、心胸狹隘、不能容人的缺點，尤其是不能容忍與自己意見相左的人。源乾曜個性懦弱，他和張嘉貞、張說同時為相，「不敢與之爭權，每事皆推讓之」[180]，就因為不贊成封禪，張說對他非常不滿。崔沔「純謹無二言，事親篤孝，有才章」[181]，張說頗為看重他的道德文章，推薦他為中書侍郎。崔沔不願遇事「拱默」，好發表點意見，遂為張說不容，貶為外州刺史。宇文融為人「疏躁多言，好自矜伐」，是一個自視甚高、剛愎自用的人，張說「素惡融之為人」，宇文融對張說的為人也一定不喜歡，他們之間不能友好地相處而矛盾重重，和他們的性格、氣質不無關係。

---

178 《舊唐書》卷四八〈食貨志上〉。
179 《新唐書》卷一二五〈張說傳〉。
180 《舊唐書》卷九八〈源乾曜傳〉。
181 《新唐書》卷一二九〈崔沔傳〉。

　　玄宗雖然把張說和宇文融一起趕出了中央政府，事情並未結束，他們各自在仕途上還有一段歷程，而結局也完全不同。

　　開元十六年，宇文融從汴州刺史任上回京，出任鴻臚卿兼戶部侍郎，玄宗對他理財的能力是有極深的印象的。次年，拜黃門侍郎兼同中書門下平章事，初登相位的宇文融，躊躇滿志，揚言「使吾居此數月，則海內無事矣」。他在相位上只待了 99 天，沒有什麼可言的政績，便因事被貶，後來死於流放途中。

　　張說在開元十七年復拜尚書左丞相，集賢院學士，加開府儀同三司。上任時，玄宗命「所司供帳，設音樂，內出酒食，御制詩一篇以敘其事」[182]，頗為風光隆重。張說的長子張均，官拜中書舍人，次子張垍尚寧親公主，拜駙馬都尉。次年，張說患病，玄宗每天派中使探問，親自手寫藥方送去。史稱「當時榮寵，莫與為比」。十二月，張說去世，玄宗「憯惻久之。遽於光順門舉哀」，為張說自製神道碑文，御筆賜謚曰「文貞」。張說一生，三起兩落，起伏巨大，沉浮不定。玄宗和張說在政事的處理上，有時不盡一致，但私交卻很深厚。玄宗對這位文才出眾、享有盛名的老師，一直是很尊重，很有感情的，這一點，是宇文融不能與張說相比的。

---

182 《舊唐書》卷九七〈張說傳〉。

第十二章　宮闈悲劇

　　正當張說和宇文融之間的鬧劇在朝廷中緊鑼密鼓地演出之時，宮闈內的悲劇也開始了。

　　開元十二年七月二十二日，玄宗下詔廢王皇后為庶人，移別室安置。貶皇后的哥哥、太子少保王守一為潭州別駕，途中賜死。戶部尚書張嘉貞因和王守一關係密切，貶台州刺史。宮闈內的這一重大變故，使得朝野震驚。但它不是突然發生的，而是積蓄已久的。

　　王皇后是同州下邽人，出身說不上顯赫。她的父親王仁皎，「景龍中，以將帥舉，授甘泉府果毅，遷左衛中郎將」[183]。中郎將，官正四品下。玄宗為臨淄王時，納王氏為妃。王氏生於將門之家，大約性格爽朗，頗有膽略。在平武韋之亂中，「頗預密謀，贊成大業」[184]。先天元年八月，睿宗傳位於玄宗，自為太上皇。王氏被冊封為皇后。王仁皎以女兒當了皇后的緣故，升官至太僕卿，以後又加開府儀同三司，封邠國公，頗受恩遇。王皇后的孿生哥哥王守一，是玄宗為臨淄王時的好朋友，「帝微時與雅舊」，官至尚乘奉御，後來參加誅太平公主之役，因功遷殿中少監，特封晉國公。王皇后兄妹和玄宗是患難之交，淵源頗深。儘管如此，玄宗

---

183 《新唐書》卷二〇六〈王仁皎傳〉。
184 《舊唐書》卷五一〈廢後王氏傳〉。

對王皇后的感情並不專注。他在為臨淄王時，寵幸的嬪妃還有趙麗妃、皇甫德儀、劉才人等，她們都以姿容美麗而獲得玄宗的歡心。到開元初年，武惠妃在后妃中逐漸得寵，地位越來越突出，以至「寵傾後宮」，玄宗對她的寵愛遠甚過其他后妃。

武惠妃是武則天從父兄子恆安王武攸止的女兒，攸止去世後，隨例入宮。惠妃出自名門，她的祖父和玄宗的祖母是堂兄妹，她和玄宗則是表兄妹。惠妃從小受過良好的教育，「少而婉順，長而賢明，行合禮經，言應圖史」[185]，不僅體貌端麗，而且性格溫柔，聰明伶俐，知書識禮，頗有大家閨秀的風範。玄宗非常寵愛這個小表妹，他們一共生了四個兒子，三個女兒。大兒子夏悼王一，生而秀美，玄宗鍾愛無比，開元五年夭折，「時車駕在東都，葬於城南龍門東岑，欲宮中舉目見之」[186]。二兒子懷哀王敏和大女兒上仙公主也都早年夭折。所以三兒子壽王瑁出生後，不敢養於宮中，玄宗命送給大哥寧王憲撫養，由寧王妃元氏「自乳之，名為己子」[187]。直到開元十三年，才從寧王府接回宮中。壽王瑁是玄宗的第十八個兒子，宮中呼為「十八郎」，玄宗對他「鍾愛非諸子所比」[188]。

玄宗對武惠妃的偏愛，引起了王皇后的不滿，既有感情上的忌妒，也有對「武氏」的鄙視。王皇后的不滿給武惠妃帶來某些希望。「武惠妃有寵，陰懷傾奪之志，后心不平，時對上有不遜之語。」武惠妃想取王皇后而代之，就會時時挖苦皇后。皇后本來就色衰愛弛，玄宗對她的感情已經淡漠了，這位缺乏心計的將門之女還採取了一個粗暴的辦法——常常頂撞玄宗，把對武惠妃的不滿和怨恨發洩在玄宗身上，結果使玄宗對她愈來愈反感。開元十年八月，玄宗曾和他的親信、祕書監姜皎商量以沒有子嗣

185　《舊唐書》卷五一〈貞順皇后武氏傳〉。
186　《舊唐書》卷一〇七〈夏悼王一傳〉。
187　《舊唐書》卷一〇七〈壽王瑁傳〉。
188　《舊唐書》卷一〇七〈廢太子瑛傳〉。

為理由，廢掉王皇后。姜皎嘴巴不牢，將此事洩露出去。王皇后的妹夫嗣濮王嶠知道後，上奏玄宗，玄宗大怒。命中書門下進行審查。中書令張嘉貞和王皇后的哥哥王守一關係密切，自然不會放過姜皎，構成其罪，奏請先決杖再配流嶺南。玄宗下制指責姜皎，「假說休咎，妄談宮掖」[189]，矢口否認談及廢皇后的事，把罪過全加在姜皎身上，並令決杖後，配流欽州，姜皎的弟弟吏部侍郎姜晦被貶春州司馬，姜皎親黨坐流死者數人。姜皎本人在貶逐途中，行至汝州而卒，時年五十餘。

姜皎雖然受到處分，玄宗想廢掉皇后的消息畢竟還是透露出去了，王皇后感到惶恐不安。好在她平時為人寬厚，頗得宮中上下的好感，沒有人乘機誣陷她。王守一認為妹妹的皇后地位不穩固，主要是因為沒有兒子，如果有了兒子，就可以轉危為安。他請和尚明悟「為后祭南北斗，剖霹靂木，書天地字及上名，合而佩之，祝曰：佩此有子，當如則天皇后」。此事被人告發，玄宗親自追究，確有其事。於是下詔廢王皇后。

歷史往往有驚人的相似之處。

大約七十年前，玄宗的祖父高宗也是下詔廢王皇后，立武則天為后，引起朝中一段軒然大波，史稱「廢王立武」事件。

玄宗正在重演「廢王立武」，只是他沒有如願以償。開元十四年，玄宗想立武惠妃為皇后，遭到朝中大臣的反對，理由有三條：一是「武氏乃不戴天之仇，豈可以為國母」。一位大臣在奏疏中說：「惠妃再從叔三思、從父延秀等，並干亂朝綱，遞窺神器。」[190] 武惠妃的社會關係裡有一批惡名昭著的「諸武」，而玄宗身邊的許多大臣又都是靠誅滅「諸武」身居高位的。他們對武韋之亂為李唐王朝帶來的危難記憶猶新，甚至更久遠一些的武則天時代酷吏政治的陰影在人們心目中也還沒有完全消退。玄宗可以寵愛武

---

189 《舊唐書》卷五九〈姜皎傳〉。
190 《唐會要》卷三〈皇后〉。

惠妃，大臣們普遍的心理卻是不希望再出現一個「武后」，無論是對國家，還是對他們自己。二是「人間盛言張說欲取立旨之功，更圖入相之計」。這條理由出自傳聞，大概冤枉了張說，沒有資料說明張說是支援立武惠妃的。但泰山封禪剛結束，中外百官都對張說不滿，宇文融等人剛剛把他攻下臺，把立惠妃和下臺宰相張說連繫在一起，可以煽動人們對武惠妃的不滿。三是「太子非惠妃所生，惠妃復自有子，若登宸極，太子必危」。玄宗在開元二年十二月二十八日立次子嗣謙（瑛）為皇太子。長子嗣直（琮）是劉華妃所生，年輕時為野獸所傷，臉部破相，有失體面，自然不能繼承大統。次子嗣謙為趙麗妃生。趙麗妃「本伎人，有才貌，善歌舞」，當時很受玄宗寵愛，她的兒子因此被立為太子。現在，武惠妃還沒有當皇后，她的兒子壽王瑁已深受鍾愛。惠妃當了皇后，太子的地位就一定保不住了。這個判斷不幸而言中，惠妃雖然沒有當皇后，太子的性命卻被她斷送了。

　　朝臣中彌漫的反對立惠妃為后的情緒，玄宗敏銳地覺察到了，身為政治家，他要審時度勢，適可而止，他不願因立惠妃而引起朝野內外的動盪，或者，他認為當時立武惠妃為后的條件尚未成熟，所以在「廢王」之後，沒有再堅持「立武」。他對惠妃的寵遇並沒有因此改變，規定「宮中禮秩，一如皇后」，直到開元二十五年十二月惠妃去世，她始終是一個沒有皇后名分的皇后。

　　惠妃沒有當上正式的皇后，便把希望寄託在兒子身上，希望壽王瑁能取太子瑛而代之。這種潛在的威脅，太子瑛必然感受到了。玄宗一共有30個兒子，其中第五子鄂王瑤為皇甫德儀所生，第八子光王琚為劉才人所生。這兩個兒子在「皇子中有學尚才識，同居內宅，最相愛狎」[191]。光王琚有才力，善騎射，頗為玄宗喜愛。他們的母親皇甫德儀、劉才人及太子瑛的母親趙麗妃都是在玄宗為臨淄王時受寵愛的。自從玄宗寵幸武惠妃之

---

191 《舊唐書》卷一○七〈光王琚〉。

後，和她們的關係日漸疏遠。母親失寵，兒子的地位也受影響。尤其是太子瑛的感受深切。共同的境遇，使這三個年齡相近的皇子關係親密。武惠妃則派親信暗中監視他們。開元二十四年十一月，「太子與瑤、琚會於內第，各以母失職有怨望語」。此事被惠妃的女婿、駙馬都尉楊洄探知，惠妃因此向玄宗泣訴：「太子陰結黨與，將害妾母子，亦指斥至尊。」玄宗大怒，召宰相來商議，要廢掉太子及鄂王、光王。

當時的宰相是中書令張九齡、侍中裴耀卿和禮部尚書、同平章事李林甫，張九齡斷然反對，他說：

> 陛下踐阼垂三十年，太子諸王不離深宮，日受聖訓，天下之人皆慶陛下享國長久，子孫蕃昌。今三子皆已成人，不聞大過，陛下奈何一旦以無根之語，喜怒之際，盡廢之乎！且太子天下之本，不可輕搖。……陛下必欲為此，臣不敢奉詔。

張九齡言之成理，措辭尖銳，態度明確，尤其是他還列舉了歷史上晉獻公、漢武帝、晉惠帝、隋文帝更易太子所造成的三世大亂、京城流血、中原塗炭乃至喪失天下的嚴重後果，玄宗聽了，大為不快，但也無可奈何。裴耀卿態度如何？史無所載。從後來他因與張九齡為阿黨，同時被罷相，推想他是不贊成廢太子的。

李林甫在玄宗面前，沉默無言，沒有表態。退朝之後，私下裡對玄宗的親信宦官說：「此主上家事，何必問外人」，表明他同意廢太子。李林甫的態度是有緣由的。他在被宇文融援引為御史中丞之後，又歷刑、吏二部侍郎。李林甫平時注意交結宦官，透過他們了解玄宗的動靜，因此，說話辦事多能符合玄宗的意圖，取得玄宗的信任。他知道玄宗寵愛惠妃及壽王瑁，對太子日益疏遠，「乃因宦者言於惠妃，願盡力保護壽王」。惠妃想讓自己的兒子成為太子，需要得到朝中大臣的支援，對李林甫甚為感激，常在玄宗面前說他的好話。李林甫能登上相位，惠妃「陰為內助」，出力

不少。因此，他贊成廢太子瑛。但他的資歷和聲望都遠不如張九齡，張九齡反對廢太子，李林甫不敢反駁，只好保持沉默。

在廢太子的問題上，玄宗和宰相之間沒有取得一致。退朝之後，惠妃祕密派宮奴牛貴兒去張九齡處疏通。對他說：「有廢必有興，公為之援，宰相可長處。」張九齡嚴詞叱責，並報告玄宗。玄宗為之色動，似乎也覺察到點什麼。由於張九齡的抵制，在他罷相之前，太子瑛暫時穩定了。

開元二十五年四月，駙馬都尉楊洄再次狀告太子瑛、鄂王瑤、光王琚與太子妃兄、駙馬薛鏽祕密勾結，圖謀不軌。玄宗召見宰相商議，這時，張九齡、裴耀卿都已因事罷相，首席宰相是李林甫，另一個是剛任命的工部尚書、同中書門下平章事牛仙客。李林甫還是那句老話，「此陛下家事，非臣等所宜豫」。宰相不反對，玄宗便肆意而行，下令廢瑛、瑤、琚為庶人。流薛鏽於襄州，不久，並將瑛等四人賜死。瑛舅家趙氏、妃家薛氏、瑤舅家皇甫氏坐流貶者數十人。玄宗一下殺掉了三個兒子，這血腥的悲劇，表露出玄宗濫用權力、生殺予奪殘暴的一面。

除掉太子瑛之後，壽王成為太子似乎指日可待了。十一、十二月間，武惠妃突然發病，「數見三庶人為祟，怖而成疾。巫者祈請彌月，不瘳而殂」[192]。大約是在緊張的宮廷鬥爭中，精神負擔太重，心力交瘁，患疾而卒。玄宗悲痛異常，下制贈惠妃為「貞順皇后」，葬於敬陵，並為之立廟於京城昊天觀之南。

死後的惠妃終於戴上了一頂皇后的桂冠，活著的壽王是否可以立為太子呢？如果在廢太子瑛時，玄宗曾屬意於壽王，是因為他寵愛惠妃，就像當年他立瑛為太子的原因一樣。現在惠妃已經去世，玄宗可以從感情的困惑中解脫出來，政治家的冷靜促使他認真地考慮立太子的問題。李林甫再三建議立壽王為太子，玄宗覺得還是立忠王璵更為合適。

---

192 《舊唐書》卷一〇七〈廢太子瑛傳〉。

忠王為玄宗第三子，楊氏所生。初名嗣升，開元十五年正月封忠王。改名浚，二十三年改名均。二十七年改名紹，又改名亨。忠王生於景雲二年二月，其時玄宗為太子，正受太平公主的威脅，史載楊氏懷孕時，「太子密謂張說曰：『用事者不欲吾多息胤，恐禍及此婦人，其如之何？』密令說懷去胎藥而入。太子於曲室躬自煮藥，醺然似寐，夢神人覆鼎，既寤如夢，如是者三，太子異之，告說，說曰：『天命也，無宜他慮。』」[193] 於是忠王得以出生。這段故事顯然是後來史官們杜撰出來的。當時太平專權用事，太子的處境不算好，但也不致不敢生育。開元二年玄宗在立太子時，忠王的負有「天命」，絲毫沒有發揮作用，大約未必真有其事。忠王出生後，由王皇后撫育，「慈甚所生」。到玄宗想立他為太子時，已經二十八歲了。廢太子瑛死後，除長子慶王琮外，以他最為年長。

玄宗想立忠王為太子，是因為他「年長，且仁孝恭謹，又好學」。壽王「寵冠諸子」，畢竟是以母親而得寵，他本人並無特殊才能，而且排行十八。惠妃去世了，一切都變了，壽王失去了成為太子的一個最重要的因素。宰相李林甫的推薦，不僅無法發揮好的作用，反而成了消極作用。從玄宗的心理來看，他既然將朝政大權交給李林甫，當然不希望這位權相再去擁立一個太子，因為太子和權相的結合將會構成對皇位的威脅。而忠王則多年來一直處於不受重視的地位，在宮中和外朝都沒有形成個人勢力，易於控制。也正因為如此，玄宗擔心忠王是否能為以李林甫為代表的擁護壽王的外朝勢力所接受，他猶豫再三，不能決斷。這些考慮，展現了玄宗身為政治家的精明與審慎。

玄宗立忠王為太子的決心，最後是由親信宦官高力士的一句話促成的。力士看到玄宗為立太子的事「忽忽不樂，寢膳為之減」，便勸玄宗：「大家何必如此虛勞聖心，但推長而立，誰敢復爭！」這真是旁觀者清。

---

193 《舊唐書》卷五二〈玄宗元獻皇后楊氏傳〉。

玄宗考慮太多，反而陷入困境。力士認為年長是立忠王為太子最過硬的理由，誰也無法反對。要言不煩，一語中的，把玄宗從困境中引導出來。玄宗連聲稱讚：「汝言是也！汝言是也！」立太子的問題就這樣解決了。

　　開元二十六年（西元 738 年）六月初三，忠王均被正式立為太子，他就是日後的肅宗。

第十三章　運糧關中，久住長安

　　開元二十一年秋天，關中地區淫雨連綿，成熟了的莊稼爛在地裡。農業歉收，糧食匱乏，穀價飛漲，玄宗只好準備帶領百官到東都就食。

　　就食東都是唐廷緩解關中地區缺糧的傳統辦法。關中缺糧從高宗時起，就是困擾李唐皇室的難題。高宗曾七次行幸洛陽，離開長安的時間都是在冬末春初、青黃不接的時候，顯然缺糧是重要原因。有時倉促出走，狼狽不堪。永淳元年（西元 682 年）四月，「上以關中饑饉，米斗三百，將幸東都。……時出幸倉猝，扈從之士有餓死於中道者」。高宗在位期間，幾乎有一半時間住在洛陽。高宗之後，武則天執政和稱帝的二十餘年中，除大足元年（西元 701 年）十月至長安三年（西元 703 年）十月在長安居住近三年，其餘時間都住在洛陽。中宗景龍三年「關中饑，米斗百錢，運山東、江、淮穀輸京師，牛死什八九。群臣多請車駕復幸東都。韋后家本杜陵，不樂東遷，乃使巫覡彭君卿等說上云：『今歲不利東行。』後復有言者，上怒曰：『豈有逐糧天子邪！』乃止」。中宗因懼內而硬著頭皮不承認有「逐糧天子」，其實他的父親高宗就是逐糧天子。在觀念上，就食東都有體念百姓困苦的意思，不是一件不光彩的事。中宗和韋后就連這也做不到，他們硬留在長安，自然不會缺糧，老百姓怎麼辦他們不管。

　　玄宗即位之後，也不可避免地當逐糧天子。開元初就曾準備去東都，後因政治形勢不穩未成行。開元五年正月，他第一次動身到東都之前，朝廷中曾有一場爭論。當時，恰巧太廟的房屋塌壞，宰相宋璟、蘇頲認為，這是天意告誡不宜東行，因為玄宗為睿宗守三年之制還沒有結束。姚崇卻認為：「陛下以關中不甚豐熟，轉運又有勞費，所以為人行幸，豈是無事煩勞？東都百司已作供擬，不可失信於天下。」[194] 玄宗聽了很高興，下決心東行，可見還是出於經濟的原因。玄宗第二次東行在開元十年正月，到洛陽住一年零兩個月。第三次在開元十二年十一月。住了將近三年。第四次在開元十九年（西元 731 年），住了一年。在即將第五次東行之前，玄宗感到不能再當「逐糧天子」了，他下決心解決關中和長安的糧食問題。促使玄宗下決心的原因是長安缺糧的壓力愈來愈大，不僅遇到水旱天災糧食不夠，即使平時糧食供應也很緊張。

　　關中糧食緊張的原因，除自然災害造成的減產外，最主要的是糧食消費量大幅度地增加。刺激糧食消費量成長的因素主要有：

1. 官僚隊伍及機構的擴大

　　唐初的百餘年間，中央政府機構簡單，官員數少，長安的糧食需求量有限，「往者貞觀、永徽之際，祿廩數少，每年轉運不過一、二十萬石，所用便足」[195]。武則天當政時，大開仕途之門，「不問賢愚，選集者多收之。職員不足，乃令吏部大置試官以處之，故當時有車載斗量之謠」[196]。中宗朝，斜封官、員外官等名目繁多，官僚隊伍畸形膨脹。景龍中，盧懷慎上疏說：「今京諸司員外官數十倍，近古未有。」「奉稟之費，歲巨億萬，徒竭府藏，……河渭廣漕，不給京師。」[197] 指明官員數量的增加，為國庫

194　《舊唐書》卷九六〈姚崇傳〉。
195　《舊唐書》卷九八〈裴耀卿傳〉。
196　《通典》卷十五〈選舉三〉。
197　《新唐書》卷一二六〈盧懷慎傳〉。

和京師造成糧食緊張。玄宗時，雖然裁減了斜封、員外等官，但官員隊伍仍然龐大，「貞觀六年，大省內官，凡文武定員六百四十有三而已」[198]。開元年間，內外文武官員 18,805 人，其中內官（即京官）2,621 人[199]，也就是說，京師官員比貞觀時增加了三倍。

在京諸司官府內還有上番服役的人員，隨著社會經濟的發展，數量大為增加。開元時色役名目繁多，有掌閑、幕士、樂人、雜戶、官戶、音聲人、防閤、庶僕、仗身等等。在長安服役者總數雖然缺載，但玄宗在開元二十三年曾下敕：「以為今天下無事，百姓徭役，務從減省。遂減諸司色役一十二萬二百九十四人。」[200] 從減省的數字中可以想見服役人員的總數是巨大的。這些人的口糧全由官府供給，消費量是驚人的。

2. 王室貴族的消費量增加

玄宗為了安定皇位，不允許諸王干預政治，在生活上賜給他們優厚的待遇，使他們能夠盡情玩樂揮霍。玄宗自己多子多孫，對他們也採取不讓出閣的辦法，建立十王宅、百孫院，把他們關起來，養起來，集中居住在禁苑附近。王宅每院配置四百宮人，百孫院每院宮人也不少於三四十人。玄宗時的宮嬪總共有四萬多人，宦官增至四千多人。為了維持這個龐大的王室貴族群體，在禁中設立了一個專門的倉庫——維城庫，以供應他們的生活資料。

3. 軍糧需求量加大

實行府兵制時，府兵自備資糧。改行募兵制後，募兵的給養全由國家負擔，軍糧的需求量也就大為增加。在長安和關中駐紮的軍隊主要是禁軍。「夫所謂天子禁軍者，南、北衙兵也，南衙，諸衛兵是也；北衙者，

---

198 《通典》卷十九〈職官一〉。
199 同上。
200 《唐會要》卷八三〈租稅上〉。

禁軍也。」[201] 張說建議行募兵制後，南衙兵為招募的彍騎，「京兆彍騎六萬六千，華州六千，同州九千，⋯⋯岐州六千」[202]。長安和關中一共87,000。北衙禁軍為左右羽林軍和左右龍武軍四軍，約 3 萬人 [203]。南北衙12 萬禁軍及其馬匹的用糧，全靠官府供應。

4. 長安及關中人口的成長

　　人口成長是糧食消費量增加的一個重要因素。京兆府（包括長安城內及郊區縣），貞觀十三年（西元 639 年）有戶 207,650，口 923,320，到天寶元年（西元 742 年）有戶 362,921，口 1,960,188，戶增加了 155,000 多，口增加了 1,033,000 多。開元二十一年，玄宗置十五道採訪使，其中京畿道採訪使治所在長安城內。所轄有京兆府（京兆郡）、華州（華陰郡）、同州（馮翊郡）、商州（上洛郡）、岐州（扶風郡）、邠州（新平郡），其畛域大致相當於關中地區。這一地區在貞觀十三年時，有戶 327,505，口1,438,359；到天寶元年，有戶 547,425，口 3,151,299，戶增加了約 22 萬，口增加了 260 萬。

　　在上述因素的作用下，長安的糧食消費數量遠遠超過了關中地區可以供給長安的糧食數量，造成了糧食的短缺和緊張。有的學者認為，當時關中地區一般每年只能向長安提供二百三十幾萬石糧食，長安每年短缺的糧食達一百多萬石 [204]。

　　除了糧食緊張的壓力增大外，玄宗感到不能總是「就食東都」，還有兩方面的原因。

　　一方面，唐廷一貫以關中為根本，所謂「國家帝業，本在京師，萬國

201　《新唐書》卷五〇〈兵志〉。

202　同上。

203　《唐會要》卷七二〈京城諸軍〉。

204　王朝中：〈唐朝漕糧定量分析〉，《中國史研究》，1988 年第 3 期。

朝宗，百代不易之所」[205]。關中的物資糧食不充足，皇帝和中央政府常常處於移動之中，在政治和軍事上都會產生不良的影響，特別是從開元中葉以來，吐蕃、突厥不斷侵擾，西北邊境戰事增多。開元十五年十月，玄宗從東都匆匆回到長安，就是因為在九月間，吐蕃大將悉諾邏恭祿及燭龍莽布支攻陷瓜州，河西節度使王君㲇為回紇人護輸所殺，「河、隴震駭」，西北形勢吃緊。玄宗到京後的第三天，就任命信安王禕為朔方節度等副大使，朔方節度使蕭嵩改任河西節度等副大使，指揮部署西北戰事。所以，玄宗要集中精力解決西北邊境的問題，就必須長駐長安。

另一方面，皇帝率領龐大的宮廷官僚隊伍頻繁地往來於長安與洛陽之間，八百里行程，最快也要二十多天，而且一般在冬季行走，畢竟不是很輕鬆的事情。沿途負責後勤供應的州縣負擔沉重。皇帝及其隨從也要受風霜寒凍、鞍馬勞頓之苦。玄宗曾經對大臣們說過：「朕親主六合二十餘年，兩都往來，甚覺勞弊，欲久住關中。」[206] 玄宗已經年逾半百，不再適應這頻繁的長途跋涉了。

為解決長安的糧食問題，玄宗在第五次赴東都之前，召見京兆尹裴耀卿商討對策。裴耀卿「少聰敏，數歲解屬文，童子舉」[207]，既富於文學，也頗具幹才。曾任相王府典籤、國子主簿，並歷任長安令，濟、宣、冀諸州刺史等地方官。開元十二年，他在濟州（今山東茌平）任上，適逢玄宗東行，途經濟州，那裡地廣人稀，經濟蕭條，接待工作卻搞得井井有條，「時大駕所歷凡十餘州，耀卿稱為知頓之最」。[208] 他還向玄宗進諫說：「人或重擾，即不足以告成。」[209] 玄宗對他一定留有深刻的印象。裴耀卿在任地方官時，能夠體察民情，興利除弊，政績很好。

205 《舊唐書》卷九八〈裴耀卿傳〉。
206 《高力士外傳》。
207 《舊唐書》卷九八〈裴耀卿傳〉。
208 《舊唐書》卷九八〈裴耀卿傳〉。
209 《新唐書》卷一二七〈裴耀卿傳〉。

　　開元十八年，耀卿為定州刺史朝集京師，就曾向玄宗上疏，提出解決關中糧食問題的對策。他認為：「江南戶口稍廣，倉庫所資，唯出租庸，更無徵防。緣水陸遙遠，轉運艱辛，功力雖勞，倉儲不益。」[210] 也就是說，解決國家「倉儲不益」，關中缺糧的辦法，是改進漕運，使江南的糧食能運往關中。這一見解的重要性，在於裴耀卿最先看出了江南經濟在整個唐王朝社會經濟中占有愈來愈重要的地位。這和當時社會經濟重心南移以及經濟重心和政治重心分離的客觀形勢是相符合的。因此，裴耀卿加強漕運的建議，不僅對解決關中糧食問題，而且對穩定唐中央政權都具有戰略意義。這一點，已為中、晚唐的歷史所證明。

　　關於如何改進漕運，裴耀卿認為關鍵在於廢除過去那種曠年長運的辦法，改行節級轉運。因為從江南至洛陽的漕運，航道漫長，各段水勢不同，江南漕船正月二月上道，途中「停滯日多，得行日少」，到洛陽已是冬季，運費昂貴，糧食損耗也大。節級運輸的方法是：沿河設倉，分段運送。「水通則隨近運轉，不通即且納在倉，不滯遠船，不憂久耗。」[211]

　　裴耀卿的建議，「疏奏不省」，《新唐書》寫作「玄宗初不省」，似乎沒有引起玄宗的足夠重視，其實不然。因為在上疏之後不久，裴耀卿便入為戶部侍郎，成為中央主管財政經濟（包括漕運）的主要官員，而且，玄宗在考慮解決關中糧食問題時，首先單獨召見裴耀卿，說明他對裴耀卿的建議是重視的。只是當時還在考慮，沒有立即實行。

　　裴耀卿在回答玄宗的詢問時，首先指出，在遭逢天災、糧食短缺的情況下，率領百官到東都就食，或者向百姓發放救濟糧，都是救災的辦法。但這些辦法是消極的、應急的措施，不解決根本問題。緊接著，裴耀卿分析了長安缺糧的原因。他說：「但為秦中地狹，收粟不多，倘遇水旱，便

---

210 《通典》卷一〇〈漕運〉。
211 《通典》卷一〇〈漕運〉。

即匱乏。……今升平日久，國用漸廣，每年陝洛漕運數倍於前，支猶不給。」[212] 也就是說：關中缺糧既有自然條件的影響，如耕地面積小，產量不多，水旱天災；也有社會經濟的因素，即「升平日久，國用漸廣」。解決長安缺糧的根本措施，在於改進漕運，擴大漕運量。「若能更廣陝運，支粟入京，倉廩常有三二年糧，即無憂水旱。」[213] 關於改革漕運、擴大漕運量的具體辦法，裴耀卿進一步闡述了他在開元十八年提出的節級轉運法：一是在汴水與黃河交匯的河口設倉，江南漕船至河口將糧納入倉中，即可返回。二是從河口入黃河和洛水西運時，由政府出資僱船節級轉運。三是從河口至陝州（今河南陝縣）的三百餘里黃河河道，航行甚為困難，這段運道稱為「北運」，原為陸運，要改為水運。

關於漕運改革的經費，裴耀卿提出兩點建議：

一是徵收輸丁代役庸錢。他說：「今日天下輸丁約有四百萬人，每丁支出錢百文，充陝洛運腳，五十文充營窖等用。貯納司農及河南府、陝州，以充其費。」[214]

二是利用前代舊倉。他說：「臣嘗任濟、定（應為宣）、冀等三州刺史，詢訪故事，前漢都關內，年月稍久，及隋亦在京師，緣河皆有舊倉，所以國用常贍。若依此行用，利便實深。」[215] 由此可知，裴耀卿在做地方官時，就留心漕事，經過長期的觀察、調查和思考，才能在漕運問題上提出有真知灼見的建議。

裴耀卿這番有情況、有分析、有具體措施的見解，正符合玄宗的想法，玄宗聽後大為高興。馬上任命他為黃門侍郎並同平章事。次年五月，任命他為侍中。七月，命他兼任主管漕運的江淮河南轉運使，又以鄭州刺

---

212 《通典》卷一〇〈漕運〉。
213 《舊唐書》卷九八〈裴耀卿傳〉。
214 《通典》卷一〇〈漕運〉。
215 《冊府元龜》卷四九〈邦計部‧漕運〉。

史崔希逸和河南少尹蕭炅為副，協助他改革漕運。和宇文融任覆田勸農使一樣，裴耀卿的轉運使也是一個臨時性的使職差遣，但裴耀卿是以宰相的身分兼領使職，原來尚書省戶部度支司管理漕運的權力也全由轉運使掌管，其權任更為重大，反映出玄宗對經濟問題越來越重視。

裴耀卿主持漕運後，把節級轉運的計畫付諸實行。其中，最困難的是北運改陸運為水運。北運水運要走黃河，黃河水情險惡，航行困難。尤其是三門砥柱的險灘，自西漢以來，歷代王朝多次修鑿，收效甚微。這個險灘「水流迅急，勢同三峽，破害舟船，自古為患」[216]，船隻至此常為風波覆溺，幾乎無法通行。高宗武后時，曾經設法改善北運，顯慶年間（西元656～661年），苑西監褚朗調發六千餘人，在三門山鑿石開山，修山路以通牛車，使三門砥柱一段改為陸運，但沒有成功。後來將作大匠楊務廉在三門山開鑿棧道，以便縴夫拉船過灘，棧道危險，縴夫往往繩斷墜崖，死亡甚多，也不成功。北運全部改為陸運，運量有限，運費昂貴，由洛陽運米至陝州（今河南三門峽市西舊陝縣），「率兩斛計庸錢千」[217]。開元二年，河南尹李傑為陸運使，改革陸運辦法，「從含嘉倉至太原倉，置八遞場，相去每長四十里，每歲冬初起運八十萬石，後至一百萬石。每遞用車八百乘，分為前後交兩月而畢，其後漸加」[218]。分段陸運法的特點是合理地組織車輛與人力，把三百餘里的陸運路線分為八段，有起有落，使運輸困難減輕，結果運費沒有降低，運量有所增加，每年多至一百萬石。即使這樣，仍然滿足不了關中的需求。裴耀卿主持漕運之前，北運一直採取陸運，李傑的辦法給了裴耀卿一些有益的啟示。

裴耀卿將北運改陸運為水運的辦法是沿河設倉，逐級轉運，水通即運，水細便止。他在三門砥柱東面置集津倉，西置三門倉，又於三門北山

---

216 《水經注》卷四〈河水〉。
217 《新唐書》卷五三〈食貨志〉。
218 《通典》卷一〇〈漕運〉。

開山路十八里，漕糧運至集津倉後，改陸運，繞過三門險灘，至鹽倉，再用船運往太原倉，然後由黃河入渭水，運至京師。經過裴耀卿的努力，「凡三歲，漕七百萬石，省陸運庸錢三十萬緡」[219] 每年運往長安的漕糧近 240 萬石，基本上解決了關中缺糧的問題。

　　玄宗透過漕運改革，把作為唐朝政治中心的長安和日益成為經濟中心的江南更加緊密地連繫起來，長安政權因此建立在更為堅實的經濟基礎之上。玄宗也因此能夠久住長安，不要再像他的先輩那樣，每遇關中災年，便風塵僕僕地去當「逐糧天子」；但在裴耀卿主持漕運改革期間，玄宗從開元二十二年（西元 734 年）離開長安後，一直住在東都洛陽。

---

219 《舊唐書》卷九八〈裴耀卿傳〉。

第十三章　運糧關中，久住長安

第十四章　張九齡與李林甫

　　開元二十四年（西元 736 年）十月初二，京師長安發生了震級不算很高的地震，似乎是在輕輕召喚已經離開它兩年零十個月的遊子歸來。也實在是巧合，就在這一天，玄宗改變了來年二月西返的決定，提前離開了洛陽。不想這一去竟是永別東都。儘管開元二十六年玄宗還下過在西京、東都往來之路上作行宮的詔令，想為來往於兩都之間做好準備，但事實上，玄宗再也沒有來過東都。由於關中糧食問題已經解決，玄宗可以久居長安，不用再當「逐糧天子」了。除華清宮和長安城郊的苑圍，他甚至連長安城也沒有遠離過。

　　十月二十一日，玄宗回到長安。回到長安不到一個月，他對宰相人事作了重大的變動。十一月二十七日，侍中裴耀卿為尚書左丞相（左僕射），中書令張九齡為尚書右丞相，並罷知政事，解除了他們的宰相職務。兵部尚書李林甫兼中書令，殿中監牛仙客為工部尚書、同中書門下三品。從此，李林甫掌握中樞大權達 16 年之久。

　　張九齡的下臺和李林甫的上臺都不是偶然的。

　　張九齡是韶州曲江（今廣東韶關市）人，進士出身，又應制舉登第。

以文學為張說所親重，張說常對人說：「後來詞人稱首也。」曾不止一次向玄宗推薦他堪為集賢院學士，以備顧問。張說死後，張九齡服母喪尚未期滿，開元二十一年十二月，就被重新任命為中書侍郎，並同平章事。第二年四月，遷中書令，成為朝政的主要執掌者，首席宰相。

張九齡

玄宗欣賞張九齡的器識、文辭和風度，曾經對侍臣說：「張九齡文章自有唐名公，皆弗如也。朕終身師之，不得其一二，此人真文場之元帥也。」[220] 早朝時玄宗見張九齡風威秀整，異於百官，對左右說：「朕每見九齡，使我精神頓生。」[221] 後來用人時也常問：「風度得如九齡否？」但對九齡事事固執己見，卻是越來越不耐煩了，玄宗要以李林甫為宰相，張九齡薄其無文，對玄宗說：「宰相繫國安危，陛下相林甫，臣恐異日為廟社之憂。」

張守珪調任幽州節度使後，大破契丹，斬契丹王屈烈及可突干，迅速扭轉了東北邊的緊張形勢。玄宗欣賞張守珪的才幹，欲任為宰相。張九齡諫曰：「宰相者，代天理物，非賞功之官也。」不同意玄宗的意見。玄宗退而求其次，欲「假以其名而不使任其職」。張九齡也以「惟名與器不可以假人」而加以反對。

在討擊奚、契丹時，安祿山恃勇輕進，為敵人所敗。玄宗惜安祿山之才，免其死罪，「敕令免官，以白衣將領」。張九齡也以「祿山失律喪師，於法不可不誅。且臣觀其貌有反相，不殺必為後患」而固爭。

玄宗欲廢太子瑛，張九齡對玄宗說得就更難聽了，使玄宗表現了明顯的不快。

---

220 《開元天寶遺事》卷下〈文帥〉。
221 《開元天寶遺事》卷下〈精神頓生〉。

在玄宗和張九齡君臣的衝突中，除了太子問題外，都是圍繞著獎勵軍功、重用吏幹之士進行的。隨著邊疆形勢的變化和社會矛盾的發展，玄宗的注意力越來越轉移到邊事和現實問題的解決上。張九齡的意見雖然不是每次都被玄宗拒絕，但他們在政事上的共同語言越來越少了。

這樣的爭論，一次比一次激烈，隨著爭論的逐步升級，張九齡身為首席宰相中書令的權力也在逐步流失。張九齡以其文人的敏感，深深感到自己地位的不穩。開元二十四年夏他藉玄宗賜宰相白羽扇的機會，作〈白羽扇賦〉獻給玄宗，最後寫道：「縱秋氣之移奪，終感恩於篋中。」[222] 玄宗看到後，敕報曰：「朕頃賜扇，聊以滌暑。……佳彼勁翮，方資利用，與夫棄捐篋笥，義不當也。」表示對張九齡沒有棄而不用，要他不要多心。八月初五玄宗過生日，群臣皆獻寶鏡，張九齡獨獻《千秋金鏡錄》五卷，要玄宗以歷代興亡為鑑，玄宗也賜書褒美。玄宗對張九齡老是反對他的意見雖然有些厭煩，對李林甫的信任也在迅速地增加，但還沒有把張九齡一腳踢開的意思。他還是想把開元九年召回張說後同時任用文學之士張說和吏幹之士宇文融這樣兩套人馬的格局保持下去。

開元二十四年十月回到長安後，玄宗欲以曾在河西頗有建樹的朔方節度使牛仙客為尚書。牛仙客，涇州鶉觚（今甘肅靈台）人，初為縣小吏，後以軍功吏幹，由州司馬而節度判官，蕭嵩為相時薦為河西節度使。仙客在軍，清勤不倦，倉庫盈滿，器械精良。玄宗派人核查後，對他甚為讚賞，欲任命為尚書，張九齡反對；欲加實封，張九齡還是反對。李林甫乘機對玄宗說：「仙客，宰相才也，何有於尚書！九齡書生，不達大體。」玄宗聽後很高興，第二天又對張九齡提及要給牛仙客加實封。張九齡固執如初。玄宗大為惱怒，變色道：「事總由卿？」（什麼事情都要依著你嗎？）並責問說：「卿以仙客無門籍耶？卿有何門閥？」張九齡慌忙回答說：「臣

222 《新唐書》卷一二六〈張九齡傳〉。

荒徼微賤，仙客中華之士。然陛下擢臣踐臺閣，掌綸誥；仙客本河湟一使典，目不識文字，若大任之，臣恐非宜。」下朝後，李林甫對玄宗說：「但有材識，何必辭學，天子用人，何有不可。」[223] 經李林甫這麼一說，玄宗不顧張九齡的反對，於十一月二十三日，賜牛仙客爵陝西縣公，食封三百戶。四天後，二十七日以牛仙客為工部尚書、同中書門下平章事，裴耀卿、張九齡同時罷相。

　　這次人事上的變動和開元十四年四月崔隱甫、宇文融、李林甫共同奏彈張說，把張說拉下中書令的位置頗有一些類似。不同的是那一次是雙方各為朋黨的結果，玄宗對兩派全都斥而不用。而這一次，李林甫立即被任命為中書令，執掌了政府大權。這是文學和吏治兩派大臣長期抗爭的結果，也是當時政治形勢發展的必然結果。

　　所謂文學，如前所述，指進士和其他科舉出身，長於文學之士：吏治，指長於吏幹，富有解決實際問題能力的人才。他們之間的鬥爭經歷了一個相當長的過程。玄宗即位後姚崇和張說之間的矛盾雖然是圍繞著穩定皇位展開的，但已隱藏著文學、吏治之爭的萌芽。在以前，兩派的鬥爭中，大多是圍繞某一具體政策或政治措施如括戶之類進行的，皇帝還凌駕於兩派之上，處於超然的地位。而這一次，鬥爭不僅在李林甫和張九齡之間進行，而且皇帝也直接成為衝突的一方。抗爭的內容也不僅和人事安排有關，而且直接和用人標準連繫起來。在是否提拔和重用牛仙客的爭論中，玄宗提出了「有無門閥」這個南北朝沿襲下來的傳統的用人標準。這主要是為了堵張九齡的口，在實際用人中他並沒有按這個標準行事。張九齡提出文學，李林甫提出才識，其實是正在發展的才學標準的兩個方面，本來是不矛盾的，而張、李卻各執一端，恰恰反映了當時官吏素養上的缺陷和官僚隊伍中的一些內在矛盾。

---

223 《舊唐書》卷一〇六〈李林甫傳〉。

張說、張九齡雖然由文學、科舉出身，但由於他們是在武則天時期培養和選拔出來的，而當時僅有文學而無政事是很難擠進高級官僚隊伍的。因此，他們除了具有卓越的文學才能，同時也具有經世治國的政治才能。張說不僅是一代文宗，而且出將入相，對政事和軍事都很熟悉。張九齡雖然在總體素養上已不如張說那樣能文能武，但還是具有獨立的政治見解。而開元時期科舉出身的文學之士，由於玄宗粉飾文治，再加上張說提拔文士，其中一些人即以文學才能而做到中書舍人一類的高官。因而「掌綸誥」，替皇帝起草詔敕，便成為文士最大的榮耀和最後的歸宿。開元二十三年孫逖掌貢舉，「拔李華、蕭穎士、趙驊登上第。逖謂人曰：此三人便堪掌綸誥」。[224] 張九齡也是以「踐臺閣，掌綸誥」來作為自己擔任宰相的同義語。在這樣的風氣下，一般文士雖然具有文學才能，但是他們「以聲律為學，多昧古今」；「六經則未嘗開卷，三史則皆同掛壁」[225]，不學習儒家經典，歷史知識也很貧乏，對於政事就更不那麼內行了。而開元中期以後，政事日益紛繁，邊疆形勢日益緊張，制度需要不斷調整，許多問題需要進一步解決。這些又是大多數文學之士不願也無力解決的。這不僅是由於他們的素養，而且是因為他們代表了那些在唐朝興起、並已取得了政治經濟權勢的上層地主官僚。他們不僅要求在農村繼續實行高宗、武則天以來的放縱政策，而且反對一切損害他們政治經濟利益的政策和措施。張說反對過括戶，張九齡曾請不禁私鑄錢，而對一切具有變革舊制意義的措施，他們也都採取消極態度。這樣，把開元中年開始的各項變革繼續下去並加以總結、規範的任務便歷史地落到了以李林甫為代表的吏治派官吏身上。

　　李林甫是李唐宗室，門蔭出身。開元初先後為太子中允（正五品

---

224 《舊唐書》卷一九〇中〈孫逖傳〉。
225 《唐會要》卷七五〈帖經條例〉；《舊唐書》卷一一九〈楊綰傳〉。

下）、太子諭德（正四品下），後為國子司業。開元十四年宇文融引為御史中丞，共同傾倒了中書令張說。正是在文學和吏治兩派官吏的抗爭日益激化的情況下，李林甫開始了他的政治生涯。

李林甫

開元二十年前後，李林甫由刑部侍郎遷吏部侍郎 [226]，協助宰相兼吏部尚書裴光庭行用循資格。當時透過流外入流和各種途徑獲得做官資格的達兩千餘人，而每年需要補充的官吏在六百人上下，因此，得到一個官職是很不容易的，有出身二十餘年而不獲祿者。即使做了官，升遷也很困難，很多人老於下位。針對這種情況，裴光庭奏用循資格，規定各級官任職期滿後，需過一定年限才能再到吏部應選，一般都可獲得官職並按年資逐步升級。這對於才俊之士固然是一種限制，但對長期得不到官職或沉滯下位的一般官吏，卻是一種福音。因此李林甫繼續行用循資格 [227]，自然得到廣大中下級官吏的支持，這就奠定了他日後大展宏圖的基礎。

在吏部侍郎任期內，李林甫「每奏對，常稱旨，上悅之」，玄宗把他提升為黃門侍郎。開元二十一年五月，又任命他為禮部尚書、同中書門下三品，與侍中裴耀卿、中書令張九齡並為宰相。李林甫擔任宰相職務後，

226　嚴耕望〈唐僕尚丞郎表〉卷一〇。
227　《資治通鑑》卷二一三玄宗開元二十一年夏六月癸亥條。《新唐書》卷二二三上〈李林甫傳〉：「然練文法，其用人非諂附者一以格令持之。」

在由東都返回西京、太子廢立，特別是獎勵軍功、重用吏幹官吏等一系列重大政治問題上都支持了玄宗。因而最後玄宗拋棄了張九齡而選中了李林甫去繼續進行各項制度的變革，並將之穩定下來。

李林甫擔任中書令後，《舊唐書》說他「每事過慎，條理眾務，增修綱紀。中外遷除，皆有恆度」。[228] 司馬光也說，李林甫引牛仙客為相，牛仙客「唯諾而已。然二人皆謹守格式，百官遷除，各有常度」[229]。在財政、軍事、政治制度、選舉制度以及法律制度等方面，他協助玄宗採取了一系列措施：

一、財政上，簡化度支旨符

把地稅、戶稅新的徵收辦法從法律上肯定下來；進一步推行折納制度。

唐初以來，每年的租稅雜支均由戶部度支司造為旨符，即當年的徵稅辦法，發到州縣及諸司，僅紙張即需 50 萬張。百司抄寫，事甚勞煩，而且輕重不等，又沒有定額，地方官也很容易從中搞亂。開元二十四年，李林甫在與諸道採訪使和各州朝集使商量後，奏請取消了一些不穩便於民、非當地所出的項目，將各州每年應支物數修為長行旨條五卷。這樣尚書省有關部門每年只要根據旨條規定的數額頒行，每州只需一兩紙，大大簡化了手續。玄宗批准了這個建議。

地稅、戶稅唐初即開始徵收。地稅原來是作為義倉用，畝納二升，後來改為按戶等徵收，上上戶也只收五石。戶稅主要用於官吏祿錢和官府開支，還沒有成為定制。隨著土地集中和地主經濟的發展，為了增加國家收入，開元二十五年確定，王公以下每年按照所種土地，畝稅二升，狹鄉按

---

228 《舊唐書》卷一〇〈李林甫傳〉。
229 《資治通鑑》卷二一四玄宗開元二十四年冬十月朔方節度使牛仙客條。

戶籍上登記的土地徵收，寬鄉根據登記每戶實際耕種土地的青苗簿徵收；商賈及無田戶仍按戶等徵收[230]。這樣不僅擴大了地稅的負擔面，而且也增加了地主向國家交納地稅的數量，從而增加了國家粟米的收入。按戶稅錢也同時確定下來，三年一大稅，共約 150 萬貫，每年一小稅，共約 40 萬貫，以供軍國、傳驛及郵遞之用。每年又別稅 80 萬貫，以供州縣官之月料及地方政府的開支[231]。

折納制度南北朝時期就實行過。唐朝在武則天時期也在江南實行納布代租。中宗以後，又把義倉之粟變米納京師，叫作變造。開元二十五年，根據關中地區農業生產有所提高以及各地區經濟發展的實際情況，唐政府進一步調整各地折納的實物，規定：江南諸州租，並回造納布。關內各州庸調資課所收絹、錢，根據時價變粟取米送京，路遠的則就地收貯以充隨近軍糧。河南、河北有不通水運州，折租造絹，以代關中調課。唐初以來，實行於江淮一帶的折納制度，進一步在關中、河南和河北部分州縣推廣。

二、軍事上，最後完成了由府兵制到募兵制的轉變

開元十年，張說建議改革兵制。當時，只完成了京師的衛戍由府兵改為募兵的工作。到李林甫為相時，開元二十五年五月，玄宗「令中書門下與諸道節度使，各量軍鎮閒劇審利害，計兵防健兒等作定額，委節度使放（於）諸色徵行人內及客戶中召募，取丁壯情願充健兒長任邊軍者，每歲加於常例，給田地屋宅。務加優恤，使得存濟。每年逐季本使具數報中書門下，至年終一時錄奏」[232]。這樣就開始了邊防戍兵由府兵輪番擔任向募兵充任的轉變。根據敕令要求，這項工作，一是確定各軍鎮的兵員；二是在

---

230 《唐六典》卷三〈尚書戶部〉；《通典》卷一二四〈輕重〉。
231 《唐六典》卷三〈尚書戶部〉。
232 《冊府元龜》卷一二四〈帝王部・修武備〉。

原有的鎮兵和邊地的客戶中招募壯丁長期充當邊兵。對於徵行人來說，主要是由他們自己決定自己的去留，對於客戶來說，則是透過從軍尋找一條新的謀生之路。

經過不到八個月的工作，開元二十六年正月詔：「朕每念黎甿，弊於征戍……所以別遣召募，以實邊軍，賜其厚賞，便令長往。今諸軍所召人數向足，在於中夏，自可罷兵，既無金革之事，足保農桑之業。自今已後，諸軍兵健並宜停遣，其現鎮兵並一切放還。」[233] 邊鎮兵由府兵轉變為募兵的工作告一段落。從開元十一年招募長從宿衛充禁軍開始的由徵兵制向募兵制的過渡，至此基本完成。

根據這上述詔書，內地不再向邊地遣送鎮兵。同年編撰完成的《唐六典》卷五〈尚書兵部〉兵部郎中條注中也說：「是後，州郡之間永無徵發之役矣。」這只是制度初定時的一種理想罷了。此後，安西、河西、幽州、朔方等鎮的兵健確是就地招募，其中包括相當數量的胡人。但隴右等邊鎮地區人口稀少而兵額甚多，因此仍需從山東地區徵派。二十九年詔中就提到，「諸軍行人，皆遠離鄉貫」。〈天寶八載冊尊號敕〉更明確提到，「其百姓有頻經徵鎮者，已後差點之次，不在取限」。杜甫〈兵車行〉：「或從十五北防河，便至四十西營田，去時里正與裹頭，歸來頭白還戍邊」，則具體地說明直到天寶後期，從內地遣人戍邊還在繼續進行，並且是強制性的。

《資治通鑑》卷一二五天寶四載記載：「舊制，戍邊者免其租庸，六歲而更。時邊將恥敗，士卒死者皆不申牒，貫籍不除。王鉷志在聚斂，以有籍無人者皆為避課，按籍戍邊六歲之外，悉徵其租庸，有並徵三十年者，民無所訴。」《資治通鑑》所說的舊制，不是唐初府兵征行時的舊制，而是開元二十六年諸軍兵健並宜停遣以後實行的制度。戍邊者六年一更，免

233 《冊府元龜》卷一三五〈帝王部‧湣徵役〉。

其租調，這與唐初府兵戍邊有很大不同，他們不再需要自備兵甲衣糧，而由國家發給糧餉。因此，從兵役制度來說，這是從徵兵制轉變為募兵制的重要環節。從軍人的身分來說，他們雖然是由徵發而來，還不能算是募兵，但多少已具有職業兵意味。這種轉變，無論是從軍隊性質的變化，還是糧餉全部由國庫支出，其影響都是深遠的。

府兵制到天寶年間，「日益墮壞，死及逃亡者，有司不復點補，其六馱馬牛、器械、糧糧，耗散略盡」。「應為府兵者皆逃匿，至是無兵可交」，折衝府已變成有名無實的空架子。募兵制在京師宿衛和戍邊中已推行完成。所以，李林甫於天寶八載（西元 749 年）五月初十，「奏停折衝府上下魚書」。雖然折衝、果毅等府兵的官吏還存在了一段時間，但府兵的活動至此結束。可以說，兵制的改革，始於張說而終於李林甫。

三、法律上，完成律令格式的修訂

律令格式的修訂完成是開元二十五年的又一件大事。開元以來制度上的各項變化次第完成，玄宗急於從制度上把這些變革固定下來，把秩序安定下來。當他聽說京城囚徒只有 58 人，「怡然有喜色」。大理少卿徐嶠上奏：「今歲天下斷死刑五十八，大理獄院，由來相傳殺氣太盛，鳥雀不棲，今有鵲巢其樹。」玄宗以宰相燮理，法官平允之功，封李林甫為晉國公，牛仙客為邠國公，刑部、大理官賜絹二千匹。這是一個非同尋常的舉動，反映了玄宗當時的理想和追求。九月，律令格式修訂完成。

唐朝的律令格式自武德七年（西元 624 年）三月頒行後，除了格式或令格式的修訂外，律令格式同時修訂先後有貞觀十一年（西元 637 年）、永徽二年（西元 651 年）、垂拱元年（西元 685 年）和開元七年（西元 719 年）四次。開元二十五年這一次，由李林甫、牛仙客共加刪輯，總 7,026 條，其中 1,234 條於事非要，並刪之；2,180 條隨文損益，3,594 條仍舊不變，總

成律十二卷，律疏三十卷，式二十卷，開元新格十卷。又撰《格式律令事類》四十卷。變動是相當大的，說明還是力圖使律令格式適應社會的變化。

按唐律原為 500 條，唐令原為 1,590 條，這次刪改的共為 3,504 條。修訂後，律仍為 500 條，修訂的僅少數幾條。令也沒有太大的變動。刪改的大多為格、式。值得注意的是，有的令已經不能完全適應社會的變化，如賦役令；有的令已經完全和實際情況脫節，如田令、宮衛令、軍防令，但在開元二十五年修訂完成的令中卻沒有反映出來，令文基本是一仍其舊。這樣，就為唐的律令體系造成一個巨大的內在矛盾，令文與現實脫節，令文不能嚴格執行。這也勢必造成令的重要性越來越低，而格式的重要性越來越大。唐朝令以設範立制，是規定各項國家基本制度的，輕易不作變動。作為各部門辦事規程和工作條例的格、式，則是可以隨時修改的。對令不作大的修改表明，儘管此後制度的變化仍在繼續，但是，拋棄舊制度、建立新制度的做法至此已告一段落。表明玄宗甚至寧可使某些制度成為具文，也不願實行更加徹底的變革。

事實上，有些制度基本已經到盡頭了，如兵役制度。有些制度，如賦稅制度，儘管從發展趨勢來看，還需要繼續前進，但從當時情況來看，它已經達到了地主官僚們所能接受的最大限度，再前進，就會超出他們的承受能力。而原來的租庸調制，也還沒有超出農民的最大承受能力。透過唐政府每鄉根據具體情況免除三十丁的租庸，以及農民逃亡成為客戶或自行開荒等方法的調節，一時間也不至於鬧出大亂子。開元、天寶之際社會是相當安定的。這是玄宗上述做法的客觀基礎。

四、政治制度上，集權和分權都有了進一步的發展

開元十一年張說為中書令，奏改政事堂為中書門下，列吏、樞機、兵、戶、刑禮五房於其後，分掌庶政。宰相制度發生了重大變化。決策權

和行政權都集中到中書門下，三省制的格局被徹底破壞，執政事筆的中書令的地位進一步提高。但是，由於新的中樞制度尚不完善，加上傳統的影響，文學、吏治並用的用人格局，中書令並沒有大權獨掌，宰相共掌朝政的局面迄張九齡下臺，一直沒有改變。而到李林甫任中書令後，宰相減為兩人，權力集中在侍中和中書令，主要是身為中書令的李林甫手中。開元二十七年（西元 739 年），以牛仙客為兵部尚書兼侍中，李林甫為吏部尚書兼中書令，總文武選事。文武官吏的任免大權都集中到宰相手中。這是前所未有的，也間接反映集權達到了前所未有的高度。

相反地，在地方上，卻給予開元二十二年設置的採訪處置使以越來越大的行政權力。採訪處置使不僅有權與刺史商定開倉賑給等事務，不需事先奏報，而且對於犯有貪贓等罪的刺史可以停止其職務，並派人代理[234]。這對於加強對地方官吏的監督和管理，及時解決地方事務都有積極意義。

李林甫走上權力之巔後，為鞏固自己的地位，排斥打擊那些受到玄宗賞識並有可能入相的人，並利用玄宗疑忌太子的心理，興起了幾次大獄。他為了自專大權，蔽塞皇帝耳目，打擊上書言事者。諫官補闕杜璡上書言事，被出為縣令。據說他還曾召集諫官們談話：「今明主在上，群臣將順之不暇，烏用多言！諸君不見立仗馬乎？食三品料，一鳴輒斥去。悔之何及？」他還大大加強了宰相的威勢。過去宰相隨從不過數人，士民不需要避道，李林甫為相後，出則步騎百餘人為左右翼，前面還有金吾衛的將士在數百步外靜街，路上的公卿、行人都需要走避。

李林甫任中書令達 16 年之久，由於處處順從玄宗的意旨辦事，因此深得玄宗信任，「悉以政事委林甫」。而林甫在政務的處理上，也能做到「每事過慎，條理眾務，增修綱紀」；「動循格令，衣冠士子，非常調無仕

---

234 《唐會要》卷七八〈採訪處置使〉。

進之門」。[235] 就連把李林甫列入〈奸臣傳〉的《新唐書》也不得不承認他「練文法，其用人非諂附者一以格令持之，故小小綱目不甚亂，而人憚其威權」[236]。他死後，楊國忠誣陷李林甫與突厥阿布思謀反，《舊唐書》說：「天下以為冤。」[237] 說明當時不僅是「朝野側目，憚其威權」，而且因其業績，確實享有相當高的威望。

總之，在玄宗重用李林甫主持朝政期間，對各項制度繼續進行調整。經濟持續發展，邊防得到加強，唐王朝的繁榮昌盛達到了頂點。玄宗和李林甫把中樞機關和宰相的權力集中到那樣的高度，這在一個時期內固然可以提高效率，但是，若是換一個無力駕馭這套機構的人，或者形勢突然發生變化，都可以使整個統治機構失靈。而閉塞言路，獨斷專行，改變了唐初以來兼聽納諫、廣開言路、集思廣益的決策機制，更使得決策發生重大失誤成為必然。後來為了加強邊防，又不斷擴大邊地節度使的權力，改變了內重外輕的軍事布局，而又失於措置，沒有採取任何防範措施。這又在統一王朝的基礎下埋下了一顆巨大的定時炸彈。只要碰到合適的條件，立即就會炸毀統一王朝的大廈。天寶時期繁榮昌盛的背後隱伏著的這三個巨大的危機，終於導致了唐王朝的中衰。

---

235 《舊唐書》卷一〇六〈李林甫傳〉。
236 《新唐書》卷二二三上〈李林甫傳〉。
237 《舊唐書》卷一〇六〈李林甫傳〉。

第十四章　張九齡與李林甫

第十五章　忠誠的高力士

　　玄宗時代發生的許多重大事件，像太子廢立、李林甫出任宰相等，都和宦官高力士有直接或間接的關係。高力士是玄宗身邊聲名顯赫、炙手可熱的人物。

　　高力士原名馮元一，廣東潘州（今高州縣）人。他的父親馮君衡為潘州刺史。長壽二年（西元 692 年）武則天派司刑評事萬國俊攝監察御史前往廣州查嶺南流人謀反的問題，萬國俊羅織罪名，濫殺流人數千，馮君衡也「因以矯誣罪成，裂冠毀冕，籍沒其家」[238]。年僅十歲的力士因之受閹割。聖曆元年由嶺南討擊使李千里帶至長安，送入宮中。武則天「嘉其黠惠，總角修整，令給事左右」[239]。後因小有過失，被鞭笞逐出，為宦官高延福收養，改姓高。高延福出自武三思家，他和武家的聯繫多命力士前往，力士得以經常出入於武三思家。一年之後，武則天再度將力士召入宮中。力士成年後，身高六尺五寸（約合今 182 公分），相貌堂堂，口齒清晰，辦事謹慎而細緻，深受武則天賞識，授宮闈丞，負責傳達詔敕。中宗景龍時，力士投在臨淄王隆基門下，「傾心奉之」，成為隆基的心腹。力

238　參見《考古與文物》1983 年第二期所載 1981 年陝西省蒲城縣出土的〈大唐故開府儀同三司贈揚州大都督高公神道碑〉，簡稱〈高力士碑〉。
239　《舊唐書》卷一八四〈高力士傳〉。

士和另一個宦官楊思勗參與了誅殺韋后及太平公主兩次宮廷鬥爭，立有大功。玄宗即位後，授楊思勗右監門衛將軍，常派他持節外出，將兵征討。楊思勗殘忍好殺，治軍極嚴，屢立戰功。高力士則留在身邊，任右監門衛將軍，知內侍省事。內侍省由清一色的宦官組成，為皇宮中日常生活提供服務。其長官為內侍，共四人。部屬有內常侍六人，內謁者監六人，內給事八人，謁者十二人，典引十八人，寺伯二人，寺人六人，下設掖廷、宮闈、奚官、內僕、內府五局。高力士成為宮中宦官的首領。

　　高力士對玄宗是忠心耿耿的。在開元末，他曾向玄宗表白說：「臣生於夷狄之國，長自升平之代，一承恩渥，三十餘年。嘗願粉骨碎身以裨玄化，竭誠盡節，上答皇慈。」[240] 這一席話，出自肺腑，滿腔真誠。力士年長玄宗一歲，從青年時代起就追隨玄宗左右，五十多年來，形影不離，在長期的接觸中，力士揣摸透了玄宗的性格愛憎、思想意圖，他說話、辦事完全以玄宗的利益、意志為準則，忠貞不貳。《資治通鑑》說力士「性和謹少過，善觀時俯仰，不敢驕橫，故天子終親任之，士大夫亦不疾惡也」。〈高力士墓碑〉說他「中立而不倚，得君而不驕，順而不諛，諫而不犯，傳王言而有度，持國柄而無權，近無閒言，遠無橫議」。這些評論，大體如實地反映了高力士為人行事的特點：他不居功自傲，態度謙和，處事謹慎公平，善於表達自己的見解和傳達玄宗的旨意，處於顯要地位，並不專權獨斷，既受皇帝的信任，也不為朝臣反感。安史之亂結束後，力士隨玄宗回到長安。宦官李輔國利用玄宗、肅宗父子間的矛盾，上元元年（西元760年）將力士貶往巫州。三年之後，寶應元年（西元763年）遇赦放還，八月，行至郎州，住開元寺西院，聽說玄宗已去世，力士「北望號慟，嘔血而卒」[241]，表現了對玄宗的深厚感情。明代進步思想家李贄在論及高力

---

240 《高力士外傳》。
241 《舊唐書》卷一八四〈高力士傳〉。

士時，寫道：「（力士）真忠臣也！誰謂閹宦無人！」[242]

　　玄宗對高力士則特別的眷顧和信任，常說：「力士當上，我寢則穩。」所以力士常住宮中，很少外出，一般人難以見到他，「徼幸者願一見如天人然」[243]。玄宗視力士為頭號心腹，把他放在自己與外界聯繫的關鍵環節上，「每四方進奏文表，必先呈力士，然後進御，小事便決之」，高力士地位特殊，自然身價百倍。在宮內，太子稱他為「二兄」，諸王公主稱他「阿翁」，駙馬輩稱他「爺」，都對他敬重不怠。在外朝，投機鑽營的文臣武將紛紛與之交結。力士曾於長安來廷坊造寶壽寺，大鐘鑄成，滿朝文武都來祝賀，凡擊鐘一下，要捐獻錢百千（百緡）。有人為了巴結力士，擊鐘至二十下。金吾大將軍程伯獻、少府監馮紹正等和力士結為兄弟，力士的母親麥氏去世，程伯獻等人披麻戴孝，充當孝子，在靈前擗踊痛哭。開元初，力士娶呂玄晤之女為妻，玄晤馬上由京師小吏晉升為少卿，刺史，呂氏的兄弟親戚也沾光不少。後來呂氏去世，葬城東，「葬禮甚盛，中外爭致祭贈，充溢衢路，自第至墓，車馬不絕」[244]。由於玄宗的信任，高力士的官位不斷升高。天寶初，加冠軍大將軍，右監門衛大將軍。天寶七年，加驃騎大將軍。安史之亂中，隨玄宗至成都，進封齊國公。從成都回到長安，加開府儀同三司，賜實封五百戶。隨著官職的晉升，財富也相應地增加，其資產的殷厚，非王侯可以比擬。

　　高力士身上一切閃光鋥亮的東西：顯赫的名聲、特殊的地位、巨額的財富，都是玄宗給予的。如果玄宗不信任他，這一切都會失去。如果他不對玄宗忠誠，這一切都不會得到。玄宗和高力士之間的主奴關係，不會因為高力士的紅得發紫而有所改變。

242　李贄《藏書》卷六五〈近臣傳〉。
243　《新唐書》卷二〇七〈高力士傳〉。
244　《舊唐書》卷一八四〈高力士傳〉。

高力士墓誌蓋拓片

玄宗信任高力士，在和朝官的聯繫中，一些不便於親自出面的時候，往往由力士代行其事，有利於了解情況，協調君臣之間的關係。前已述及，姚崇初為相時，曾經奏請序進郎吏，玄宗不理睬，姚崇感到恐懼，是高力士轉達了玄宗的意圖，使姚崇轉憂為喜，大膽任事。張說被宇文融、李林甫彈劾下獄，玄宗派力士前往探視，是力士從中斡旋，使張說得以從輕發落，維持了玄宗與張說之間的友誼。天寶後期，哥舒翰與安祿山之間積怨頗深，玄宗為他們和解，派力士於城東代為設宴，宴席上，兩人又起口角，安祿山大罵哥舒翰。「翰欲應之，力士目翰，翰乃止。佯醉而散，自是為怨愈深。」天寶十三載三月，安祿山由長安返范陽。玄宗派力士為他餞行並觀察安的意向。回宮後，玄宗問力士：「祿山慰意否？」力士回答：「觀其意怏怏。」這是安祿山起兵之前最後一次離開長安。

高力士雖然為人謹慎，但出於維護玄宗的利益和對玄宗的忠誠，在重大問題上，他是敢講真話，能提出自己的見解的。特別是在玄宗晚年，年事已高，思想僵化，能在他面前講真話的人很少，高力士的作用就難能可貴了。天寶末年，有一次，玄宗對高力士說：「朕今老矣，朝事付之宰相，邊事付之諸將，夫復何憂。」頗有心滿意足之意。力士回答說：「臣聞雲南數喪師，又邊將擁兵太盛，陛下何以制之，臣恐一旦禍發，不可復救，何

得謂無憂也!」力士說的「雲南喪師」,是指天寶十載,楊國忠支持的劍南節度使鮮于仲通出兵南詔,大敗於瀘南,八萬多人,全軍覆沒。天寶十三載,劍南留後李宓出兵南詔,又大敗於大和城北,全軍覆沒。兩次進攻南詔,「凡舉二十萬眾,棄之死地,只輪不還」[245],大量的徵兵和浩繁的軍費,搞得天下騷然,楊國忠卻隱瞞失敗情況,向玄宗報捷。朝野上下,懾於他的淫威,沒有人敢講真實情況。力士講的「邊將擁兵太盛」,是指安祿山一人兼平盧、范陽、河東三鎮節度使,手握重兵,勢力雄厚,正在東北秣馬厲兵,準備舉事。雲南的失敗和安祿山的強大,使唐王朝面臨著暴發動亂而無法收拾的危險,力士出於對形勢的正確認知,向玄宗如實地反映情況,表示了深刻的憂慮。玄宗對此,不會全然無知,但也所知甚少,只好回答:「卿勿言,朕徐思之。」天寶十三載九月,秋雨不斷,連年水旱,使關中嚴重缺糧。宰相楊國忠禁止有關部門向玄宗報告災情,他拿著長得較好的莊稼,對玄宗說:「雨雖多,不害稼也。」玄宗將信將疑,在身邊無人時,單獨詢問高力士,力士說:「自陛下以權假宰相,賞罰無章,陰陽失度。臣何敢言?」寥寥數語,不僅講明了災情,也指陳了宰相專權、群臣緘口的政情,然而積弊已深,回天無力,玄宗聽後,只能默然無語。在玄宗晚年,只有力士能在他耳邊講幾句真話,吹一點清風,但無濟於事。

玄宗的私生活也全靠力士協助安排。從力士與武家的歷史淵源來看,玄宗在開元年間寵愛武惠妃,力士在其間未始不發揮促進作用,雖然還沒有直接的資料證明。武惠妃去世之後,玄宗要物色新的伴侶,「詔力士潛搜外宮,得弘農楊玄琰女於壽邸」[246],即許配給玄宗兒子壽王瑁的楊玉環。玄宗和楊貴妃的際遇,是力士居間發揮了牽線搭橋的作用。天寶五載七月和天寶九載,貴妃兩次因過被送出宮外,玄宗飲食無味,坐臥不安,

---

245 《舊唐書》卷一〇六〈楊國忠傳〉。
246 《長恨歌傳》。

又是力士設法從中調停，排解矛盾，請回貴妃。力士在玄宗生活中所發揮的作用是重要的。身為宦官，為玄宗安排好家庭生活是應盡之責，不能算過分。

玄宗信任高力士，依靠他辦理各種事務。高力士常在玄宗身邊，可以對玄宗發生影響，這就是高力士的權勢所在。力士負責內侍省，宦官擔任出使郡縣、監軍、入蕃、管理教坊等工作，「皆在力士可否」，這是他的職權。外朝的文武大臣要想向玄宗進言，或者在職務上晉升遷移，由於力士所處的地位，可以發生一定的作用，但這種作用不可過分誇大。史稱「自李林甫、安祿山輩皆引之以取將相」，與史實不盡相符。

安祿山的崛起和高力士有沒有什麼關係，後文還要述及。李林甫做宰相，高力士發揮過一點作用。侍中裴光庭的妻子武氏是武三思的女兒，和李林甫私通。光庭去世後，武氏求力士推薦林甫為侍中，力士覺得此事不妥，不敢在玄宗面前說。經中書令蕭嵩推薦，玄宗同意任命韓休為侍中，發詔書之前，力士把這個消息透露給武氏，李林甫得以事先告訴韓休，韓休因此對林甫頗為感激，韓休任宰相後，推薦林甫任黃門侍郎。這一任命，對日後林甫登上相位是有重要意義的。但林甫之所以能在開元二十二年四月出任禮部尚書、同中書門下三品，首先是因為他有一定的才幹，又善於迎合玄宗的心理，奏對及任事都能使玄宗滿意，玄宗對他有很好的印象。其次，有武惠妃「陰為之助」。再次是宰相韓休的推薦。高力士只是在李林甫取得韓休的好感上發揮過一點間接的作用，而且，是給武氏賣個人情，沒有與李林甫直接接觸。所以，說李林甫是依靠力士的力量出任宰相，顯然不符合當時的實際情況。

高力士對李林甫的專擅朝政是不滿意的。天寶三年，有一次在閒談中，玄宗對力士說：「朕不出長安近十年，天下無事，朕能高居無為，悉以政事委林甫，何如？」力士回答說：「天子巡狩，古之制也，且天下大

柄，不可假人。彼威勢既成，誰敢覆議之者。」力士不贊成玄宗把大權完全交給李林甫，擔心相權太盛而妨礙皇權。這裡包含有勸玄宗勤於政事的意思。但玄宗其時正寵信李林甫，對力士的進言深為不快，力士只好叩頭請罪，說：「臣狂疾，發妄言，罪當死。」在力士是本著「諫而不犯」的原則，但也說明他對李林甫是有看法的。在太子問題上，高力士和李林甫更是針鋒相對的。由於最初李林甫竭力主張立武惠妃之子壽王瑁為太子。忠王璵立為太子之後，李林甫深感於己不利，擔心新太子對自己報復。玄宗立忠王為太子，其中的一個考慮是忠王在外朝沒有個人勢力，易於控制。玄宗繼續任用與太子有矛盾的李林甫為宰相，用意也在於使他們互相制約。正由於玄宗對太子懷有戒心，李林甫才得以屢起大獄，將太子妃兄韋堅、與太子關係密切的將領皇甫惟明、王忠嗣、太子良娣杜氏的父親杜有鄰、姐夫柳勣等人，或貶或殺，大加剪除，其目的是想動搖太子。在李林甫攻擊太子時，高力士總是在玄宗面前為太子說話，竭力維護太子的地位。

玄宗對待高力士的態度和他對待宦官的態度是一致的。在即位前的宮廷鬥爭中，玄宗依靠的力量由三部分人構成：一是追隨他的文臣武將；二是忠於他的王室成員及外戚；三是他身邊的家奴、宦官。玄宗即位之後，第一、二部分人和一些家奴，如王毛仲、李宜德，都因功獲得高官厚祿，成為新貴。這些功臣雖然幫助玄宗取得皇位，但玄宗對他們是持有戒備心理的，總認為這些人「可與之定禍亂，難與之守承平」，採取各種措施防範他們反過來再危及自己的皇位。而宦官由於卑賤的出身和地位，以及特殊的生理狀況，較宗室和功臣更易於控制和支使，這是玄宗寵信宦官的緣由。

宦官的地位和勢力在玄宗時有了顯著的提高。貞觀中，唐太宗汲取歷史上宦官干政的經驗教訓，規定內侍省不置三品官，內侍省長官，階四

品。宦官的職責只是閤門守禦、黃衣廩食而已。武則天時期，宦官數量增多。中宗神龍中，宦官有三千餘人，其中七品以上員外官者一千餘人，但能夠身穿朱紫服色的高品官依然很少。到玄宗時，「尊重宮闈，中官稍稱旨，即授三品將軍，門施棨戟」[247]。大約品官黃衣以上三千人，衣朱紫者一千餘人。像高力士、楊思勗一樣受寵信的宦官有黎敬仁、林招隱、尹鳳祥等，此外，孫六、韓莊、楊八、牛仙童、劉奉廷、王承恩、張道斌、李大宜、朱光輝、郭全、邊令誠等都是頗有權勢的宦官。玄宗交付宦官各種任務，讓他們出使各地，了解情況，處理問題。他們「監軍則權過節度，出使則列郡辟易」[248]。宦官所至之處，當地官吏奉賜豐厚，最少的不少於千緡。宦官的地位越高，財富越多，他們的經濟力量迅速成長，以至「帝城中甲第，畿甸上田，果園池沼，中官參半於其間矣」[249]。

　　由於玄宗的寵任，宦官開始走出宮廷，進入政治生活，發揮一定作用。但玄宗只是使用宦官完成各種具體任務，無意用宦官的力量箝制外朝的勢力，所以宦官對朝政一般不會發揮干擾和破壞的作用，內朝和外朝的關係大體上是正常的。在宮闈之內，宦官還沒有形成一股特殊的政治力量，還不構成對皇權的威脅，玄宗依然握有絕對的支配權。玄宗和宦官的關係，也和玄宗與高力士的關係一樣，玄宗對高力士信任，高力士對玄宗忠誠。所以，玄宗時代並不存在宦官專權干政的問題。玄宗以後，中晚唐時朝出現的宦官專政的局面，有著更為複雜的政治背景和原因，應另當別論。

247　《舊唐書》卷一八四〈高力士傳〉。
248　同上。
249　同上。

第十六章　廣運潭盛會

天寶二年（西元 743 年）暮春，三月二十六日，玄宗興致勃勃地登上了長安城東禁苑內的望春樓，面對碧波浩渺的廣運潭，準備檢閱陳列著各郡珍寶特產的寶船。

廣運潭是一年前韋堅受命掌管漕運，擔任江淮轉運使後開挖的。韋堅受命後，徵發丁夫工匠，對從江淮到長安的運河全線進行了一次疏通，同時引滻水東流，注入廣運潭。如今，廣運潭已注滿了一池春水，在等待那歷史性的時刻到來。

為了這次檢閱，韋堅預先從洛陽和開封調來新船兩三百艘。船上立牌標明郡名，船中裝滿大米，船背上則陳列著各郡的珍貨特產。船隊連接達數里之長。駕船人都頭戴大斗笠，身著寬袖衫，腳穿草鞋，一身吳楚之地的打扮。在第一艘船上，陝縣尉崔成甫穿著綠色短衫和錦製短袖衣，袒露著一隻胳膊，額頭上抹成紅色，站在船頭領唱〈得寶歌〉：

得寶弘農野，弘農得寶耶？
潭裡舟船鬧，揚州銅器多。
三郎當殿坐，聽唱得寶歌。

「得寶弘農野」是指在陝州桃林縣得寶符事，三郎指玄宗。崔成甫引

157

吭高歌，美女百人盛裝而和。韋堅則跪進諸郡輕貨。

　　進呈給玄宗的輕貨，不是各地的土貢，而是全國各地，主要是揚州和江南各郡的特產，如：

　　廣陵郡（今揚州）：錦、鏡、銅器、海味；

　　丹陽郡（今鎮江）：京口綾衫段；

　　晉陵郡（今常州）：折造官端綾繡；

　　會稽郡（今紹興）：銅器、羅、吳綾、絳紗；

　　南海郡（今廣州）：玳瑁、真珠、象牙、沉香；

　　豫章郡（今南昌）：名瓷、酒器、茶釜、茶鐺，茶碗；

　　宣城郡（今宣州）：空青石、紙筆、黃連；

　　始安郡（今桂林）：蕉葛、蚺蛇膽、翡翠；

　　吳郡（今蘇州）：三破糯米、方文綾。[250]

　　進呈的共有數十郡，這裡所舉的只是被記載下來的幾個郡。僅這些資料，也足以反映開元、天寶之際南方絲織業、製瓷業、文具製造業、茶葉生產和對外貿易等方面的巨大發展。

　　這些物品，是以當地的租或庸調變市或折納而來。因此，這又是開元二十五年租庸調徵納制度變革成果的檢閱。

　　這是一次別具一格的物資博覽會，盛況空前。除了王公大臣，長安市民也都擁來觀看。只在曲江池中見過遊船的長安市民，當他們第一次看見船上高大的桅杆時，「人人駭視」，個個都睜大了驚異的眼睛。

　　廣運潭盛會是熱烈、歡快、令人興奮的，玄宗和他的臣民都沉浸在節日般的氣氛中。這次盛會是開元天寶時期社會經濟繁榮的集中反映，顯示了大唐王朝鼎盛時期的風采。

　　如果說廣運潭盛會是開天盛世的一個特寫鏡頭，那麼，史籍中的下列

---

250 《舊唐書》卷一〇五〈韋堅傳〉。

記載則為這一時代描繪出全景式的壯麗畫卷：

至（開元）十三年封泰山，米斗至十三文，青齊穀斗至五文。自後天下無貴物，兩京米斗不至二十文，麵三十二文，絹一匹二百一十文。東至宋、汴，西至岐州，夾路列店肆待客，酒饌豐溢，每店皆有驢賃客乘，倏忽數十里，謂之驛驢。南詣荊、襄，北至太原、范陽，西至蜀川、涼府，皆有店肆，以供商旅。遠適數千里，不持寸刃[251]。

開元初，上留心理道，革去弊訛。不六七年間，天下大理。河清海晏，物殷俗阜。安西諸國，悉平為郡縣。置開遠門，互地萬餘里。入河湟之賦稅滿右藏，東納河北諸道租庸，充滿左藏。財寶山積，不可勝計。四方豐稔，百姓樂業。戶計一千餘萬，米每斗三錢。丁壯之夫，不識兵器。路不拾遺，行不齎糧。奇瑞疊委，重譯麇至。人物欣然。[252]

如果說，上述記載是開天盛世全景式的、宏觀的描繪，那麼，貞元十七年（西元 801 年）淮南節度使杜佑向德宗皇帝獻上的名著《通典》二百卷中，詳細地記錄了天寶年間唐中央政府的財政收支。由於財政狀況是社會經濟的反映，因此，杜佑以大政治家的遠見卓識，為開天盛世的繁榮富庶提供了具體的、計量的精確資料，他寫道：

天寶中，天下計帳，戶約有八百九十餘萬，其稅錢約得二百餘萬貫。（大約高等少，下等多，今一例為八等以下戶計之，其八等戶所稅四百五十二，九等戶則二百二十二。今通以二百五十為率。自七載至十四載六七年間，與此大數，或多少加減不同，所以言約，他皆類此。）其地稅約得千二百四十餘萬石，（兩漢每戶所墾田不過七十畝，今亦準此約計數。）課丁八百二十餘萬，其庸調租等，約出絲綿郡縣計三百七十餘萬丁，庸調輸絹約七百四十餘萬匹（每丁計二匹），綿則百八十五萬餘屯（每丁三兩，六兩為屯，則兩丁合成一屯），租粟則七百四十餘萬石（每丁二

251 《通典》卷七〈歷代盛衰戶口〉。
252 《唐語林》卷三。

石），約出布郡縣計四百五十餘萬丁，庸調輸布，約千三十五萬餘端（每丁二端一丈五尺，十丁則二十三端也），其租：約百九十餘萬丁江南郡縣，折納布約五百七十餘萬端，（大約八等以下戶計之，八等折租，每丁三端一丈，九等則二端二丈，今通以三端為率。）二百六十餘萬丁江北郡縣，納粟約五百二十餘萬石。大凡都計租稅庸調，每歲錢粟絹綿布，約得五千二百三十餘萬端匹屯貫石。諸色資課，及勾剝所獲，不在其中。（據天寶中度支每歲所入端屯匹貫石都五千七百餘萬，計稅錢，地稅，庸調折租得五千三百四十餘萬端匹屯，其資課及勾剝等當合得四百七十餘萬。）其度支歲計，粟則二千五百餘萬石。（三百萬折充絹布，添入兩京庫。三百萬回充米豆，供尚食及諸司官廚等料，併入京倉。四百萬江淮回造米，轉入京，充官祿及諸司糧料。五百萬留當州官祿及遞糧。一千萬諸道節度軍糧，及貯備當州倉。）布絹綿則二千七百餘萬端屯匹，（千三百萬入西京，一百萬入東京，千三百萬諸道兵賜及和糴，並遠小州使充官料郵驛等費。）錢則二百餘萬貫。（百四十萬諸道州官課料及市驛馬，六十萬餘添充諸軍州和糴軍糧。）

自開元中及於天寶，開拓邊境，多立功勳，每歲軍用日增，其費糴米粟則三百六十萬匹段。（朔方河西各八十萬，隴右百萬，伊西北庭八萬，安西十二萬，河東節度及群牧使各四十萬。）給衣則五百二十萬，（朔方百二十萬，隴右百五十萬，河西百萬，伊西、北庭四十萬，安西五十萬，河東節度四十萬，群牧二十萬。）別支計則二百一十萬，（河東五十萬，幽州、劍南各八十萬。）饋軍食則百九十萬石，（河東五十萬，幽州、劍南各七十萬。）大凡一千二百六十萬。（開元以前，每歲邊夷戎所用不過二百萬貫，自後經費日廣，以至於此。）而賜賚之費，此不與焉。其時錢谷之司，唯務割剝，回殘剩利，名目萬端，府藏雖豐，閭閻困矣。

在這篇珍貴的資料中，杜佑記錄了唐中央財政收入的總帳以及和收入關係最密切的各地區課丁的數字。在支出部分，則不但記錄了總帳，也記錄了細帳。從整體收支情況看，歲入為 5,700 餘萬端屯匹貫石，歲出為

5,400 餘萬，歲入一方多出的 300 萬上下之數，應該是納入內庫的[253]。天寶年間這樣龐大的開支是建立在巨額收入的基礎之上的。儘管軍費開支增加了五、六倍，宮廷開支和對臣下的賞賜也沒有極限，而政府倉庫中的糧食和府庫裡的錢帛還是不斷增加，大有取之不盡、用之不竭之勢。賦稅制度的調整和財政制度的改變，與政府財政收入的增加有直接的關係，而財政收入之所以能夠不斷增加，其根本原因還是開元、天寶時期社會經濟的巨大發展。

杜甫〈憶昔〉詩云：

憶昔開元全盛日，小邑猶藏萬家室。
稻米流脂粟米白，公私倉廩俱豐實。
九州道路無豺狼，遠行不勞吉日出。
齊紈魯縞車班班，男耕女桑不相失。

這完全不是詩人的藝術誇張，而是當時實際情況的具體寫照。

開元年間，人口一直保持著成長的情勢。中宗神龍元年（西元 705 年），戶部奏天下戶 615 萬，口 3,714 萬。玄宗開元十四年（西元 726 年），戶部奏今歲戶 706.9 萬，口 4,141.9 萬。二十年間政府控制的戶口成長了近 92 萬戶，428 萬口，這個數字與宇文融括戶所說 82 萬戶大體相當，因而不反映人口自然增殖的趨勢。而開元十四年以後，唐朝政府沒有進行過大規模的括戶，政府控制的戶口仍然不斷增加：

年分	戶數	人口
開元十四年（西元 726 年）	706.9 萬戶	4,141.9 萬口
開元二十年（西元 732 年）	786.1 萬戶	4,543.1 萬口
開元二十四年（西元 736 年）	801.8 萬戶	

253　參閱《汪隋唐史論稿》，中國社會科學出版社，1981 年，第 60 頁。

年分	戶數	人口
天寶元年（西元 742 年）	852.5 萬戶	4,890.9 萬口
天寶十三年（西元 754 年）	906.9 萬戶	5,288 萬口

這些反映這個時期人口迅速成長的數字說明：「小邑猶藏萬家室」不是一句空話。

「公私倉廩俱豐實」也是有具體數字可查的。元結曾指出過，開元、天寶時，「人家糧儲皆及數歲，太倉委積，陳腐不可校量」。[254] 國家太倉及各地倉儲的糧食，天寶八載（西元 749 年）時，「凡天下諸色米都九千六百六萬二千二百二十石」幾近一億石之多，相當於國家四年的糧食收入。其中，和糴 1,139,530 石，諸色倉糧總 2,656,620 石，正倉總 42,126,184 石，義倉總 63,177,660 石，常平倉總 4,602,220 石。[255]

耕地進一步開墾出來。在荒地多、人口少的地區，地主「潛停」逃亡農民進行開墾。由於土地兼併或人口成長，失去土地或少地的農民也逃亡到戶口稀疏、統治力量相對薄弱的地區去進行開墾。經過六七十年的努力，江淮地區和南方各地，特別是山區和沿海地區的土地開墾出來，出現了許多新的居民區。為了加強對這些地區的控制，開元二十四年（西元 736 年）玄宗遣使分巡天下，詔曰：

其浮寄逃戶等，亦頻處分，頃來招攜，未有長策。又江淮之間，有深居山洞，多不屬州縣，自謂莫徭。何得因循，致使如此，並與州縣商量處置，一時錄奏[256]。

招攜逃戶之所以成效不大，未有長策，概因內地大部分逃戶均為豪富「潛停」，成為他們的佃戶，而其他農民則多逃到統治力量相對薄弱的地

---

254 《元次山集》卷七〈問進士第三〉。
255 《通典》卷十二〈輕重〉。
256 《全唐文》卷三一〈遣使分巡天下詔〉。

區。這個詔令便是在總結前一階段情況的基礎上，要求各級官吏提出解決的方案。結果，武則天統治時期就已開始的析州縣、開山洞，便成為一股潮流。從開元二十三、四年開始，陸續設立了一批州縣：

開元二十三年（西元 735 年），合州（今四川合州）割石鏡之南、銅梁之東置巴川縣。壁州（今四川通江）置太平縣，天寶元年改為巴東縣。

開元二十四年（西元 736 年），開福、撫二州山洞置汀州（今福建長汀），所屬長汀、龍化、寧化並開山洞置。分靜州廣平縣置恭州，所屬博恭、烈山二縣，皆並廣平縣。

開元二十五年（西元 737 年）於越州鄮縣置明州（今浙江寧波），其中奉化、慈溪、翁山三縣皆由鄮縣析置。

開元二十八年（西元 740 年），歙州（今安徽歙縣）增置婺源縣。

開元二十九年（西元 741 年），福州開山洞置尤溪縣、古田縣。

天寶元年（西元 742 年），池州（今安徽貴池）分涇、南陵、秋浦三縣地置青陽縣。

天寶二年（西元 743 年），鄂州（今湖北武昌）開山洞置唐年縣。

天寶十一載（西元 752 年），宣州（今安徽宣城）析涇縣置太平縣。

天寶十三載（西元 754 年），婺州（今浙江金華）分義烏縣北界置浦陽縣。

至德二年（西元 757 年），池州析置至德縣。

渝州置壁山縣。「本江津、萬壽、巴三縣地，四面高山，中央平田，周回約二百里。天寶中，諸州逃戶多投此營種。」[257]

安史之亂以後，繼有析置，時間雖然稍晚，但與壁山一樣，其發展恰在開元、天寶年間。

從上述析置州縣的不完全記錄可以看到福建、浙江、皖南、湖北、四川等地區的發展。與此同時，江南的蘇、湖、潤、常等州（今蘇州、吳

---

257 《元和郡縣圖志》卷三三〈劍南道下〉。

興、鎮江、常州），即三吳地區的經濟也有了長足的發展。唐初，每縣的平均戶數為 4,029.83 戶，到天寶元年成長為 16,875.5 戶，而人口密度也達到了每平方公里 60 人左右，與經濟發達的關中和河北地區不相上下，成為全國人口密度最高的地區之一。[258] 這也從間接反映了江南土地開墾的程度和生產發展的水準。正是在農業發展的基礎上，江南的手工業才有了巨大的發展，進寶船上才能有那樣豐富的物資。

人口的增殖、耕地面積的擴大和單位面積產量的提高，產生了一個驚人的結果，那就是天寶年間的人均糧食達到 420 公斤[259]，相當於 1982 年的中國人均糧食水準[260]。這是一個偉大的成就，是農民幾千年來辛勤勞動的豐碩成果。這在中國古代社會，是史無前例的。漢代人口、墾田數字和唐朝相近，但生產力低於唐朝，沒有能達到這個水準。

唐朝人均糧食很高的這種情況，雖然在天寶以後乃至唐朝以後還可以持續一個時期，但終究是要下降的。因為決定人均糧食水準的生產力水準、耕地多少和人口數量等三個因素，都是不斷變動的。而這三個因素在不同的條件下，對人均糧食水準所發揮的作用也是不同的。在耕地可以隨著人口成長而不斷擴大的條件下，生產力的發展是主要的。但在古代社會，生產力的發展是緩慢的，畝產量提高幾十公斤，往往需要用去幾個世紀，因此，這是一個漫長的過程。在耕地擴大低於人口成長速度的情況下，只有在生產力有可能大幅度提高時，才有可能保持較高的人均糧食水準。而這種情況在歷史上並不是經常出現的。耕地面積的擴大，受到自然條件本身和生產力水準的限制。中國大地山地占 33%，高原占 26%，可墾地比起許多國家要少得多。而且其中一些山林草萊地帶的土地，只有當生產力發展到一定程度時，才有可能去進行開墾。因此，耕地面積不僅有

258　參吳宗國〈唐代三吳與運河〉，《運河訪古》，上海人民出版社，1986 年。
259　胡戟〈從耕三餘一說起〉，《中國農史》1983 年第 4 期。
260　見《中國統計摘要 1986》，中國統計出版社。

其自身的限度，而且，在每一個時期，也都有一定的限度。而人口，只要人均糧食保持在能夠保證統治階級的剝削和維持勞動者最低限度生活水準之上，生產力和耕地面積即使不變或略有升降，仍可迅速成長。唐宋以後，人口一直維持著成長的情勢，明清時期，成長得更加迅速。而在此期間，生產力的提高和耕地面積的擴大都是有限的，遠遠跟不上人口成長的速度。因此，人均糧食數量是不斷下降的。到1949年，人均糧食已下降到只有276公斤（未計入大豆）。經過三十多年的努力，儘管糧食總產量提高了三倍，但人口卻增加了近一倍。因此，直到1982年，人均糧食才重新提高到420公斤。

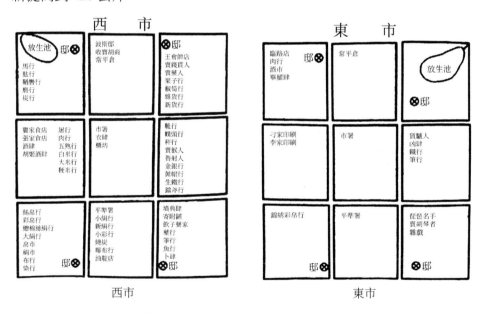

唐朝開元、天寶年間，人口、耕地和單位面積產量能保持這樣好的比例，使人均糧食達到420公斤，實在是唐朝，也是唐玄宗時期得天獨厚的地方。公私倉廩的豐實和開元、天寶時期社會的安定和經濟的繁榮，就是建立在這樣一個雄厚的物質基礎之上的。

地主經濟的迅速發展和自耕農的大量存在，以及適應這種情況對賦稅

制度的調整，是開元、天寶時期經濟持續繁榮的基本條件。

　　武則天統治時期土地兼併日益加劇，玄宗時繼續發展。玄宗對農民逃亡一直是非常注意的，對地主官僚兼併土地和把逃亡農民變成自己的佃戶也是反感的。他企圖制止這種趨勢的蔓延和滋長，屢次下詔不許買賣、典貼口分、永業田，但這些詔令並沒有收到具體的成效。

　　開元二十三年九月，玄宗下詔：

　　天下百姓，口分、永業田，頻有處分，不許買賣、典貼，如聞尚未能斷。貧人失業，豪富兼併，宜更申明處分，切令禁止。若有違犯，科違敕罪。[261]

　　詔令明確提出了豪富兼併問題，並規定違犯者按違敕律處罪。按《唐律・戶婚律》：

　　諸賣口分田者，一畝笞十，二十畝加一等，罪止杖一百。地還本主，財沒不追。

　　諸占田過限者，一畝笞十，十畝加一等，過杖六十，二十畝加一等，罪止徒一年。

　　而《唐律・職制律》：

　　諸被制書，有所施行而違者，徒二年，失錯者杖一百。

　　違法買賣口分、永業田，本應按〈戶婚律〉有關條文處理，賣者最多杖一百，買者如買過分，也頂多徒一年。而玄宗在開元二十三年敕中卻臨時處分科違敕罪，要受徒兩年的刑罰，處罰是大大加重了，就是想用重刑來制止這種傾向。

　　開元二十五年在頒行新修訂的律、令、格、式時，也重新頒布了田令。但正如杜佑所說：「雖有此制，開元之季，天寶以來，法令弛壞，兼

---

261 《冊府元龜》卷四九五〈邦計部・田制〉。

併之弊，有逾於漢成哀之間。」[262] 君主的法令，無法改變經濟規律的客觀運行。有關土地問題的律、令都成為一紙具文，按違敕律科罪自然也不可能實行。此後，土地兼併愈演愈烈，玄宗在天寶十一載（西元751年）十一月的詔書中，對當時土地兼併的情況作了全面的分析：

> 如聞王公百官及富豪之家，比置莊田，恣行吞併，莫懼章程。借荒者皆有熟田，因之侵奪；置牧者唯指山谷，不限多少；爰及口分、永業，違法買賣，或改籍書，或云典貼。致令百姓無處安置，乃別停客戶，使其佃食，既奪居人之業，實生浮惰之端。遠近皆然，因循亦久，不有釐革，為弊慮深。[263]

在這個詔令中，玄宗首先肯定了地主、官僚和貴族對土地「恣行吞併，莫懼章程」的事實，並且指出這種情況「遠近皆然，因循亦久」，長期以來就是一種普遍現象。武則天以來在詔令中始終以「農民逃亡」和「租賦頗減」等詞句掩蓋起來的土地兼併的事實，終於被徹底揭開了。

玄宗在詔令中概括了當時土地兼併的幾種形式：一是以借荒為藉口，侵奪農民的熟田；二是用置牧的名義，指占或霸占山谷間的大片良田；三是以典貼的方式賤買或掠取農民的土地；四是乘農民逃亡之機，用「破除」農民的產業或買賣的形式，霸占農民的土地。

詔令還指出了農民土地被兼併後的出路，就是由地主「別停客戶，使其佃食」，成為地主的佃戶。

對於土地兼併和別停客戶，玄宗只是說：「不有釐革，為弊慮深。」他並沒有採取什麼釐革的具體措施。玄宗的明智，就在於不橫加干涉。

唐代佃戶和漢魏以來的佃客、部曲不同。從身分上來說，他們是「良民」，不是「賤民」，不能以任何藉口殺死，也不能以各種名義買賣或賞

---

262 《通典》卷二〈田制下〉。
263 《冊府元龜》卷四五九〈邦計部‧田制〉。

賜。從地租來說，主要交納實物，無償勞役包括為地主護院作戰相對減少。從生產來說，地主一般不再進行組織和統籌安排，對生產的干預和監督也都減少了。

佃戶大多是逃亡農民被地主「阿隱相容」而成。所以又叫「客戶」。他們不屬州縣戶籍，不向封建國家納稅服役，所以，從封建國家來看，他們是地主「潛停」的「私屬」。

佃戶要向地主「貸其種食，賃其田廬」[264]。也就是說，他們除了要向地主租種土地，還要向地主租賃房屋、借貸種子糧食。因此，在經濟上同時為地主的高利貸所牢牢束縛。他們雖然和南北朝的部曲、佃客不同，人身地位不具有世襲的性質，但這只是地主控制農民形式的變化。過去地主對部曲、佃客是赤裸裸的人身奴役。唐代地主則透過典貼和高利貸來世代束縛農民。農民借貸種食，「罄輸所假，常患不充」。結果是年年借債，年年還不清，只有祖祖輩輩受地主奴役。敦煌所發現的唐代借契上，不僅寫有借貸者的姓名，同時還要寫上他的妻子、子女的姓名。就是說，丈夫去世，妻子還；父母故去，子女還。農民還不起，就只有世代受地主的奴役。

但是，地主對他們「潛停」的客戶首先必須保證他們最低限度的生活條件和生產條件，才能保證剝削的持續進行。同時，由於佃戶一般不向國家申報戶口，不需要負擔國家的賦役，因此，他們比一般自耕農具有更加穩定的生產條件。而地主向農民主要是徵收實物，對生產的干擾相對減少。這樣，農民就可以比較自由地支配自己的勞動時間，安排自己的生產活動。在這樣的條件下，農民可以透過增加土地上的投資，增加勞動時間，改進生產技術等各種方式來發展自己的生產，力爭在地租、種子和口糧之外，再生產出一部分剩餘生產物，用來擴大自己的經濟。這就為生產的發展提供了可能性。

---

264 《陸宣公翰苑集》卷二二〈均節賦稅恤百姓第六條〉。

因此，伴隨著土地兼併、土地集中而發展起來的佃戶制，是有利於生產力發展的。

　　土地集中對生產發展的影響不僅限於農業上。由於土地集中，使財富的累積成為可能，從而為社會分工的進一步擴大提供了條件。農民生產出來的財富透過地租集中到地主手中後，地主不可能全部用於直接消費。他們需要把糧食和各種物資投入市場以換取貨幣，同時從市場購入他們所需要的各種日用必需品和奢侈用品。這樣，就提供了數量可觀的商品糧，使得更多的人可以從事經濟作物的種植，從事手工業生產和商業運輸活動，提供了大量的原料和廣闊的市場，從而使手工業、商業得到迅速的發展。開元、天寶時期社會經濟空前繁榮的局面，在很大程度上，就是建立在這樣一個基礎之上的。

　　自耕農經濟對於開元、天寶的經濟繁榮也發揮了重要的作用。儘管由於土地兼併日益加劇，使自耕農在農戶總數中的比重有所下降，但從政府控制戶口的不斷增加及其在實際戶口中的比例達 65%～ 70%來看，直到天寶年間，自耕農還是大量存在的。

　　農民自己占有土地，自然是使生產發展的有利條件，而開元年間賦稅制度和兵役制度改革後，農民的賦役負擔比較平穩，也使農民有可能安心地從事生產。天寶年間國家所徵收的糧食和絹布，相當大的一部分就是由他們生產出來的。

　　自耕農的大量存在不僅使國家有一個比較堅實的、穩定的財政基礎，而且可以保證地主經濟能夠比較正常地發展。由於自耕農是賦稅的主要承擔者，因而國家對於地主「潛停」的客戶即佃戶採取放任的態度，地主就不必把很重的賦稅負擔轉嫁到佃戶身上，租種地主土地的農民也就有可能更加積極地去發展自己的生產。

　　農民、佃農和自耕農，是開天盛世的創造者。

第十六章　廣運潭盛會

第十七章　盛唐氣象

開元天寶是唐代，乃至整個中國封建社會經濟發展的鼎盛時期之一，隨著經濟的發展，社會的安定，接踵而來的是文化的繁榮。促進文化的繁榮有各種因素，其中統治者對文化的重視和宣導就是重要的一條。開天時代的文化 —— 那是需要洋洋大觀的專著去論述的。這裡只講玄宗個人對文化的興趣以及由此而替這個時代增添的奇光異彩。

▌一、尊賢尚文

玄宗從小受過良好的教育。他當太子的時候，文壇領袖張說是他的侍讀，另一個侍讀是當時著名的學者褚無量。褚無量是杭州鹽官人，明經出身。家貧好學，知識非常淵博，尤其精通「三禮」和《史記》。玄宗即位之後，在百廢待興、日理萬機的緊張日子裡，仍然勤奮好學，抓緊時間讀書。他認為讀書和治理國家是一致的，他說：「朕聽政之暇，常覽史籍，事關理道，實所留心。」[265] 當時張說已經外放出去當地方官了，為了便於在讀書時請教和討論疑難問題，玄宗又請光祿卿馬懷素與褚無量共同充任侍讀。馬懷素是潤州丹徒人，幼年貧苦，刻苦攻讀，博覽經史，尤其富有

---

265 《舊唐書》卷八〈玄宗上〉。

文學才華。武則天時，舉進士，又應制舉，登文學優贍科。曾任縣尉、監察御史、禮部員外郎、戶部侍郎等職，為官清正，處事平恕，「雖居吏職而篤學，手不釋卷，謙恭謹慎，深為玄宗所禮」[266]。褚、馬二位都是當時德高望重的飽學之士，玄宗對他們優禮有加，十分尊敬。每次入宮，都令乘肩輿而進，在宮中則命乘馬。褚無量年紀大了，特地為他造了一副舒適的腰輿。他們進宮侍讀，玄宗總是親自迎送，謹執弟子禮。他們指陳時政得失，玄宗也虛心聽取，盡量採納。

在名師的指導下，透過刻苦的學習，玄宗具有深厚的文化修養，《新唐書·藝文志》所載玄宗的著作有：

玄宗周易大衍論三卷

御刊定禮記月令一卷　集賢院學士李林甫、陳希烈、徐安貞、直學士劉光謙、齊光乂、陸善經、修撰官史玄晏、待制官梁令瓚等注解。

玄宗金風樂一卷

今上孝經制旨一卷　玄宗

玄宗開元文字音義三十卷

玄宗韻英五卷　天寶十四載撰，詔集賢院寫付諸道採訪使傳布天下

明皇制詔錄一卷

玄宗注道德經二卷，又疏八卷

玄宗注金剛般若經一卷

開元御集誡子書一卷

玄宗開元廣濟方五卷

這些書雖然不會全部出自玄宗之手，但從這個目錄可看出玄宗的興趣廣泛，知識是極為淵博的。

玄宗在文學上頗有才能。他愛好詩歌，也創作詩歌，留傳至今的作

266 《舊唐書》卷一〇二〈馬懷素傳〉。

品有六十餘首。《唐詩三百首》中入選的唯一的唐代帝王的詩篇，就是玄宗的〈經魯祭孔子而嘆之〉。玄宗的詩歌雖非唐詩中的珍品，但也氣度不凡，頗具功力。玄宗和太宗、高宗、武后一樣，不僅愛好詩歌，而且竭力提倡。唐代的科舉，進士科最先只考試策論。高宗調露二年（西元680年）加試帖經與雜文，雜文即為士子所熟悉的箴、表、銘、賦之類。在錄取進士時仍以對策為主。到開元年間，玄宗注意文治，提倡文學，雜文逐漸以試詩賦為主。一代文宗張說為中書令，文學之士進士及第的也逐漸增多。自開元十一年至二十一年，崔顥、祖詠、儲光羲、崔國輔、綦毋潛、王昌齡、常建、賀蘭進明、王維、薛據、劉長卿、元德秀等先後及第。文學之士在及第的進士總數中雖然不占很大的比例，但在一個時期內有這麼多的詩人及第，卻是空前的。到開元、天寶之際，雜文開始專用詩賦，並且逐漸成為錄取進士的主要標準。詩歌的寫作和知識分子的前程連繫起來，成為他們入仕的條件，必然鼓勵人們重視詩歌的寫作，形成群眾性的寫詩、誦詩、重視文學的社會風尚。唐代帝王對詩歌的重視和宣導，是唐詩繁榮的主要原因之一。正如胡震亨所說：「有唐吟業之盛，導源有自。文皇英姿間出，表麗縟於先程，玄宗材藝兼該，通風婉於時格。……朝野景從，謠習浸廣，上好下甚，風偃化移。」[267]

石台孝經唐玄宗手書

267 《唐音癸籤》卷二七〈叢談三〉。

　　唐詩是唐代文化高度發展的結晶，也是我國古典詩歌發展中不可逾越的高峰，而開元天寶的詩歌，即所謂盛唐時期的詩，是唐詩發展中最為光彩奪目的時代。開天詩壇上空群星璀璨，有李白、杜甫、王維、王昌齡、高適、岑參、孟浩然等一大批光照千古的詩人，他們才華橫溢、情文並茂的作品，具體、生動地展示了雄壯渾厚的盛唐氣象。盛唐詩歌的巨大成就，是詩歌本身發展的成果。六朝詩歌已為律詩的形成奠定了基礎，梁陳詩歌中綺麗萎靡、雕琢僵化的缺點，經初唐詩人，如「四傑」王勃、楊炯、盧照鄰、駱賓王等的努力掃蕩，已經滌除乾淨，尤其是陳子昂改革詩風的大聲疾呼，更對唐詩的走向成熟，從理論和實踐上都發生了重要的作用。唐詩經過一百多年的發展，便出現了絢爛輝煌的局面。盛唐詩歌的巨大成就，同時是以這個時代富庶的社會經濟和豐富的社會生活為依託的，當然也和這個時代的最高統治者玄宗密切相關。

　　玄宗和盛唐詩人有廣泛的交往，他十分愛惜、尊重有才華的詩人。在他身邊聚集了一大批文人學士、知名詩人，如吳筠、李白、崔國輔、綦毋潛等都曾先後在集賢院或翰林院待詔。玄宗在從政餘暇，常常和他們遊宴唱和、評詩論文，獎勵和重用優勝者。天寶初，玄宗至溫泉宮，登朝元閣賦詩，群臣屬和。玄宗認為「以詞藻見稱」的檢校禮部尚書席豫所作最佳，讚揚他說：「覽卿所進，實詩人之首出，作者之冠冕也。」[268]

　　對於著名的詩人，玄宗常慕名召見。天寶元年（西元 742 年）經道士吳筠推薦，大詩人李白被召入京，玄宗「降輦步迎，如見綺皓，以七寶床賜食，御手調羹以飯之，謂曰：卿是布衣，名為朕知，非素畜道義，何以及此」[269]。給李白翰林供奉的名義留在身邊。玄宗紆尊降貴、熱情謙恭地迎接布衣詩人，表現出愛才若渴的大家風範。雄才大略的皇帝和傲岸不羈

268　《舊唐書》卷一九〇中〈席豫傳〉。
269　李陽冰〈草堂集序〉。

的詩人這番頗有浪漫意味的際遇，演化出「力士脫靴」、「醉草退蠻」等有名的故事。但玄宗對李白，僅是欣賞他的詩才，並不欣賞他的幹才，認為李白「非廟廊之器」。玄宗沒有看錯，像李白這樣感情奔放的詩人大約也確非從政人才。然而，李白自許甚高，自認為有宰相之才，他寫道：「如逢渭川獵，猶可帝王師。」玄宗僅把李白作為文學侍從，這與李白的抱負大相徑庭，他的巨大失望可以想見。他終於憤然離去。從此，宮廷裡少了一位文學侍從，人世間卻有了一位名垂千古的大詩人。

女道士李季蘭，名冶，以字行。姿容秀美，稟賦聰慧，善彈琴，尤工格律，常與陸羽、皎然、劉長卿等唱和往還，名重一時。「天寶間，玄宗聞其詩才，詔赴闕，留宮中月餘，優賜甚厚，遣歸故山。」[270]

玄宗在和詩人交往中，有時會放下皇帝的威嚴，顯露人情味和文人氣息。徐安貞能文工詩，尤善五言詩，深為玄宗賞識。開元中為中書舍人、集賢院學士，「上每屬文及作手詔，多命安貞視草，甚承恩顧」[271]。「視草」就是玄宗讓徐安貞對自己的文稿提出意見，有互相切磋之意。

天寶三載，祕書監賀知章因病請求告老致仕，回故鄉會稽。知章號「四明狂客」，曾經當過皇太子李亨的侍讀，是當時著名的詩人、書法家。他篤信道教，「性放曠，善談笑，當時賢達皆傾慕之」[272]，玄宗批准了他的請求，並任命其子典設郎賀曾為會稽司馬，以便就近侍養，「詔賜鏡湖剡溪一曲以給漁樵」[273]。正月五日，知章離京時，玄宗命皇太子以下百官前往送行，自己親自寫詩〈送賀知章歸四明〉：

遺榮期入道，辭老竟抽簪；
豈不惜賢達，其如高尚心。

---

270 《唐才子傳》卷二。
271 《舊唐書》卷一九〇中〈徐安貞傳〉。
272 《舊唐書》卷一九〇中〈賀知章傳〉。
273 《唐才子傳》卷三。

寰中得秘要，方外散幽襟。

獨有青門餞，群僚悵別深。

　　詩中表達了深沉的惜別之情。玄宗對知章的禮遇和關照都是十分隆重和細緻的。

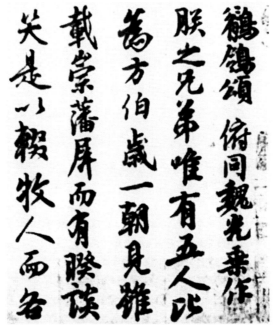

唐玄宗李隆基書法墨蹟的傳世孤本〈鶺鴒頌〉，現收藏於臺北故宮博物院

　　名士鄭虔好琴酒篇詠，善圖山水及書法。曾集掇當代事件，著書八十餘篇，有人以「私撰國史」的罪名告發他，鄭虔被貶謫十年，「還京師，玄宗愛其才，欲置左右，以不事事，更為置廣文館，以虔為博士」[274]。廣文館及廣文博士都是玄宗為鄭虔一人特設的。鄭虔曾自寫其詩並畫呈獻給玄宗，玄宗在他的詩畫後親筆題署「鄭虔三絕」，並任命他為著作郎。但是，並非所有際遇玄宗的詩人都能得到優待。孟浩然長期隱居在鹿門山，四十歲時至長安，曾在太學賦詩，在座的人都為之折服，張九齡、王維等

274 《新唐書》卷二〇二〈鄭虔傳〉。

大詩人都很推崇他。有一次，王維在宮內待詔，私邀浩然入宮討論詩詞，談興正濃時，「玄宗至，浩然匿床下，維以實對。帝喜曰：朕聞其人而未見也，何懼而匿？詔浩然出。帝問其詩，浩然再拜，自誦所為，至『不才明主棄』之句，帝曰：卿不求仕，而朕未嘗棄卿，奈何誣我？因放還」。[275]在這個故事裡，玄宗遇見浩然時的喜悅，表現了他禮賢重士的心情，後來因一個「不才明主棄」的詩句便趕走了一位有才華的詩人，又流露出他欠缺一點豁達大度的胸懷。

唐代的另一位偉大詩人杜甫，也曾受玄宗賞識。天寶十三載二月，玄宗朝獻太清宮，享太廟，杜甫曾奏賦三篇，「帝奇之，使待制集賢院，命宰相試文章。擢河西尉，不拜。改右衛率府冑曹參軍」[276]。當時的權相是楊國忠，他既沒有能力判別文章的好壞，也不會以文章的好壞來任用才俊。杜甫只得到了一個從八品下的管理軍械的小官。這時大唐王朝正處於危機四伏的時刻，玄宗無暇再顧及他賞識過的詩人。唐代兩位最偉大的詩人李白和杜甫，都和玄宗有過程度不同的際遇，並非偶然，這個時代充滿了詩的氣氛，才使皇帝和詩人如此的接近。

玄宗愛好文學，也熱衷於宣導整理圖書，編纂典籍。開元五年，侍讀馬懷素鑑於祕書省圖書流失，分類雜亂，因而向玄宗建議重新編訂圖書目錄。祕書省圖書流失由來已久，由於隋末的動亂，至唐初，圖書典籍的散失已經非常嚴重。「隋嘉則殿書三十七萬卷，至武德初，有書八萬卷，重複相糅」[277]，損失已很多。武德五年（西元 622 年），平定王世充之後，在洛陽得隋書八千餘卷，由太府卿宋遵貴負責運往長安，船行至三門砥柱，「多被漂沒，其所存者，十不一二，其《目錄》亦為所漸濡，時有殘

275 《新唐書》卷二○三〈孟浩然傳〉。
276 《新唐書》卷二○一〈杜甫傳〉。
277 《新唐書》卷五七〈藝文志〉。

缺」[278]，在令狐德棻的建議下，唐高祖曾下令重金收購和募集失散的圖書，並專門置吏補錄。貞觀二年（西元 628 年），唐太宗命祕書監魏徵整理宮中典籍，校寫四部群書，貯之內庫。魏徵等人在修《隋書·經籍志》時，創立了經、史、子、集四部的圖書分類法，唐代祕書省「掌邦國經籍圖書之事」，省中存放的圖書就是按照四部分類設庫的。唐太宗時，圖書典籍事業有所起色，但從高宗顯慶之後，宮中圖書管理日趨混亂，散失日趨嚴重。所以，馬懷素說：「南齊以前墳籍，舊編王儉《七志》已後著述，其數盈多。隋志所書，亦未詳悉；或古書近出，前志闕而未編，或近人相傳，浮詞鄙而猶記。若無編錄，難辨淄澠，望括檢近書篇目，並前志所遺者，續王儉《七志》，藏之秘府。」[279] 馬懷素的建議是要在王儉《七志》和《隋書·經籍志》等前代目錄學著作的基礎上，刊正其錯誤，補充其疏漏，廣搜近代新出現的古籍，編著一部完備的圖書目錄。玄宗接受建議，命國子博士尹知章等協助馬懷素編撰圖書目錄。

關於這件事，《資治通鑑》寫道：「祕書監馬懷素奏：『省中書散亂訛缺，請選學術之士二十人整比校補』，從之。於是搜訪逸書，選吏繕寫，命國子博士尹知章、桑泉尉韋述等二十人同刊正，以左散騎常侍褚無量為之使，於乾元殿前編校群書。」《資治通鑑》所述，並不準確。事實上，褚無量曾「以內庫舊書，自高宗代即藏在宮中，漸致遺逸，奏請繕寫刊校，以弘經籍之道」[280]。玄宗遂命無量為使，以盧僎、陸去泰、王擇從、徐楚璧等為助手，在東都乾元殿前施架排次，廣採天下異本，進行校刊補闕，不數年，便初見成效，四部充備，玄宗很高興，命公卿以下入乾元殿參觀修書情況。

所以，馬懷素主持的是編纂圖書目錄，褚無量主持的是校刊補正典

278 《隋書》卷三二〈經籍志〉。
279 《舊唐書》卷一〇二〈馬懷素傳〉。
280 《舊唐書》卷一〇二〈褚無量傳〉。

籍，任務不同，他們分別有自己的工作班底。《舊唐書‧元行沖傳》說：「先是，祕書監馬懷素，集學者續王儉《今書七志》，左散騎常侍褚無量於麗正殿校寫四部書，事未就而懷素、無量卒，詔行沖總代其職。」馬懷素卒於開元六年七月，由元行沖接任工作。行沖的學識未必如懷素，但他的組織能力卻強多了。在他主持下，重組人力，以殷踐猷、王愜編甲部（經部），韋述、餘欽編乙部（史部），毋煚、劉彥直編丙部（子部），王灣、劉仲丘編丁部（集部），又由行沖率毋煚、韋述、餘欽三人總其成。開元八年正月，編成《群書四錄》200卷，收書48,169卷，是一部大型的目錄學著作，惜今已散佚。開元六年，玄宗由東都回到長安，褚無量主持的修書工作便由洛陽乾元殿遷至長安的麗正殿。開元八年，無量去世，臨終遺言以麗正寫書未畢為恨。他的工作由元行沖接任。

開元十一年七月，元行沖年老致仕，玄宗命中書令張說任麗正院修書使。這個任命，表明玄宗對麗正院工作的重視。張說主持麗正院後，廣聚文學之士，祕書監徐堅、太博士賀知章、監察御史趙冬曦等著名文士，或修書，或侍講，十分活躍。玄宗給他們的待遇也格外優厚。中書舍人陸堅[281]「以為此屬無益於國，徒為靡費，欲悉奏罷之。張說曰：自古帝王於國家無事之時，莫不崇宮室，廣聲色，今天子獨延禮文儒。發揮典籍，所益者大，所損者微，陸子之言，何不達也」。張說完全理解玄宗尊賢尚文的用意，是要透過大興文治，粉飾太平，造成盛世的恢弘氣概。所以，在張說與陸堅的不同看法中，玄宗當然是「重說而薄堅」。

在整理編訂圖書典籍的時候，玄宗特別重視《大唐六典》和《大唐開元禮》的編撰，這是玄宗時代的兩部皇皇巨著。

開元十年，玄宗在白麻紙上寫了六條，即「理、教、禮、政、刑、事

---

281 《舊唐書》卷九七〈張說傳〉為徐豎，誤。此處從《資治通鑑》所記。

典，令以類相從，撰錄以進」[282]，把修撰《六典》的任務交給麗正書院。玄宗的意圖是要編一部內容豐富、條理清晰、帶有總匯性質的關於唐代典章制度的大書。張說主持書院後，就把這件事委託給他的副手徐堅承辦。徐堅是博學之士，又善於文章著述，但對修《六典》卻束手無策，「沉吟歲餘，謂人曰：堅承乏，已曾七度修書，有憑準皆似不難，惟《六典》歷年措思，未知所從」[283]。修《六典》的困難在於內容龐雜，體例難定，不易找到一個內容與形式相協調的辦法。後來，直學士韋述提出模仿周禮六官來敘現行職官，將令格式按內容分類繫於有關職官之下，而職官本身的沿革變化則在注文中敘述。這樣雖給人強行比附、削足適履之感，但總算找到一個下筆之處。《六典》先後經張說、蕭嵩、張九齡、韋述等四人負責總管修撰事宜，由徐堅、韋述等十幾個人執筆，經過十多年的努力，於開元二十六年[284]完成，全書共 30 卷。書成時適逢李林甫為相，按照慣例，由他領銜奏上。《六典》修成後，在唐代是否行用？是否具有法典的性質？學術界歷來有所爭論，這裡不擬詳述。從有關史料如《唐會要》等記載的情況看，《六典》在唐後期討論典章制度時已被廣泛徵引，是處理實際問題的重要依據。由於《六典》記錄了唐代大量的令格式，對唐官制的流源演變有詳細而比較準確的敘述，因而，對研究唐代政治、經濟各方面的問題，具有很高的史料價值。

開元十四年，通事舍人王岩上疏，請改寫《禮記》，刪去不適用的部分，增添新的內容。玄宗命集賢院學士詳議。張說認為：《禮記》是經典，不宜改動，但「今之五禮儀注，貞觀、顯慶兩度所修，前後頗有不同，其中或未折衷。望與學士等更討論古今，刪改行用」。[285] 玄宗認為張說言之

282　陳振孫《直齋書錄解題》六。

283　《大唐新語》卷九〈著述〉。

284　一說開元二十七年二月。見《唐會要》卷三六〈修撰〉，《冊府元龜》卷六〇七〈撰集〉。

285　《舊唐書》卷二一〈禮儀志一〉。

有理，命集賢院學士、右散騎常侍徐堅等撰寫新的儀注。這部書經歷數年，在蕭嵩為集賢院學士時，由起居舍人王仲丘完成，名曰《大唐開元禮》，共 150 卷，開元二十年九月，頒所司行用。後來，杜佑撰寫《通典》時，禮典部分共 100 卷，其中後 35 卷，即摘抄《大唐開元禮》而成。

玄宗對文人學士是頗為敬重的，把他們當作治理國家的重要力量。開元十三年四月，泰山封禪大典的準備工作正在緊鑼密鼓進行，玄宗在東都洛陽與中書門下及禮官學士宴於集仙殿。酒宴之中，玄宗說：「仙者憑虛之論，朕所不取，賢者濟理之具，朕今與卿曹合宴，宜更名集賢殿。」一個字的改動，展現了玄宗尊賢禮賢的熱忱。玄宗還下令將麗正書院改為集賢殿書院，擴充了書院的建制，凡在書院的官員，五品以上為學士，六品以上為直學士，宰相張說知院事，右散騎常侍徐堅為副知院事。玄宗還想任命張說為大學士，但張說認為「儒以道相高，不以官閥為先後」，再三辭謝，不受大學士稱號。

玄宗不僅和文人學士賦詩唱和，依靠他們整理圖書，撰述典籍，大興文治，而且在政治上也頗為倚重他們。唐初以來，文人學士就常被皇帝請入宮中，參與機務。唐太宗曾「精選天下賢良文學之士」，「以本官兼學士，令更宿直。聽朝之隙，引入內殿，講論文義，商量政事，或至夜分方罷」[286]。他們顯然發揮智囊或諮詢的作用。高宗武后時，劉懿之、劉褘之兄弟、周思茂、元萬頃、范履冰等著名文士，常在禁中，他們不僅秉承武則天的旨意，撰寫《烈女傳》、《臣軌》、《百僚新戒》、《樂書》等著作，「至朝廷疑議表疏，皆密使參處，以分宰相權」。他們已不單純發揮參謀、諮詢作用，而是皇帝用來抗衡相權的一支政治力量。他們常在北門候進止，時人稱為「北門學士」，但沒有為他們設專門機構。玄宗身邊也有一批文人學士，如張說、陸堅、張九齡、徐安貞、張垍等，玄宗正式給他們

---

286 《唐會要》卷六四〈弘文館〉。

以「翰林待詔」或「翰林供奉」的名義，讓他們負責寫作應和文章和四方表疏的批答。「開元二十六年，又改翰林供奉為學士，別置學士院，專掌內命，凡拜免將相，號令征伐，皆用白麻。」[287] 本來起草詔敕之權在中書省，翰林學士出現後，專掌內命，於是詔書被分為內制和外制，翰林學士所撰，是直接從禁中發出，稱「內制」，中書舍人或他官知制誥所撰，為外朝發出，稱「外制」。在玄宗時代，翰林學士的職責主要是起草詔制，以備顧問，權任還不算太重。但翰林院作為協助皇帝草詔的專門機構出現，部分地改變了過去皇帝出旨、中書草詔的舊制。玄宗在加強相權的同時，皇權也進一步加強。使職差遣的出現，表明皇帝干預行政事務的權力加強了。翰林院的出現，則表明皇帝干預決策的權力加強了。這對唐後期中央政體的格局有很重要的影響。

二、提倡樂舞

　　玄宗在音樂上的天賦遠高於文學上的才能，他深通音律，會作曲，能演奏各種樂器，如胡琴、琵琶、笛子、羯鼓等，其中，尤其長於羯鼓。羯鼓一般橫放在木座上，用兩根鼓杖敲擊，又名「兩杖鼓」，是龜茲樂隊的特性樂器之一，其「聲焦殺，特異眾樂」，在樂隊中可發揮指揮的作用。大約玄宗常用羯鼓指揮、訓練樂隊，擊羯鼓的技術很高。樂人花奴是著名的羯鼓演奏家，「御前羯鼓透春空，笑覺花奴手未工」[288] 的詩句，就是說花奴擊鼓的技藝尚不如玄宗。

　　玄宗對音樂舞蹈的特別愛好和大力提倡，是開元天寶時期樂舞藝術迅速發展並取得巨大成就的重要原因之一。

　　「就音樂舞蹈而言，在中國封建時代的歷史上，唐代是最為繁盛

---

287 《新唐書》卷四六〈百官志一〉。
288 《石湖居士詩集》卷三。

的。」[289] 隋唐兩代皇帝，大多重視音樂舞蹈。「隋文帝家世士人，銳興禮樂，踐祚之始，詔太常卿牛弘、祭酒辛彥之增修雅樂」[290]，把南北兩方的樂舞加以融會、整理，修訂成〈七部樂〉，即〈國伎〉、〈清商伎〉、〈天竺伎〉、〈高麗伎〉、〈龜茲伎〉、〈安國伎〉、〈文康伎〉。隋煬帝是位多才多藝的皇帝，他好大喜功，又愛好音樂舞蹈。在他的宣導下，樂舞有更大的發展。他把〈七部樂〉加上〈疏勒〉、〈康國〉兩部，發展為九部樂（其中〈國伎〉改為〈西涼樂〉，〈文康伎〉改為〈禮畢〉）。每部樂中包括好多樂曲和舞蹈。隋煬帝還加強了音樂機構和專業隊伍的建設。大業二年（西元 606 年），「太常少卿裴蘊希旨，奏括天下周齊梁陳樂家子弟皆為樂戶，其六品以下至庶人，有善音樂者，皆直太常。」太常置博士弟子，傳授技藝，樂人增至三萬餘人。隋煬帝曾於洛陽端門外大陳百戲，通宵達旦，戲場連綿八里，參加演出的藝人有一萬八千多人，規模盛大。

唐朝建立之後，把隋代集中的藝人全部接收過來，音樂舞蹈進一步發展。中國古代的音樂歷來有雅、俗之分：雅樂是廟堂祭祀或朝廷舉行大典時所奏之樂，俗樂（也稱燕樂、宴樂）是在宴會上供娛樂、欣賞的樂舞。唐太宗重視雅樂，曾命著名的雅樂專家祖孝孫修訂雅樂。祖孝孫認為：「陳梁舊樂，雜用吳楚之音，周齊舊樂，多涉胡戎之伎，於是斟酌南北，考以古音，作為大唐雅樂。」[291] 在貞觀年間，創作了許多新的樂舞，如〈景雲樂〉、〈慶善樂〉、〈破陣樂〉、〈承天樂〉等，其中尤以歌頌李世民武功業績的〈秦王破陣樂〉最為著名，流傳極廣。〈破陣樂〉原為李世民作戰時用的音樂。他很喜歡這部威武雄壯、激奮人心的樂曲。後來，命魏徵、虞世南、李百藥改制歌詞，更名為〈七德舞〉。配合歌曲，增添舞蹈，由 120 個人披甲執戟而舞，進退擊刺，都符合戰陣之法。整個樂舞，氣勢雄渾，

---

289 歐陽予倩：《唐代舞蹈》。上海文藝出版社，1980 年。
290 《舊唐書》卷二八〈音樂一〉。
291 《舊唐書》卷二八〈音樂一〉。

十分動人。貞觀十六年，太宗將唐樂定為十部，包括〈燕樂〉、〈清樂〉、〈西涼樂〉、〈天竺樂〉、〈高麗樂〉、〈龜茲樂〉、〈安國樂〉、〈疏勒樂〉、〈康國樂〉和〈高昌樂〉。除〈燕樂〉和〈清樂〉是漢族的傳統樂舞外，其餘都是周邊少數民族和外國樂舞。唐朝是當時世界上最強盛繁榮的國家，唐朝的統治者在政治上充滿自信心，在處理中外關係和民族關係上都採取開明、平等的政策，唐太宗曾說：「自古皆貴中華，賤夷狄，朕獨愛之如一，故其種落皆依朕為父母。」在這種政策思想指導下，對文化、藝術、宗教都採取了兼收並蓄的方針，廣泛地吸收和借鑑東西方國家和周邊諸民族的音樂舞蹈是唐樂舞繁榮的重要原因。

玄宗對唐樂舞的貢獻，在於他提倡俗樂，使活潑歡快的燕樂有很大的發展，音樂舞蹈和生活的連繫更加密切。燕樂發展的客觀原因是玄宗時代經濟繁榮，社會各階層的生活都安定富裕，統治階級累積了大量財富，可以寄情聲色，整個社會呈現出一派欣欣向榮的景象。

為了適應和促進俗樂的發展，玄宗對音樂機構進行了調整和充實。「乙太常禮樂之司，不應典倡優雜伎」為理由，把俗樂的管理從太府寺太樂署劃歸教坊。教坊原來是管理音樂教育的機構。武德年間開始有內教坊，歸太常寺管轄。玄宗除內教坊外，又增設四個教坊。兩個在長安，兩個在洛陽。長安的兩個教坊，一個設在延政坊，名為左教坊，以工舞見長；一個設在光宅坊，名右教坊，以善歌取勝。洛陽的兩個教坊都設在明義坊。內外教坊都由玄宗派宦官為使管理，直屬宮廷，不再歸太常寺管轄。

玄宗還設了三個梨園。一個在長安宮中，一個在長安太常寺裡，稱太常梨園。還有一個在洛陽的太常寺，稱梨園新院。梨園是專習法曲的機構，唐代由多段曲子組成的大型歌舞曲稱「大麯」，其中，曲調和配器比較幽雅，接近漢族清樂系統，稱「法曲」。法曲在作曲、聲樂、器樂及舞蹈方面都有較高的技術要求。宮中梨園由玄宗親自指導。「玄宗既知音律，又

酷愛法曲，選坐部伎子弟三百教於梨園，聲有誤者，帝必覺而正之。號皇帝梨園弟子。」[292]玄宗還選拔了數百名宮女，居住在宜春院，由他來訓練，這些宮女也稱為皇帝梨園弟子。宮中梨園附設一個小部音聲，由三十幾個十五歲以下的孩子組成。宮中梨園集中了當時技藝最高的音樂舞蹈人才，玄宗則充當他們的作曲、指揮和導演，它是皇帝親自領導的歌舞團。

玄宗對唐初的〈十部樂〉作了進一步的改進。他根據表演方式的不同，區分為「立部伎」和「坐部伎」。在堂上坐奏的叫「坐部伎」，包括八部樂，即〈安樂〉、〈太平樂〉、〈破陣樂〉、〈慶善樂〉、〈大定樂〉、〈上元樂〉、〈聖壽樂〉、〈光聖樂〉。堂下立奏的叫「立部伎」，包括六部樂，即〈燕樂〉、〈長壽樂〉、〈天授樂〉、〈鳥歌萬歲樂〉、〈龍池樂〉和〈小破陣樂〉。坐、立兩部伎不像隋代的九部樂和貞觀的十部樂那樣以國名、地名來分樂部，而是以曲名來分樂部，說明以漢族為主體的音樂已經和外來音樂及周邊諸民族音樂進一步融合。在促進中外及諸民族音樂的交流和融合中，玄宗發揮了重要的作用。他曾專門頒布「道調、法曲與胡部新聲合奏」[293]的詔令。在他自己創作的樂曲中也吸收了大量天竺樂、西涼樂、龜茲樂等外來的音樂成分。

玄宗善於作曲編舞，他主持改編和創作了不少新的樂舞，直接豐富了唐樂的內容。

玄宗主持改編的樂舞有〈破陣樂〉、〈上元樂〉、〈聖壽樂〉等。太宗時創作的〈秦王破陣樂〉是唐宮廷中的保留節目，常常演奏，不斷有改動。高宗顯慶元年（西元 656 年）改名為〈神功破陣樂〉，舞蹈隊伍由原來的120 人減為 64 人。玄宗也改編了〈破陣樂〉，他只用 4 人，身穿金甲來舞蹈，表演靈活，內容還是表現戰鬥生活，因此，又名〈小破陣樂〉。玄宗

---

292 《新唐書》卷二二〈禮樂十二〉。
293 《新唐書》卷二二〈禮樂十二〉。

還曾用數百名宮女來表演〈破陣樂〉，演出效果很好，連太常寺專門表演
這個節目的都不如他們。〈上元樂〉是高宗時創作的，舞蹈者 180 人，穿
五色雲衣，富有道教色彩，多用於郊廟祭祀。玄宗把這個舞改編為娛樂性
的樂舞，用宮女來表演。〈聖壽樂〉是武則天時創作的字舞，由 140 人表
演，每變一次隊形，組成一個字，總共擺成「聖超千古，道泰百王，皇帝
萬年，寶祚彌昌」[294] 十六個字。玄宗對這個字舞加以改編，增添了「回身
換衣」等舞蹈技巧。在每件舞衣上繡上花朵，外加一件短衫，舞到第二段
時，巧妙地回身脫去短衫，忽然現出繡衣，使人耳目一新，大為驚嘆，經
過改編的〈聖壽樂〉更為絢爛華麗。

　　玄宗新創作的樂舞有〈光聖樂〉、〈龍池樂〉及〈霓裳羽衣曲〉。〈光聖樂〉
用 80 人戴鳥冠，穿五彩畫衣表演。主題是歌頌玄宗平定韋后的功績。玄宗
為臨淄王時，住在興慶里，宅中忽然地陷泉湧，形成一個大水池，據說其上
鬱鬱有帝王氣。玄宗即位後，稱之為「龍池」（或興慶池），為此寫了〈龍池
樂〉以紀念，由 12 個人頭戴蓮花冠，手執蓮花而舞，舞蹈極其優美動人。

宮樂圖

　　玄宗創作的樂舞，最為著名的是〈霓裳羽衣曲〉，由於楊貴妃的舞蹈
和白居易的讚揚，更使這一作品名揚千古。

---

294 《舊唐書》卷二九〈音樂二〉。

〈霓裳羽衣曲〉的創作緣起，有一個帶有神秘色彩的傳說。據說道士羅公遠在中秋之夜，帶玄宗邀遊月宮，看到仙女數百人，素練霓裳舞於廷，音樂優美，精妙無比，曲名〈霓裳羽衣〉，玄宗默記了一半。回來後，恰逢西涼節度使楊敬述進〈婆羅門曲〉，聲調與月宮仙樂相符。玄宗把默記的仙樂譜為散序，與楊敬述所進曲子合在一起，改編為〈霓裳羽衣曲〉。還有一個傳說是玄宗登三鄉驛，望女兒山，深有所感而作。劉禹錫的詩寫道：「開元天子萬事足，惟惜當時光景促。三鄉陌上望仙山，歸作〈霓裳羽衣曲〉。」[295] 玄宗遊月宮的傳說，帶有神奇虛幻的色彩，不可置信，但它反映了這個曲子的創作過程，玄宗在構思時吸收了〈婆羅門曲〉的音樂素材、曲調，優美如仙樂。這個曲子創作的緣起，還是以玄宗遙望雲霧繚繞的女兒山[296]，浮想聯翩，感慨人生的短暫，羨慕神仙的永恆，形成創作的衝動，可能更為實在些。

〈霓裳羽衣曲〉久已失傳，流傳至今的宋人姜夔的〈霓裳中序第一〉已面目全非。所幸白居易在〈霓裳羽衣舞歌〉[297] 一詩中對這個舞蹈的音樂、服飾、動作、節奏、神態，都有細緻的描寫，可以從中知其概貌。

〈霓裳羽衣曲〉全曲分 36 編（段），由散序（6 編）、中序（18 編）、曲破（12 編）三部分組成。演員作仙女打扮：「案前舞者顏如玉，不著人家俗衣服，虹裳霞帔步搖冠，鈿瓔累累佩珊珊。」伴奏的樂器有磬、簫、箏、笛等，開始是散序，「磬簫箏笛遞相攙，擊擫彈吹聲邐迤。散序六奏未動衣，陽臺宿雲慵不飛」。散序只有音樂，沒有舞蹈，轉入中序後，有歌有舞，「中序擘騞初入拍，秋竹竿裂春冰拆。飄然轉旋回雪輕，嫣然縱送游龍驚。小垂手後柳無力，斜曳裾時雲欲生。煙蛾斂略不勝態，風袖低昂如有情。上元點鬟招萼綠，王母揮袂別飛瓊」。到結尾的入破時，「繁音急

---

295 《全唐詩》卷三五六。劉禹錫〈三鄉驛樓伏睹玄宗望女兒山，詩小臣斐然有感〉。
296 女兒山在唐河南府福昌縣（今河南宜陽縣）南洛河南岸。
297 《全唐詩》卷四四○。

節十二遍，跳珠撼玉何鏗錚。翔鸞舞了卻收翅，唳鶴曲終長引聲」。整個樂舞，音樂優美，旋律時緩時急，舞姿新穎雅麗，十分動人。

〈霓裳羽衣曲〉是有很高藝術成就的樂舞，也是玄宗的得意之作。據說楊貴妃初入宮，「進見之日，奏霓裳羽衣以導之」[298]。後來，楊貴妃在宮中常常為玄宗表演這個舞蹈。「緩歌慢舞凝絲竹，盡日君王看不足。漁陽鼙鼓動地來，驚破〈霓裳羽衣曲〉。」玄宗與貴妃之間的愛情，他們的命運，以至大唐王朝的興衰，似乎都和這個樂舞息息相關。

由於玄宗對音樂舞蹈的愛好和提倡，當時的時尚是重視樂舞的。除宮廷中有數萬樂工外，王公貴族之家普遍都有自己的舞樂隊伍。唐初，地方府、縣已有「縣內聲音」。玄宗整頓和擴充了府縣的「衙前樂」。每逢節假日，如正月的元宵節、八月的千秋節，宮中宴飲，民間喜慶，都要表演樂舞，使節日充滿歡樂的氣氛。

玄宗還組織大規模的樂舞會演競賽。開元二十三年正月，他在洛陽皇宮五鳳樓酺宴，命三日里內刺史縣令，各率所部音樂隊伍會集在樓下，輪流演出，以決勝負。懷州（今河南沁陽）刺史用車載樂工數百人，身穿華麗的彩服，駕車的牛都裝飾成虎豹犀象的樣子。魯山（今河南魯山）縣令元德秀則只派樂工數人，演唱他自己譜寫的歌曲〈于蔿〉。懷州的樂隊由於過分奢華受到玄宗的批評，刺史被貶官。元德秀卻受到讚揚，不僅因為他清廉，也因為他的創作和樂工的表演都很精彩。比賽連續進行了三天，熱鬧非凡，「觀者喧隘，樂不得奏」。不得不由執法嚴明的河南府丞嚴安之出面維持秩序，以使比賽正常進行。

玄宗時期見於記載的另一次群眾性的音樂歌舞大會，就是天寶二年的廣運潭盛會，那也是十分壯觀的。

由於社會各階層都喜愛音樂舞蹈，樂舞既有龐大的專業隊伍，也具有

298　陳鴻《長恨歌傳》。

廣泛的群眾基礎，不僅使樂舞本身的發展在玄宗時代進入繁榮、興旺的階段，而且使整個社會的風貌呈現出活潑、開朗、歡樂的景象。

本節寫作曾參閱吳釗、劉東升：《中國音樂史略》、歐陽予倩：《唐代舞蹈》、楊蔭瀏：《中國古代音樂史稿》（上冊）。

三、「三教」並用

　　儒學和佛教、道教都是中國傳統文化的有機成分，並稱「三教」。在政治上，他們都是為維護封建統治服務的。「三教」各有發展，他們之間，有異有同，有衝突鬥爭，也有聯繫合作，融會溝通。唐代的皇帝大多是儒、佛、道三教並用的，但也時有偏重。大體說來，歷朝都尊儒，而於佛、道則不能一視同仁。唐高祖李淵為了自高門第，和老子李聃認本家。唐太宗自稱「朕之本系，起自柱下」[299]，以老子為始祖，當然要把道教放在佛教之上。下詔說：「自今以後，齋供行法，至於稱謂，道士女冠，可在僧尼之前。」[300] 高宗對佛道先後採取折中的辦法，於上元元年（西元674年）下詔說：「公私齋會，及參集之處，道士、女冠在東，僧尼在西，不須更為先後。」[301] 把佛、道的地位擺平。武則天要改李唐為武周，和尚們出了一把力，東魏國寺僧法明等撰《大雲經疏》四卷獻上。《大雲經》原有黑河女主之事，薛懷義、僧法明等進《大雲經》，說武則天是彌勒佛化身，「當代唐為閻浮提主」。給武則天稱帝提供了神聖的根據。武則天稱帝後，天授二年（西元691年）四月，「令釋教在道法之上，僧尼處道士女冠之前」[302]，還下令諸州各置大雲寺，大雲寺一直修建到安西、疏勒等偏遠

299 《唐大詔令集》卷一一三〈道士女冠在僧尼之上詔〉。
300 同上。
301 《唐會要》卷四九〈僧道立位〉。
302 《舊唐書》卷六〈武則天本紀〉。

189

地區。武則天當政時，廣建寺院，普度僧尼，大興佛法，佛教迅速發展，地位在道教之上。中宗在位，佛教仍占領先地位。到睿宗時，道教開始抬頭。睿宗也像他的父親高宗一樣，把佛、道兩教擺平，不過具體形式稍有不同。景雲二年（西元 711 年）規定：「自今每緣法事集會僧尼、道士、女冠等，宜齊行並進」[303]，不分先後，並排行走。玄宗時，道教便走在佛教之前了。玄宗對三教的基本態度是：尊儒、崇道、不抑佛。

先說尊儒。

儒家學說宣揚的君君、臣臣、父父、子子的封建等級觀念和忠孝節義的倫理道德觀念是維護封建統治的最有力的思想武器，所以，從西漢以來，歷代都把儒學當作正統思想，加以宣導。玄宗對儒學的「教化」作用有深刻的認知。開元十九年，吐蕃派使者至唐廷，以金城公主的名義，要求取得《毛詩》、《春秋》、《禮記》等儒家經典，引起朝臣的一場爭論。祕書省正字於休烈上疏，反對給吐蕃儒家典籍，主張愚民政策，他說：「今資之以書，使知用兵權略，愈生變詐，非中國之利也。」玄宗讓宰相們討論這一意見，侍中裴光庭等認為：「賜以詩書，庶使之漸陶聲教，化流無外。休烈徒知書有權略變詐之語，不知忠、信、禮、義，皆從書中出也。」玄宗同意宰相們的意見，把詩書贈給吐蕃。開元二十七年，玄宗在追諡孔子為文宣王的詔書中，這樣評價孔子的學說：「美政教，移風俗，君君、臣臣、父父、子子，民到於今受其賜。」[304] 高度讚揚了儒學在化民成俗、鞏固封建倫理道德上的作用。

玄宗尊儒，表現在不斷地抬高儒家始祖孔子的地位上。乾封元年（西元 666 年）正月，高宗在封禪泰山之後，到曲阜致祭孔子，贈乙太師的頭銜。武則天天授元年（西元 690 年）封孔子為隆道公。玄宗在開元十三年

---

303 《唐大詔令集》卷一一三〈僧道齊行並進制〉。
304 《唐會要》卷三五〈褒崇先聖〉。

泰山封禪完畢，也到曲阜孔子宅致祭。開元二十七年八月，追諡孔子為文宣王，令西京國子監及天下諸州府學內，孔子均南面而坐，顏回、閔子騫、冉伯牛、仲弓、冉有、子路、宰我、端木子貢、子游、卜子夏等十哲東西侍列，都封贈公侯。西京及兗州舊宅的孔子像，由宮內出袞冕之服衣之。終唐一代，玄宗對孔子的禮遇是最高的。

玄宗很重視儒學的教育、普及工作。他在為皇太子時，曾親到國子學釋奠，並命太子侍讀、名儒褚無量講《孝經》、《禮記》，無量「各隨端立義，博而且辯，觀者嘆服焉」[305]。開元六年，皇太子瑛及鄮王嗣直等五人，年近十歲，尚未就學。褚無量繕寫《論語》、《孝經》各五本獻上，玄宗說：「吾知無量意無量。」[306] 他深知用儒學來教育皇室子弟的重要性，選擇國子博士郗恆通、郭謙光、左拾遺潘元祚等學識淵博、德行高尚的學者，為太子、鄮王等皇室子弟侍讀。次年，又詔太子就國子監行齒胄之禮，由褚無量登壇解說儒家經典，朝中文武百官都去聽講觀禮。

玄宗為皇太子入學舉行隆重的典禮，說明他對學校教育的重視。唐代的學校教育制度是比較完備的。中央的教育機構主要是國子監。門下省的弘文館、東宮的崇文館及開元時期設置的崇玄館等，都是官辦學校。國子監所領官學有國子學、太學、四門館、律學、書學、算學。律、書、算是培養法律、文字訓詁、算術等專門人才的學校。國子學、太學、四門館的學生則主要研讀儒家經典，「凡教授之經，以《周易》、《尚書》、《周禮》、《儀禮》、《禮記》、《毛詩》、《春秋左氏傳》、《公羊傳》、《穀梁傳》各為一經。《孝經》、《論語》兼習之」[307]。各州縣也有學校，以學習儒家經典為主，各級各類學校根據不同的條件招收學生。國子學招收三品以上的貴族子弟，太學招收五品以上的高官子弟，四門學招收一般官僚子弟及有才

305　《舊唐書》卷一〇二〈褚無量傳〉。
306　同上。
307　《舊唐書》卷四〇〈職官三〉。

能的平民子弟。國家設立的各級各類學校，既有傳授文化知識的任務，也是用儒家思想教育和訓練官僚後備隊伍的地方。

開元二十一年，玄宗下敕「許百姓任立私學」。在中央、州縣的官學之外，允許私人辦學。五年之後，即開元二十六年正月，玄宗又下敕：「古者鄉有序，黨有塾，將以弘長儒教，誘進學徒，化民成俗，率由於是。其天下州縣，每鄉之內，各里置一學，仍擇師資，令其教授。」[308] 玄宗命各鄉各里都要辦學，這就把學校教育普及社會的最基層。教育的普及，意味著「弘長儒教」，「化成民俗」。

玄宗特別重視《孝經》。開元十年六月二日，玄宗把自己親自注解的《孝經》頒於天下及國子學。天寶二年五月二日，玄宗又把重注的《孝經》頒行於天下。天寶三載十二月敕令：「自今已後，宜令天下家藏《孝經》一本，精勤教習。學校之中，倍加傳授。州縣官長，明申勸課焉。」[309] 玄宗為《孝經》作序、注釋並親自書寫刻碑，這通碑至今仍保存在西安碑林，就是著名的「石臺孝經碑」。玄宗深知唐廷中央政局的不穩定，問題主要出在皇室的父子兄弟的矛盾之中，所以，他特別重視《孝經》，他要利用儒家思想，大講孝道，以調節人與人的關係，維護自己的地位，鞏固尊卑長幼各安其位的社會秩序。

整體而言，唐代尊儒有自己的特點，不同於兩漢，也有別於宋明。唐人務實的風氣濃厚，理論色彩較為淡薄，唐代沒有出過像董仲舒、二程、朱熹那樣的儒學大師，也不大講「天人感應」之類的高深儒學理論。但對於像《孝經》這樣於治世安民有用的典籍，則頗為重視。玄宗把尊儒和普及教育結合起來，也主要是著眼於儒學的社會效益。

再說崇道。

---

308 《唐會要》卷三五〈學校〉。
309 《唐會要》卷三五〈經籍〉。

玄宗崇道在歷史上是著名的,他把道教的地位放在儒、佛之上。玄宗為老子加的尊號是「大聖祖高上大道金闕玄元天皇大帝」,比孔子的文宣王封號高出許多。老子既然稱「皇帝」,祭祀老子的玄元廟也就升格為宮,老子之後的莊子、文子、列子、庚桑子被封為「四真人」,其著作不再列入子書而稱「經」。開元二十五年,玄宗下令置玄學博士,在科舉中第一次出現了道舉,考試辦法依明經舉。玄宗還在中央設立崇玄學,置博士、助教各一人,學生一百人,作為研究道學理論、培養道學人才的地方。後來,又將兩京崇玄學改為崇玄館,博士改為學士。

老子像

玄宗對道學頗有研究,他曾自述:「聽政之暇,常讀《道德經》、《文》、《列》、《莊子》等書。」開元二十三年,玄宗親自注釋《道德經》,頒示天下,並今天下庶人家,每戶必備《道德經》一部。玄宗還禮尊道士。鄧紫陽、司馬承禎、趙法師、薛季昌等著名道士,都是他的座上賓。玄宗所作詩歌贈送道士者頗多。玄宗與道士談論神仙方藥,也談治國之道,在追贈道士葉法善越州都督的詔中就曾寫道:「朕當聽政之暇,屢詢至道。公以理國之法,數奏昌言。謀參隱諷,事宣弘益。」[310] 天寶之後,玄宗崇道的心情更加迫切,每年舉行郊祀典禮,首先到太清宮朝拜老子。次日,享太廟,祭祀李唐王室列祖列宗。再次日,合祀天地於南郊。

　　玄宗崇道,有主、客觀兩方面的原因。玄宗的父親睿宗,在政治鬥爭中成功地運用了道家的主張,很尊崇道教,這無疑會對玄宗發生影響。玄

---

310 《舊唐書》卷一九一〈葉法善傳〉。

宗的個性豪爽樂觀，積極奮進，多情多慾，多才多藝。他身為皇帝，擁有無限的權力，又生當盛世，國力富強，天下太平，府庫豐盈，人間的一切享受他幾乎都可以得到。道教宣揚的那套化金銷玉，行符敕水，奇妙方術，羽化飛天的光怪陸離的神仙境界和延年益壽的長生術，就對他具有格外強烈的刺激性和誘惑力。

在客觀上，玄宗崇道是政治鬥爭的需要。一方面，武則天革唐命而建武周時，也革掉了老子「玄元皇帝」的稱號，把佛教置於道教之上。在當時特定的政治環境下，佛、道高下實際反映了李武鬥爭。玄宗要振興李唐，改革武周末年以來的弊政。但又不能直接指責祖母武則天。多年來，李武兩家交錯的血緣親族關係，使李唐與武周的政治關係異常錯綜複雜，稍有不慎，就會發生錯誤。在這種情況下，玄宗選擇崇道的旗號，用來掩飾政治上對武周的某些清算，是極其高明的政治鬥爭方式。另一方面，對醫治武周末年以來久經動亂的社會，玄宗認為，道家思想是有效的救世良方。他在〈命兩京諸路各置玄元皇帝廟詔〉中寫道：

我烈祖玄元皇帝，稟大聖之德，蘊至道之精，著五千文（即《道德經》），用矯時弊，可以理國家；……朕有處分，令家習此書，庶乎人用向方，政成不宰[311]。

在《道德經疏釋題詞》中，他更簡明地指出了《道德經》的要旨：

而其要在乎理身理國。理國則絕矜尚華薄，以無為不言為教。故經曰：道常無為而無不為。侯王若能守，萬物將自化。又曰：我無為而人自化，我無事而人自富，我好靜而人自正，我無欲而人自樸。理身則少私寡欲，以虛心實腹為務。故經曰：常無欲以觀其妙。又曰：不貴難得之貨。不見可欲。又曰：塞其兌，閉其門，挫其銳，解其紛，而皆守之以柔弱雌靜。故經曰：柔勝剛，弱勝強。又曰：知其雄，守其雌。此其大旨也。及

---

311 《全唐文》卷三一。

乎窮理盡性，閉緣息想，處實行權，坐忘遺照，損之又損，玄之又玄，此
殆不可得而言傳者矣[312]。

在玄宗看來，道家學說的重要性在於理身理國，理國的核心則是「無
為」，「無為而無不為」，說明玄宗是深知道家治國之要的。

開元二年正月，玄宗在〈簡京官為都督刺史詔〉中說：「清淨則不擾，
不擾則和平，和平則不爭，不爭則知恥。愛費而與休息。除煩而從簡易，
自當農者歸隴畝，蠶者勤紡織，既富而教，乃克有成。」[313] 所以，開元前
期，撥亂反正的一些措施、政策，如節欲戒奢、重本務農、廢除煩苛、行
寬簡之政、與民休息等，都是在道家清靜無為的思想影響下實施的。這些
政策收到了良好的效果，為開元盛世的到來奠定了基礎。

以老子為代表的道家思想學派和以神仙方術、
爐鼎丹藥為特徵的道教是既有區別、又互相融合，
很難分開的。玄宗的崇道，既有對道家治國救世思
想的尊重和運用，也有對道教神仙丹藥的嚮往和追
求。前者，運用適當，對社會國家會發生有益的影
響，故名之「崇道」；後者，追求過分，則會帶來
巨大的消極作用，故名之「佞道」。玄宗自身有一
個從崇道向佞道轉化的過程，玄宗的佞道，在後文
將要述及。

唐代老君像

最後說不抑佛。

開元初年，玄宗曾下令沙汰僧尼，限制興建佛
寺，禁止鑄像寫經。這些抑佛措施，是在武則天末
年以來，佛教勢力過分膨脹，在政治上和經濟上都危及李唐王室，損害國

---

312 《全唐文》卷四一。
313 《唐大詔令集》卷一○○。

家利益的特定情況下實施的。從玄宗當政期間的全面情況看，道教地位在佛教之上，但玄宗並不抑佛。

　　玄宗對佛法也頗有研究。開元二十四年繼頒布御注《道德經》後，又把《御注金剛般若經》頒行天下。張九齡等大臣上表祝賀，玄宗詔復說：「僧徒固請，欲以興教，心有所得，輒復疏之，今請頒行，仍慮未愜。」[314] 可見玄宗經常誦讀、研習佛經，頒行這部御注的《金剛經》是應僧徒的請求，對興教表示支持。事實上，除開元初期極短暫的「抑佛」外，玄宗並不限制佛教的發展。開元二十六年（西元 738 年）曾詔敕天下諸郡立龍興、開元兩寺。次年，又敕天下僧尼遇國忌日就龍興寺行香、散齋，千秋節就開元寺祝壽。

　　在僧道之間，玄宗也不特別歧視僧尼，往往一視同仁。開元二十七年正月，根據河南採訪使、汴州刺史齊澣的奏請，玄宗批准僧尼、道士、女冠等犯有罪行的，應按教規處理，「所由州縣官，不得擅行決罰。如有違越，請依法科罪」[315]。天寶三載夏四月，玄宗令兩京、天下州郡取官物鑄金銅天尊及佛各一軀，送開元觀和開元寺。可見，玄宗是把佛、道兩教擺平的。在開元時期，佛教中的密宗傳入，並得到極大的發展。這期間，先後從印度來了三位梵僧，即善無畏、金剛智和不空，也就是佛教史上著名的「開元三大士」，中國的密宗就是由他們開創的。

　　善無畏（西元 637～735 年）曾於那爛陀寺學習密教。開元四年來到長安，深受玄宗禮遇，被尊之為「教主」，居住在長安、洛陽兩地寺院。在一行的協助下，翻譯經典，譯出密教經典多部，其中《大毗盧遮那成佛神變加持經》（七卷），即有名的《大日經》，是密宗最重要的經典。善無畏在死後被追贈為鴻臚卿。金剛智（西元 669～741 年）是開元八年到長

---

314 《全唐文》卷三〇〈答張九齡等賀御注《金剛經》手詔〉。
315 《唐會要》卷五〇〈尊崇道教〉。

安的，他先後譯出密宗經典多部。金剛智死後，玄宗敕賜「國師」稱號。不空（西元705～774年）自幼隨父來中國，十五歲時，拜金剛智為師，從學密教，協助譯經，曾於開元二十五年赴五印度和獅子國（今斯里蘭卡），尋求密藏梵本，天寶五載（西元746年）返回中國。玄宗請不空住進鴻臚寺，優禮有加，並親從不空受「五部灌頂法」。不空一生共譯出密教經典110部，143卷[316]。他和羅什、真諦、玄奘並稱中國佛教史上的「四大譯師」。

　　密宗在開元年間的傳入和發展，是和玄宗的支持分不開的。玄宗對密宗有興趣，主要是因為密宗和佛教的其他派別不同，傳統的佛教是禁慾的，講究不近女色，刻苦修行。密宗則不然，它公開宣稱：「隨諸眾生種種性慾，令得歡喜」[317]，把女性當作「修學密法」的必要條件和不可缺少的伴侶。因而有佛母、明妃、歡喜金剛，各種「天女」等不同名目，這些做法使封建統治階級找到了追求現世享樂、縱情聲色的藉口，給他們驕奢淫逸的生活披上一件神聖的外衣，當然也就會得到他們的青睞。

316　圓照《貞元釋教錄》卷十一。
317　《大日經》卷五，《大正藏》卷十八。

第十七章　盛唐氣象

第十八章　納妃、佞道、遊樂

納妃

　　開元二十五年，正當玄宗排除各種干擾，把變革進一步推向前進的時候，四月發生了廢掉太子瑛，一日而殺三子的事件。接著，他所寵愛的武惠妃也在年底死去。玄宗的心情很不好。直到開元二十六年六月，確定立忠王李璵為太子，玄宗心中懸著的一塊石頭才落地。這時各項制度的調整已近尾聲。經過對制度的調整和對邊防的整頓，朝廷在財政上和軍事上的力量增強了，政治上進入一個相對安定的時期，社會經濟也繼續發展。李林甫任中書令後，把大小事務包攬下來，處處迎合玄宗的意旨。因此，在政務上玄宗也不需像過去那樣操心了。

　　精神鬆弛下來以後，玄宗反而感到了空虛和寂寞。武惠妃死後，在後宮就一直沒找到一個可心的伴侶。正在這時，楊玉環闖進了玄宗的生活。

　　楊玉環的父親楊玄琰位至蜀州司戶參軍，叔父楊玄璬時為河南府士曹參軍，都不過是七品的官吏。但是，她的家族卻有著顯赫的歷史，武則天的母親楊氏即出自這個家族。因此，楊玉環在開元二十三年被選為玄宗與武惠妃所生的壽王李瑁的王妃。楊玉環不僅長得很美，而且善歌舞，通音

律，琵琶彈得也很精妙。高力士到處為玄宗物色美女時，在壽王府發現她是合適的人選，便把她召入宮中。時間大概是在開元二十八年十月玄宗去驪山溫泉期間。次年正月初二，是玄宗生母、睿宗昭儀竇后的忌日，便以楊玉環自請為太后追福為名，度為女道士。玄宗還堂而皇之地下了一道〈度壽王妃為女道士敕〉，解除了壽王瑁和楊玉環的婚姻關係。此後，楊玉環就住在宮中的太真觀，號太真，公開成為玄宗的情人。

開元二十三年楊玉環被選為壽王妃時，才十七歲，壽王瑁也不過十八九歲。對於一個愛好歌舞的少女來說，這時對異性的情感還不穩定。而壽王瑁也還只是一個不甚懂事的娃娃，自然也不會給她更多的柔情和體貼。而到開元二十八年玄宗見到她時，她已經成長為一個二十二歲的「姿質豔麗」的女子了。白居易在〈長恨歌〉中所云：「楊家有女初長成」，恰當地描述了楊玉環的年齡特徵。對這樣一個少女來說，感情上的要求，也更加強烈了。壽王瑁能在多大程度上滿足她的要求，史無明文，不敢妄加揣度。而年逾五十，寵妃已死去幾年，和大臣關係也日益疏遠的李隆基，卻能給她異乎尋常的愛護和關懷。除了楊玉環的風姿外，她的素養和能力，也深為玄宗欣賞，這是兩人結合的重要基礎。

唐人陳鴻在《長恨歌傳》中說：太真入宮後，與玄宗「行同輦、止同室、宴專席、寢專房。雖有三夫人、九嬪、二十七世婦、八十一御妻、暨後宮才人、樂府伎女，使天子無顧盼意。自是六宮無復進幸者。非徒殊豔尤態致是，蓋才智明慧，善巧便佞，先意希旨，有不可形容者」。雖小說家言，但從《舊唐書》卷五十一〈玄宗楊貴妃傳〉所記：「不期歲，禮遇如惠妃。太真姿質豐豔，善歌舞，通音律，智算過人。每倩盼承迎，動移上意。宮中呼為『娘子』，禮數實同皇后。」可知陳鴻所言是有事實根據的，非文人誇大之詞。

楊貴妃

佞道

　　開元末年玄宗從崇道逐步轉為佞道。前已述及，玄宗早年崇道，是把道家思想當作一種統治理論。開元九年，玄宗遣使迎天臺山道士司馬承禎入京，親受法籙。雖然對神仙一類的事他也感興趣，但正如《舊唐書‧張果傳》所記：「玄宗初即位，親訪理道及神仙方藥之事，及聞變化不測而疑之。」對於那樣超出常識範圍之外、神乎其神的事他是並不相信的。然而玄宗的思想是在不斷變化的。

　　開元二十二年（西元 734 年），他把經常往來恆山中的道士張果迎到東都洛陽。張果運用氣功、人體的特異功能、煉丹所累積的化學知識乃至幻術、魔術在玄宗面前表演了許多神奇靈異之事，玄宗經過多方驗證，也未能找出破綻，因而深信不疑，「由是頗信神仙」。但當時各種問題亟待解決，玄宗還無暇去深究此事。

　　到開元末年，特別是楊玉環入宮後，重新給了玄宗生活的樂趣，使他從武惠妃之死和太子廢立所引起的情緒低落中復甦過來。經過政治、經濟、軍事各方面的調整，開元全盛的局面終於出現了，使玄宗對前途充滿了憧憬。因此，對神仙之事又熱衷起來。開元二十七年（西元 739 年）玄宗在為葉法善所寫的〈葉尊帥碑銘並序〉中，就詳細列舉了葉法善的各種神奇怪異之事：「或潛泳水府，或飛步火房，或剖腹滌腸，勿藥自復，或刳腸割膜，投符有加；或聚合毒味，服之自若，或徵召鬼物，使之立至；呵叱群鬼，奔走眾神，若陪隸也。故海內稱焉。千轉萬變，先朝寵焉。」[318] 把這些在開元初年他頗為懷疑的現象，全部作為事實肯定下來。

　　由於對神仙怪異之事的相信，玄宗感到開元盛世出現的背後，有一種神奇的力量，希望它能給他帶來新的功業和幸福。他自然地把這種力量和唐朝的老祖宗玄元皇帝連繫起來，異想天開地盼望和老祖宗發生直接的連繫。他更加虔誠地禮拜老祖宗，往往陷入冥想之中。楊玉環入宮後不久，開元二十九年四月一天的早晨，他四更起床，禮謁玄元真容後，便「端坐靜意，有若假寐」。就在這會兒，玄元皇帝和他在夢中見了面，並且告訴他：「汝當慶流萬葉，享祚無窮。」保證他幸福萬代，傳國久遠。正像玄宗在答宰相拜賀此事的手詔中所寫：「夢之正者，是謂通神，於惟聖容，果以誠應。」[319] 日有所思，夜有所夢這樣簡單的事實，被說成是玄宗的精誠感動了老祖宗，終於實現了玄宗與老祖宗「通神」、直接連繫的願望。他還同時宣布夢中玄元皇帝告云：「吾有像在京城西南百餘里，汝遣人求之，吾當與汝興慶宮相見。」玄宗派人尋找，果然在鼇屋（今陝西周至）樓觀山間尋得。四月，迎置興慶宮。五月又命有關部門畫玄元真容，分送諸州開元觀安置，並要求所在道士女冠，皆具威儀法事迎候，還要設齋行道七晝

---

318 《全唐文》卷四一。
319 《冊府元龜》卷五三〈帝王部・尚黃老一〉。

夜。玄元皇帝像到底是誰放到樓觀山間，無從考證，但玄宗夢見玄元皇帝是可能的。玄宗把這個荒誕的夢堂而皇之地化為行動，布告天下，反映了他已經從崇道轉化為佞道了。

上有所好，下必甚焉。夢見玄元皇帝、看見玄元皇帝顯靈的事，接踵而來。天寶元年正月，陳王府參軍田同秀上言：「見玄元皇帝於丹鳳門之空中，告以『我藏靈符，在尹喜故宅』。」尹喜是周代函谷關令。玄宗派人到函谷故關尹喜臺西一百三十步，果然發現了不知何人，很可能就是田同秀一夥所藏的「靈符」。除了群臣表賀，皇帝答詔，著實熱鬧了一番外，玄宗又下令為玄元皇帝建新廟，追號莊子為南華真人，所著書為南華真經。天寶二年，又追尊玄元皇帝為大聖祖玄元皇帝。天寶三載三月又令兩京及天下諸郡開元觀以金銅鑄天尊即玄元像。玄宗也更加醉心於煉丹、禮拜。他堅持每天四更起床，到大同殿對玄元皇帝像焚香頂禮，令道士和宦官在天下名山立灶煉丹，還在宮內設立了道壇。

天寶四載（西元 745 年）正月初六，玄宗在內道場「為百姓祈福」，把親自撰寫的黃素文放在案上，忽然一陣風來，黃素冉冉升起，一會兒就飄得無影無蹤。注視著迅即消逝在浩渺天際的黃素，玄宗的心裡得到極大的滿足，耳邊恍惚響起了蒼天的聲音：「聖壽延長！」幾年的追求終於沒有白費，對長生的追求得到了上天的保證。這對一個年屆六十的老翁來說，是意味深長的。而對於身為皇帝的玄宗來說，其意義就更加不同一般。開元二十九年，他在夢中想得到的還只是「慶流萬葉，享祚無窮」，想到的還是國家和子孫後代。而天寶四載在恍惚中冒出來的卻是「聖壽延長」。儘管這也包含了他還想成就更大的功業的思想，但也無可否認，「聖壽延長」意味著玄宗已經把養生享樂放到了更加重要的位置。

▌遊樂

　　八月初五是玄宗的生日，開元十七年玄宗曾在這一天宴群臣於興慶宮花萼樓下。百官表請每年八月五日為千秋節。此後，每年都要慶賀一番。但從《資治通鑑》等史籍的記載看，自從開元二十四年（西元 736 年）千秋節群臣獻寶鏡後，似乎就沒有過特別的慶祝活動。而在天寶四載剛剛度過六十歲的生日後，他卻採取了一個異乎尋常的行動，於八月十七日冊楊太真為貴妃。兩人同居了五年之後，終於正式結為夫妻。這除了是對他邁過了六十歲的慶祝，也是玄宗對生活充滿熱情，對前途充滿希望，對長壽滿懷信心的表現。天寶三載玄宗對高力士所言，「朕不出長安近十年，天下無事，朕欲高居無為，悉以政事委林甫」，天寶四載後付諸實踐。李林甫更加全面地承擔起對各項政務的處理。在這以後，玄宗除了過問一些大事，更多的時間用於遊樂。

　　事實上，自楊太真入宮後，玄宗的遊樂活動就明顯增加，冬天去溫泉；春天去郊外春禊，宮中還有各種遊樂活動。

今日華清池

204

冬：溫泉

今西安附近臨潼的驪山溫泉，「漢魏以來相承能蕩邪蠲疫」[320]，可治療疾病，祛除風寒。貞觀十八年（西元 644 年），唐太宗命將作大匠閻立德在周、隋離宮的基礎上營建宮殿，名湯泉宮。

玄宗即位後，只要未去東都，差不多每年都要去溫泉一次，時間或在冬十至十二月間，或在春正二月間。在溫泉玄宗曾即興作詩：「桂殿與山連，蘭湯湧自然。陰崖含秀色，溫谷吐潺湲。績為蠲邪著，功因養正宣。願言將億兆，同此共昌延。」並序曰：「惟此溫泉，是稱愈疾。豈予獨受其福，思與兆人共之。乘暇巡遊，乃言其志。」[321] 指出溫泉有蠲邪養正之功，他身為皇帝，不願一人獨享其福，表示要與兆民共之。據《大唐六典》卷十九〈溫泉湯〉監丞條：「凡王公以下至於庶人，湯泉館室有差，別其貴賤而禁其逾越。」唐代帝王很注意與民同樂，君臣同樂。湯泉的這些制度和設施，確是展現了「與兆民共之」的原則。至於到底有多少庶人能享受這種福分，那就不得而知了。

開元十一年玄宗改湯泉宮為溫泉宮。十二年去東都。十五年冬十月回長安後，十二月就去了溫泉宮。此後仍是每年去一次，時間則多在十二月。每次往返一共不超過半個月，目的主要是沐浴健身。

楊玉環入宮後，情況很快發生了變化。開元二十八年、二十九年，正月、十月各去一次。接著，去後就樂不思返了。天寶二年十月十三日去後，直到十一月二十日才返回長安，一共住了 38 天。三年正月去後，住了 30 天；十月去後又住了 35 天。天寶四載從十月住到十二月，整個冬天差不多都是在驪山溫泉度過的。

隋唐皇帝本來就有不耐煩住在方方正正、枯燥無味的宮城裡的傳統。

---

320 《唐六典》卷十九〈溫泉湯〉。
321 《全唐詩》卷三〈明皇帝〉。

隋文帝時就營建了仁壽宮。隋煬帝在營建東都洛陽時，同時營造了西苑。唐初經濟困難，太宗還是興建了玉華宮和九成宮兩座離宮，作為夏日避暑辦公的夏宮。高宗時更是在長安城外東北方修建了規模宏大的大明宮。玄宗時也修建了興慶宮。

　　玄宗對夏日避暑沒有很大的興趣，每次去溫泉宮，也從沒有長住。因此，溫泉宮的一切設施都是按照皇帝臨時行幸的要求安排的。現在，玄宗和太真一住就是兩三個月，許多政務都需要在這裡處理，原來的設施是遠遠不能滿足需求了。因此，天寶三載十二月，分新豐、萬年縣地置會昌縣於溫泉宮下。天寶五載，命房琯擴建溫泉宮，並興建政府各部門的衙署。天寶六載，擴建工程基本完成，改名華清宮，並於各政府衙署所在地築會昌城，與華清宮聯為一個有機的整體。這樣，就使華清宮不僅是行樂的離宮，而且成為一座名符其實的冬宮。

　　此後，每年冬天玄宗和楊貴妃都是在華清宮度過的。每年十月，王公百官及皇子、皇孫都跟隨前來。華清宮側有十王院、百孫院以居玄宗諸子、諸孫。百官也都有邸宅。楊貴妃的三個姐姐，韓國夫人、虢國夫人和秦國夫人以及貴妃堂兄殿中少監楊銛、駙馬楊錡亦隨從玄宗去華清宮，先會於楊國忠第。車馬僕從，充溢數坊之地。穿戴著錦繡珠玉，鮮華奪目。每家各為一色衣以相區別，五家合隊，燦若雲錦。玄宗和楊貴妃的儀仗，更不必說。喧鬧中，似乎整個長安都搬到了華清宮。

⟡ 春：春禊

　　長安城東禁苑的望春樓，瀕臨滻水，每到春日，百花盛開，彩蝶飛舞，宮鶯婉轉。中宗從洛陽回到長安後，就把這裡作為春遊之所。玄宗即位後，也常在這裡春禊。

　　春禊是一種古老的民間習俗，春時在水邊舉行祭祀，以消除不祥。東

晉王羲之的〈蘭亭序〉：「永和九年，歲在癸丑，暮春之初，會於會稽山陰之蘭亭，修禊事也。」記載的就是當時名士們的一次春禊活動，已經有聚會遊樂的意味。到開元天寶之際，就完全成了一種春天的郊遊飲宴活動。據王維〈奉和觀禊侍宴詩〉三首，春禊的地點和參加人員也是不斷變動的。一次是在興慶宮的龍池，參加者有太子及諸王，基本上是一次皇室的家庭聚會。一次是在望春亭，從詩中「金貂列上公，清歌邀落日，妙舞向春風」等句可知，參加者除玄宗，還有王公大臣。君臣坐在畫舫上，一面飲著美酒，一面欣賞著輕歌曼舞，直到黃昏落日後。天寶元年的一次，地點改在曲江，「千官喜豫遊」，參加的官員也更多了，玄宗還宴群臣於此。此後，雖然這種郊外的飲宴減少了，卻不止一次地於三月三日在興慶宮的勤政樓宴請群臣，高興時還奏幾部樂助興。至於郊外水邊，就留給皇親貴戚們去遊宴了。

杜甫〈麗人行〉就描述了楊貴妃的兩個姐姐和做了宰相的楊國忠三月三日遊春豪宴的情景：

三月三日天氣新，長安水邊多麗人。態濃意遠淑且真，肌理細膩骨肉勻。繡羅衣裳照暮春，蹙金孔雀銀麒麟。頭上何所有？翠為匌葉垂鬢唇。背後何所見？珠壓腰衱穩稱身。

就中雲幕椒房親，賜名大國虢與秦。紫駝之峰出翠釜，水精之盤行素鱗。犀箸厭飫久未下，鸞刀縷切空紛綸。黃門飛鞚不動塵，御廚絡繹送八珍。簫鼓哀吟感鬼神，賓從雜遝實要津。

後來鞍馬何逡巡，當軒下馬入錦茵。楊花雪落覆白蘋，青鳥飛去銜紅巾。炙手可熱勢絕倫，慎莫近前丞相嗔。

三月三日天氣晴朗，貴婦們穿著用金銀繡著孔雀和麒麟的羅衣，頭上戴著翡翠做成的頭飾，都擁到了曲江。楊氏姐妹的雲幕中正舉行著豪華的宴會。簫鼓聲中，案上放著從翠綠釜中盛出的紫駝峰。水精盤中，是剛剛

煮好的鮮魚。來賓都是占據著要津的大官，姍姍來遲的則是權勢炙手可熱的宰相楊國忠。看來就缺玄宗和楊貴妃沒有來了。但大唐天子並沒有忘記阿姨們的這次盛會，他指示御廚不斷地送來各種美味佳餚。

其他遊樂活動，這裡就不一一列舉了。

第十九章　楊國忠其人

　　國富兵強歷來是統治者追求的目標。唐初貞觀君臣就曾用「甲兵強盛」和「府庫豐溢」來讚美隋朝的強盛。

　　天寶二年玄宗在望春樓上檢閱廣運潭中的寶船，看到南方物資源源運到京師，自然是很高興的。但是由於兵制改革，僅供邊兵衣賜一項，就增加了 1,000 萬匹，相當於 500 萬課丁一年的庸調。其他用度和宮廷開支也不斷增加。玄宗多子多孫，並統統由朝廷養起來。14 位成年王子居住的十王院和皇孫居住的百孫院，所用宮人即達 8,000 人。宮中專門設立了維城庫，供應諸王的開銷 [322]。因此，除了邊防和軍事外，財政一直是玄宗的注意所在。凡是理財有方的，如楊慎矜、韋堅、王鉷以及楊國忠（即楊釗）都受到特別的寵信。

　　按照唐朝原來的制度，財賦之事，總歸戶部，而國家財貨糧食的出納、儲存，則歸太府寺和司農寺。戶部又分四司，戶部司負責戶口、土地和賦稅減免等有關政令，度支司負責財政收支和物資的調運等有關政令，金部司掌握全國庫藏錢幣絹帛出納之事，倉部司負責全國倉儲出納的政令。

---

322 《舊唐書》卷一○七〈玄宗諸子・涼王璲傳〉。

　　雖然由於檢括戶口和漕運的需求，設立了勸農使、轉運使等使職，但一直到開元末年戶部各司基本上還是各司其職。楊慎矜從開元二十六年至天寶五載（西元 738～746 年）先後以監察御史、御史中丞知太府出納，「於諸州納物者有水漬傷破及色下者，皆令本州徵折估錢，轉市輕貨。州縣徵調，不絕於歲月矣」[323]，其職掌基本上沒有超出太府寺的範圍。王鉷開元二十九年（西元 741 年）任戶部員外郎兼侍御史，天寶二年（西元 743 年）充京和市和糴使，遷戶部郎中，其職權大體上也還在戶部司的範圍內。而到天寶四載二月加勾當戶口色役使，情況就有了較大變化。他不僅處理有關賦役徵斂的政令，如玄宗下令免除百姓賦稅一年，王鉷即奏徵其腳錢；又對戍邊死亡而邊將沒有申牒除去貫籍的，按原來戶籍追征戍邊六年以外的全部租庸；而且直接負責徵納。輸納物有浸漬，折估皆下本郡徵納。正因為他直接負責徵納，因此錢帛不僅送入左藏庫，而且「歲進錢寶百億萬，便貯於內庫」，以供宮內宴賜。他怕玄宗不好接受，對玄宗說：「此是常年額外物，非徵稅物。」玄宗在位三十年，用度日侈，賞賜後宮無有節度，又覺得經常從左、右藏庫額外支取不大合適。王鉷每年提供的這些錢物，正是迎合了玄宗的這種需求。因此，不僅不深加究問，而且「以為有富國之術，利於王用，益厚待之」。[324] 為了最大限度地增加國家財政收入，增加皇帝內庫的私藏，玄宗把原來分別隸屬於戶部司、度支司和太府寺的職權全部交給了王鉷。但是，由於勾當戶口色役的工作具有臨時的性質，因此，王鉷的職權並沒有固定下來。

　　天寶七載（西元 748 年）六月，楊釗即楊國忠（天寶九年玄宗賜名國忠）遷給事中兼御史中丞，專判度支事。楊釗專判度支事表明理財之職進一步集於一人之身，奪本司職權也進一步制度化。

---

323 《舊唐書》卷一〇五〈楊慎矜傳〉。
324 《舊唐書》卷一〇五〈王鉷傳〉。

楊釗是張易之之甥，楊貴妃的從祖兄，與楊貴妃的二姐關係密切。天寶四載被劍南節度使（治今四川成都）章仇兼瓊派到京師結納楊貴妃姐妹。諸楊姐妹把他引見給玄宗，雖可出入禁中，但還只是一個正八品下階的金吾兵曹參軍，地位並不高。天寶七載遷給事中兼御史中丞，不到四年，就連升十二階，升至正五品上階，進入高級官吏的行列。三年後，又連升五階，繼王鉷為從三品的京兆尹，不久又加御史大夫，京畿關內採訪等使，進入了三品親貴的行列。一般人需要幾十年，即使享有門蔭特權的高官子弟至少也需要 16 年才能進入五品，25 年才能進入三品。而楊國忠前後不過用了六七年時間，就從八品躍入三品。一般都認為楊釗能如此迅速地升遷，主要是借助於楊貴妃姐妹。沒有楊貴妃姐妹，他根本就見不到玄宗。在幾個關鍵性的時刻，貴妃姐妹也曾為他說過話。這都是事實。但是，被玄宗見過的人，並沒有都受到重用。大詩人李白被玄宗召見後，做了翰林供奉，得以經常親近玄宗。雖然得到玄宗的賞識，但玄宗並沒有重用他。楊貴妃的堂兄楊銛被任為殿中少監，楊錡娶了公主，做了駙馬都尉，但玄宗也沒有重用他們。而楊釗卻很快被委以重任。這裡主要的原因就是因為他善於理財。諸楊就曾向玄宗鼓吹他「善樗蒲」。樗蒲是古代的一種博戲，以擲骰決勝負，玄宗時也盛於宮中。楊釗侍宴宮中，每每讓他掌樗蒲文籍，鉤校精密，玄宗非常賞識他的精明，稱讚說：「好度支郎。」但玄宗真正認識他的經濟之才，他真正顯示自己的理財能力，則是在他擔任度支員外郎兼侍御史之後。《舊唐書·楊國忠傳》說：

驟遷檢校度支員外郎兼侍御史，監水陸運及司農、出納錢物、內中市買、召募劍南健兒等使。以稱職遷度支郎中，不期年，兼領十五餘使，轉給事中兼御史中丞，專判度支事。

《資治通鑑》卷二一六天寶七載六月：

度支郎中兼侍御史楊釗善窺上意所愛惡而迎之，以聚斂驟遷，歲中領十五餘使。甲辰，遷給事中兼御史中丞，專判度支事。

由於楊釗兼領監水陸運及司農、出納錢物等十五使，因此他「專判度支事」後，就不僅掌管財政收支的政令，而且兼管糧食錢帛的保管和出納，取得了前所未有的總理財政的大權。

楊釗根據「是時州縣殷富，倉庫積粟帛，動以萬計」，而隨著兵制的變化和手工業、商業的發展，以及皇室、貴族奢侈之風日盛，國家貨幣支出不斷增加的實際情況，「奏請所在糶變為輕貨，及徵丁租、地稅皆變布帛輸京師」。據《冊府元龜》卷五二〇〈邦計部·希旨〉，「所在糶變為輕貨」是指「賤貿天下義倉，易以布帛」。自從開元中改變了義倉徵收辦法後，義倉所儲糧食迅速增加。裴耀卿改革漕運的一項重要內容，就是擴大轉運江淮義倉粟米的規模。天寶元年韋堅又用江南義倉粟轉市輕貨運京師。而楊釗則是把全國各地的義倉粟轉市布帛，納入左藏，並且把丁租和地稅都變市布帛輸京師。這樣，就使得中央政府的庫藏空前豐富，儲存錢幣絹帛的左藏庫的庫房增加了數百間。

玄宗聽到帑藏充盈，超過了歷史上任何時期的報告，除了想要向群臣誇耀國家庫藏財富，自己也很想親自去看一看。於是，天寶八載（西元749年）二月十三日，玄宗率領百官參觀左藏庫，看到絹帛錢幣山積，玄宗十分高興，給隨同參觀的百官賞賜了數量不等的絹帛，面賜楊釗紫衣金魚，並讓他權兼太府卿事。此後，楊釗經常出入禁中，玄宗對他也日加親幸。次年，玄宗賜其名國忠。

天寶八載初的這次參觀，無論從政治上、經濟上還是心理上對玄宗的影響都是巨大的。

首先是解除了開元以來玄宗思想上不斷承受的財政上的壓力。從宇文融括戶到開元二十五年前後賦稅制度和財政制度上的某些變革；從重用楊慎矜、韋堅到重用王鉷，都是為了增加國家收入，解決用度不足的困難。開元時的措施取得了極大的成就，使財政收入猛增了幾近二分之一。而天寶時期雖然經過楊慎矜、韋堅、王鉷的努力，也取得了使玄宗讚賞不已的成就。但他們都只是從某個方面去解決問題，一直沒有取得進一步的進展。特別是地方倉庫越來越豐衍，而中央倉庫的儲積卻增加不快。因此，玄宗在財政問題上一直還是放心不下。

其次就是司馬光在《資治通鑑》卷二一六天寶八載春二月戊申條所說：「上以國用豐衍，故視金帛如糞壤，賞賜貴寵之家，無有限極。」皇室、貴族和官僚的豪奢之風，天寶以來即越搞越大，至此，就更加沒有限制了。

再次，既然財政問題，特別是隴右、河西的衣賜絹已不再成為問題，因此，玄宗把注意力集中到邊事上，要求邊將採取進取的行動。

楊國忠所以能取得這樣劃時代的成就，固然是在前面幾位理財家的基礎上取得的，但是，無論是楊慎矜、韋堅，還是王鉷，都沒有取得專判度支事這樣一個可以全權處理全國財政收入、糴糶、折納和轉輸等問題的職銜。他們所採取的糴糶市輕貨、變市布帛等措施也都只是在局部地區施行過，而沒有像楊國忠那樣同時在全國推行。因此，楊國忠專判度支事，這是唐代財政制度上的又一轉變，開後來度支使總理財政的先聲。司馬光引唐人蘇冕論曰[325]：

設官分職，各有司存。政有恆而易守，事歸本而難失。經遠之理，捨此奚據。洎奸臣廣言利以邀恩，多立使以示寵，刻下民以厚斂，張虛數以獻狀；上心蕩而益奢，人望怨而成禍；使天子有司守其位而無其事，受厚祿而虛其用。宇文融首唱其端，楊慎矜、王鉷繼遵其軌，楊國忠終成其亂。

---

325 《資治通鑑》卷二一六天寶七載六月楊釗專判度支事。

蘇冕不加分析地把理財言利之臣都斥之為奸臣，是一種古老的傳統的偏見。但他說多立使以後，「使天子有司守其位而無其事」，許多部門的職權被使職侵奪；以及「楊國忠終成其亂」，徹底打亂了原來的理財系統，是說得很中肯的，說明楊國忠全面執掌財權的過程也就是戶部和太府、少府的事權逐步為財政諸使所替代的過程。到楊國忠專判度支事，則是這種變化的完成。

天寶七、八載以後，玄宗對楊國忠日加親幸。楊國忠自從天寶四載到達長安後，雖然官運亨通，迅速上升，但始終是依附於王鉷和李林甫的。一開始，李林甫以其「微才」，沒有把他放在眼裡。後來他對李林甫也始終表現為恭敬謹慎，並且在李林甫打擊韋堅、楊慎矜、王鉷，排斥異己的鬥爭中都充當了打手。而且當時財權是分掌在王鉷、楊國忠二人之手，李林甫可以分而治之。所以，兩人的關係一直維持到天寶十一載（西元752年）。其間楊國忠也搞了一些小動作，如天寶九載，楊國忠彈奏李林甫所厚御史大夫宋渾坐贓巨萬，流潮陽，去掉了李林甫的一名心腹。但對李林甫沒有造成很大損害。

天寶十一載（西元752年），王鉷因其弟王銲所善邢縡舉兵作亂事被賜死，楊國忠接代了王鉷原任的京兆尹、御史大夫、京畿關內採訪使以及王鉷所領的二十餘使，掌握了朝廷的全部財經大權。這樣，楊國忠對李林甫權力和地位的威脅就非同一般了。楊國忠抓緊一切機會，企圖傾倒李林甫。在參與審理邢縡案件時，楊國忠令引李林甫私交王鉷兄弟及突厥阿布思事狀，並讓哥舒翰、陳希烈作證。但這兩件事本來不是什麼大祕密，故玄宗沒有進一步深究。傾倒李林甫的目的雖然沒有達到，但畢竟引起了玄宗對李林甫的疏遠。李林甫豈能善罷甘休，便乘南詔騷邊，藉口蜀人請楊國忠赴鎮，奏請楊國忠赴蜀。按照李林甫的本意，是想藉此把楊國忠趕出朝廷。但這時李林甫和楊國忠在玄宗心目中的分量已經發生了變化。

因此，當楊國忠向玄宗辭別，談到必為林甫所害時，玄宗對他說：「卿暫時到蜀區處軍事，朕屈指待卿。」並賦詩送別，末句喻以還朝當為宰相之意。李林甫任中書令後，宰相均為兩人，其中擔任侍中或平章事的，不論是牛仙客、李適之還是陳希烈，李林甫都把他們視為自己的陪襯。而這幾位也確無李林甫那樣的威勢和才能。而這時的楊國忠就不一樣了，一旦入相，就取得了與李林甫分庭抗禮的地位，進一步就可以取而代之了。李林甫確是到了生死存亡的關頭。

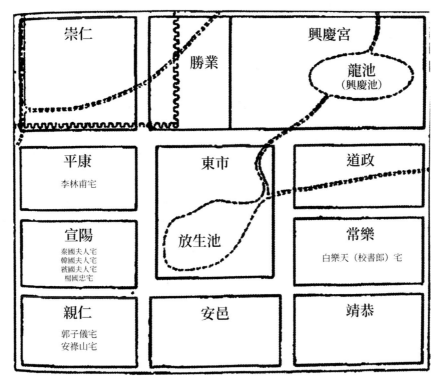

楊國忠、虢國夫人、安祿山邸宅圖

已經病得起不了床的李林甫又氣又急，他不甘心一腳被人踢開。善於揣摩人意的巫者說，一見皇帝可小癒，李林甫當然也希望藉此看看玄宗對自己的態度。玄宗總算沒有冷落這位輔佐他十幾年的老臣，親自登上驪山

降聖閣，讓李林甫站在院子裡遙望，玄宗揮動紅巾向他示意，皇帝雖未御駕親臨，但對李林甫來說，也算得上是關懷備至了。

　　天寶十一載（西元 752 年）十一月十二日，自開元二十四年（西元 736 年）十一月二十七日起一直以中書令或右相而專掌朝政達 16 年之久的李林甫死了。十七日，玄宗任命楊國忠為右相（即中書令）兼文部（即吏部）尚書並判使如故。據《唐大詔令集》卷四十五〈楊國忠右相制〉，任命為宰相前楊國忠所任官職差遣有：

散官：銀青光祿大夫
職事官：御史大夫
使職差遣：判度支事、權知太府卿；
兩京太府，司農出納、監倉、祠祭、木炭、宮市、長春、九成宮等使；兩京勾當租庸、鑄錢等使；
蜀郡長史、持節劍南節度、支度、營田等副大使，本道兼山南西道採訪處置使；
關內道及京畿採訪處置使。
勳官：上柱國
爵：弘農縣開國伯

　　命為右相時，又兼文部尚書、集賢殿學士、修國史、崇玄館大學士、太清、太微宮使。

　　李林甫臨終前的頭銜是左僕射兼右相、吏部尚書、晉國公，儘管右相的權力是無所不包的，左僕射是政府首腦，但他具體負責的，只有官吏的銓選，財權仍由王鉷、楊國忠分掌。而楊國忠除了繼承李林甫原來的權力外，他原來負責的和從王鉷那裡接受來的財權和對關內道、京畿、劍南及山南西道的軍政大權也全部保留下來。由於他還負責劍南的軍事，因此，他還掌握了一部分兵權。這就是說，玄宗給予楊國忠的權力，比給李林

甫的還要大，除了軍權外，行政、財政、用人等大權，都集中到楊國忠手中。

　　玄宗把這麼大的權力交給了楊國忠一人，除了對他的賞識和寵信，主要還是由於玄宗自恃承平，以為天下無復可憂，加之年近七十，對政務感到疲倦，正如他對高力士所說的：「朕今老矣，朝事付之宰相，邊事付之諸將，夫復何憂。」

　　楊國忠既掌握了這麼大的權力，因而在朝廷大臣中無人能與之抗衡。唯一能與之抗衡並威脅其相權的，只有握有實權的邊將。出將入相，原本是唐初以來的傳統。儘管在武則天掌權時中斷了一個時期，但到玄宗開元年間，隨著邊疆形勢的變化，就又恢復了這種做法。開元九年張說以天兵軍節度大使入相，或者還可以說成是起用開元初外貶的功臣。而開元十四年（西元 726 年）以安西副大都護、磧西節度杜暹同平章事，十六年以河西節度副大使蕭嵩為兵部尚書、同平章事，開元二十三年欲以幽州節度使張守珪為相，二十四年以朔方節度使牛仙客為工部尚書、同中書門下三品，那就是玄宗一種有意識的措施了。這種做法在天寶年間雖然沒有繼續下去，但是，玄宗賦予邊將的權力卻是越來越大。因而阻止邊將入相也就成為朝廷內部權力之爭的一個重要內容。李林甫所以「尤忌（王）忠嗣」[326]，對他傾陷，就是怕他入相。李林甫去世後，玄宗又曾與張垍兄弟和高力士議論過讓安祿山為相。祿山節度三道，權力本來就很大。這麼一來，就更成為對抗楊國忠的一個抗衡力量了。

---

326 《舊唐書》卷一〇三〈王忠嗣傳〉。

第十九章　楊國忠其人

第二十章　文士境遇的逆轉

　　就在玄宗對李林甫、楊國忠等吏幹之士和安祿山、哥舒翰等番將日益重用的同時，玄宗對文學之士的態度發生了深刻的變化。

　　開元九年（西元 721 年）玄宗重新起用張說為相；十一年設立麗正書院，聚文儒之士，修書、侍講；十三年改麗正書院為集賢殿書院；二十一年用張九齡為相，這些雖然主要是為了粉飾文治，但也確實顯示了玄宗對文士的尊重和信用。一批科舉出身的文士，也乘風而起，奠定了仕途的基礎。

　　而從玄宗與張九齡關於是否重用牛仙客的爭論後，隨著張九齡的下臺，玄宗對文士、對大臣的態度都發生了極大的變化。朝廷中「文學、政事，本自分離」的思潮占了優勢，玄宗對「政事」的概念也發生了很大的變化。

　　開元初年，姚崇、宋璟為相，玄宗經常召他們到宮中商討政事。來時玄宗起立迎接，離去時則親自送到門口，禮遇是很高的。

　　開元九年至十二年，玄宗命宇文融括逃戶，先是下敕命有關部門討論招集流移、按詰巧偽之法以聞，後又下令召集百官於尚書省討論。

　　開元二十一年，關中久雨穀貴，玄宗去東都前，曾召京兆尹裴耀卿商

討對策。同年，宰相韓休與蕭嵩也幾次在玄宗面前展開爭論。

開元二十二年，宰相張九齡請不禁鑄錢，玄宗也下敕令百官討論。

這些事實說明，召集宰相或大臣對軍國大事進行討論，作出決策，對玄宗來說，雖不是政事的全部內容，但卻是開元前期政事的主要內容和核心。雖然他也利用宇文融等吏幹之士去解決實際問題，但有關問題還是要經過大臣們的討論。而自從把文學、政事分提並論以後，政事就局限於具體問題的解決。有什麼問題，玄宗很少再召集大臣商量，而是誰有某方面的才能，就重用誰去擔任這方面的使職、差遣，賦予他全權去解決這方面的問題。

天寶年間玄宗在自己的身邊也聚集了一批文士，這些人大都是在開元年間以文取士的影響下成長起來的。他們善詩能文，但多昧古今，「六經則未嘗開卷，三史則皆同掛壁」[327]。不學習儒家經典，歷史知識也極其貧乏；對現實的社會問題沒有深切的了解，對政務更沒有什麼經驗。比起高宗、武則天時期他們的先輩來，他們大多數缺乏政治才能。在玄宗注意粉飾文治時期，他們中的一些人仕途還比較順利，可以做到給事中、中書舍人。但玄宗欣賞他們的，也無非是文學的才華。例如王維，開元十九年進士及第，早已詩畫聞名，又得到張九齡的提拔，天寶元年（西元 742 年）即由左補闕（從七品上）超升庫部郎中（從五品上）。是年王維作有〈三月三日曲江侍宴應制詩〉，說明已取得了應制、奉和的資格。

而這時奉召入京的詩人李白情況就不一樣了。李白滿以為施展自己抱負的時機到來了，仰天大笑，離開了家門。到長安後，玄宗命他待詔翰林，不久，又侍從玄宗去溫泉宮，「獻賦有光輝」，「承恩賜御衣」[328]，玄宗對他可算得上是優禮有加了。可是，在翰林院的這些日子裡，玄宗除讓

327　《舊唐書》卷一一九〈楊綰傳〉。

328　李白〈溫泉侍從歸逢故人〉。

他寫一些「雲想衣裳花想容」[329]之類的詩歌，供帝妃欣賞外，就無事可做了。事實上他連奉和的資格也沒有撈到，完全是一名皇帝的文學僕從。

稍晚於李白的杜甫，境遇更慘。他懷著「自謂頗挺出，立登要路津，致君堯舜上，再使風俗淳」[330]的抱負，參加開元二十三年的進士科考試。這年掌貢舉的是文士孫遜，他取人的標準是文章的好壞，是要選拔「掌綸誥」即為皇帝起草詔敕的人才。而杜甫的文章遠遜於其詩，因而落第。直到天寶十載（西元751年）進三大禮賦，次年招試文章，才獲得了做官的資格。又過了三年，安祿山叛亂前夕，才獲得右衛率府冑曹參軍這樣一個從八品的小官。

盛唐詩人之達者唯高適與岑參。岑參在〈送李副使赴磧西官軍〉一詩中寫道：「功名只向馬上取，真是英雄一丈夫。」[331]算是抓住了當時的潮流。也正是因為他認知了這種潮流，他才能滿懷豪情，寫出那樣激動人心的邊塞詩。岑參天寶三載（西元744年）進士及第後，先後在安西、北庭任幕職。代宗廣德二年（西元764年），做到虞部郎中，雖也只有從五品，但終是廁身高官的行列。比起杜甫同年為劍南節度使嚴武表為節度參謀檢校工部員外郎這樣一個從六品或正七品的幕職來，要實際得多。高適開元二十三年到長安應制科舉，沒有及第。直到天寶八載，才舉有道科中第，授封丘尉。天寶十二載（西元753年）至隴右（今青海東部），入節度使哥舒翰幕府。天寶十四載（西元755年）任絳郡長史，第二年，肅宗至德元年（西元756年）即任淮南節度使。乾元二年（西元759年）任彭州（今四川彭縣）刺史，上元元年（西元760年）轉蜀州（今四川崇慶）刺史。在此期間，高適對杜甫多有接濟。寶應二年（西元763年），升任劍南西川節度使，攝東川節度使，比起岑參來，又要顯赫得多。

329　李白〈清平調詞三首之一〉。
330　《杜工部集》卷一〈奉贈韋左丞丈二十二韻〉。
331　《岑參集校注》卷二。

儒生在天寶時更是一文不值，連擺設的作用也發揮不了。在《舊唐書·儒學傳》中，就沒有一個是天寶時期的。

天寶年間，朝廷大臣中沒有既精通統治理論、歷史典籍，又熟悉政治的人，玄宗身邊也沒有一個貼心的智囊班子，延英議政幾不見於記載。這樣，遇有政事，玄宗只好在宮廷裡和高力士嘮叨。李林甫、楊國忠就只有透過宦官、嬪妃了解玄宗的意圖。這樣，就形成了一種不正常的政治空氣和決策機制。

第二十一章　開天邊事

　　開元末年以來，邊疆形勢發生了幾個意義重大的變化。

　　一是突騎施內亂。西突厥衰落後，唐一直任用西突厥貴族統轄西突厥的十姓部落。自垂拱（西元 685 ～ 688 年）以後，十姓部落不斷被東突厥侵擾，部眾削弱。這時，突騎施逐漸強大，占據碎葉（今吉爾吉斯斯坦伊塞克湖以西托克馬克附近）及其附近地區。突騎施係西突厥別種。開元初，突騎施可汗守忠之弟遮弩引突厥默啜反攻其兄，俘守忠而還。守忠、遮弩並為默啜所殺。突厥兵退後，守忠部將蘇祿鳩集餘眾，自立為可汗。十姓部落漸歸附之，眾至二十萬，復稱雄西域。蘇祿不斷遣使來唐。開元七年玄宗冊拜蘇祿為忠順可汗。十年，以西突厥十姓可汗阿史那懷道女為交河公主，嫁給蘇祿。蘇祿雖然接受了唐的冊封，但不純臣於唐，又南通吐蕃，東附突厥，游離於三個勢力之間。開元十四年，由於安西都護杜暹不受交河公主教（唐代親王、公主對下的文書），留使者不遣，突騎施送來互市的一千匹馬經雪死亡殆盡。蘇祿大怒，發兵掠四鎮，圍安西（今庫車）。二十三年，又寇北庭（今吉木薩爾北）及安西撥換城。雖然都是打了就走，未發展為大的戰爭，但始終是不安定的因素。

　　開元二十六年，突騎施內亂，酋長莫賀達干和都摩度連謀，襲殺可汗

蘇祿，繼而都摩度立蘇祿子為吐火仙可汗，與莫賀達干相攻。莫賀達干遣使告磧西節度使蓋嘉運，玄宗命蓋嘉運招集突騎施、拔汗那（今納曼干）以西諸國。吐火仙與都摩度據碎葉城，黑姓可汗爾微特勒據怛邏斯（今哈薩克江布林），聯兵拒唐。二十七年（西元739年）蓋嘉運攻拔碎葉城，俘吐火仙。疏勒鎮守使夫蒙靈詧與拔汗那王阿悉爛達干引兵突入怛邏斯城。西域處木昆、鼠尼施、弓月等原來隸屬突騎施者，都率眾內附於唐。唐立莫賀達干為可汗，使統突騎施之眾。西域穩定下來。開元二十九年，玄宗分北庭、安西為二節度。安西節度使仍治龜茲，負責撫寧西域，統龜茲、焉耆、于闐、疏勒（今庫車、焉耆、和田、喀什）四鎮；北庭節度使治庭州（今新疆吉木薩爾北），負責防制突騎施、堅昆，統瀚海（在北庭城內）、天山（今吐魯番之高昌城內）、伊吾（今哈密西北）三軍。

　　二是南詔統一了六詔。雲南境內民族眾多，其中主要是烏蠻和白蠻。七世紀後期，烏蠻貴族建立了六詔，其中蒙舍詔居地最南，稱為南詔。玄宗時，皮邏閣打敗了洱河部，合併了其他五詔，又打敗吐蕃，徙居大和城（大理南十五里）。開元二十六年（西元738年）唐冊南詔王皮邏閣為雲南王。此後，南詔迅速強大起來。

　　三是東突厥滅亡。東突厥在高宗末年擺脫了唐的控制，重建了東突厥汗國。在骨咄祿、默啜統帥下，不斷對唐發動進攻，是唐的巨大威脅。武則天聖曆元年（西元698年）突厥軍曾深入到河北定州、趙州境內，殺掠之外，還俘走大批唐人。玄宗開元四年（西元716年）骨咄祿之子毗伽可汗繼位後，欲繼續南進騷擾。其謀主暾欲谷分析說：「唐主英武，人和年豐，未有間隙，不可動也。我眾新集，猶尚疲羸，須且息養三數年，始可觀變而舉。」[332] 毗伽可汗接受了他的意見，遣使請和。開元八年，唐朝朔方大總管王晙奏請西發拔悉密，東發奚、契丹，於秋天夾擊毗伽牙帳。拔

---

332 《舊唐書》卷一九四上〈突厥上〉。

悉密發兵逼近突厥牙帳，而其他兵皆未至。拔悉密懼而引退。暾欲谷引兵跟蹤。圍拔悉密所居北庭，擊潰拔悉密。還兵時，順道掠甘、涼州（今甘肅張掖、武威）羊馬，在刪丹大敗唐兵。九年，毗伽復遣使來求和。玄宗在賜書中說：「曩昔國家與突厥和親，華夷安逸，甲兵休息，國家買突厥羊馬，突厥受國家繒帛，彼此豐給。」而數十年來默啜「數出盜兵，寇抄邊鄙，人怨神怒，隕身喪元」，丟了性命。指出去年掩襲甘、涼，是重蹈默啜前跡。最後表示了國家「不追往咎」，若果有誠心，則共保遐福；如來侵邊，亦有以待。當時唐朝統治鞏固，又加強了北邊的防禦，突厥無機可乘。而和親互市則有利可圖，因此，突厥對唐保持和好關係。毗伽死後，登利可汗也繼續這種政策。

從歷史上看，突厥汗國曾經統治從東北到西域的廣大地區。即從再建的東突厥來看，也是影響及於東北、漠南北、西北乃至吐蕃的一個強大的政治軍事力量。因此，儘管毗伽可汗對唐採取和好的政策，玄宗仍然不敢掉以輕心，一直把突厥作為一個防禦重點：

朔方，在今寧夏靈武西北，唐在這裡一直駐有重兵。開元九年，朔方行軍大總管改為朔方節度使，是捍禦突厥的中堅力量。

開元十一年，罷天兵、大武等軍，設立太原以北節度使，與朔方掎角以禦突厥。

開元十四年四月，又於定、恆、莫、易、滄等五州置軍，以備突厥。設防到河北內地。

此外，河西節度使（治涼州，今甘肅武威）也擔負著斷隔吐蕃、突厥的任務。

除了軍事防禦外，玄宗也很注意政治上的籠絡和在物質上給以滿足。開元十三年東封泰山時，玄宗遣袁振去突厥征其大臣從封泰山。開元十五年，吐蕃進攻瓜州（今甘肅安西東南），與毗伽書，要求配合行動，同時

向唐進攻。毗伽遣使把吐蕃書信獻給了玄宗。玄宗嘉其誠，親自宴賞使臣，「聽於西受降城（今內蒙古杭錦後旗烏加河北岸）為互市，每歲齎縑帛數十萬匹就市戎馬，以助軍旅，且為牧監之種」。此事《舊唐書·突厥傳》記為「每歲齎縑帛數十萬匹就邊以遺之」。按照唐人說法，這兩種記載並不矛盾。開元九年玄宗給毗伽可汗信中回顧唐初彼此互市情況時就說：「國家買突厥羊馬，突厥受國家繒帛。」《舊唐書·突厥傳》所說「以遺之」和此處「受國家繒帛」實為同一含義，只是未明言用來市馬罷了。至於《新唐書·突厥傳下》所說：「詔朔方西受降城許互市，歲賜帛數十萬」，則是打腫臉充胖子的一種說法，其內容還是指市馬絹帛。儘管是互市，並且是買戰馬，而玄宗的著眼點還是以此滿足突厥物質上的需求，以換取邊境上的安寧。因此，才不惜一切代價，跋山涉水，穿越戈壁，把幾十萬匹縑帛運送到西受降城。

凡此種種，都說明了玄宗對突厥的擔心和苦心。

開元二十二年，毗伽可汗為臣下毒死，子伊然可汗繼位，不久死去，由其弟登利可汗繼位。開元二十九年突厥內亂，登利被殺，力量衰落。至天寶四載（西元745年）白眉可汗為回紇懷仁可汗所殺，東突厥最終退出了中國歷史的政治舞臺。

繼起的回紇雖然斥地愈廣，東際室韋，西抵金山，南跨大漠，盡有突厥之地，但對唐還不構成威脅。

東突厥的滅亡，從根本上改變了北邊的形勢，不僅消除了北顧之憂，而且使唐不必擔心北方勢力與吐蕃的聯合，從而大大減輕了唐在河西走廊上的壓力。這樣，就使唐有可能加強在其他戰線的力量。

四是吐蕃也加強了與唐的爭奪。

爭奪主要是在兩個地方，一是小勃律，一是石堡城。

避開唐在河西隴右的強大兵力，從唐朝力量薄弱的西邊突入安西四

鎮[333]，是吐蕃在高宗、武則天時期就採取的一種戰略。

　　小勃律在今喀什米爾東北部吉爾吉特雅辛河流域，是由西藏高原進入西域的唯一通道。因而勃律也就成為唐蕃爭奪的一個焦點。開元前後，吐蕃即常來圍困勃律，並對勃律說：「我非謀於爾國，假爾道以攻四鎮。」開元十年秋，吐蕃又圍小勃律，小勃律王求救於安西都護張嵩[334]曰：「勃律，唐之西門。勃律亡則西域皆為吐蕃矣。」張嵩派疏勒副使張思禮率領蕃漢馬步兵四千日夜兼程，前往救援。唐軍與勃律軍大敗吐蕃。「自是累歲，吐蕃不敢犯邊。」西陲得以安定了一個時期。

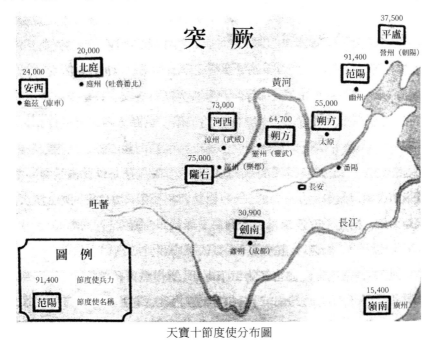

天寶十節度使分布圖

　　石堡城位於今青海湟中、共和之間，是吐蕃從青海湖以南地區進入河湟地區的必經之道。開元前即為吐蕃所據。吐蕃在這裡因山築城，據險而

333　安西四鎮初設於貞觀二十二年（西元 647 年），為龜茲、焉耆、疏勒、于闐（今新疆庫車、焉耆、喀什、和田），由安西都護府（治龜茲）統領。調露元年（西元 679 年），以碎葉取代焉耆。開元初，設北庭都護府，碎葉在其轄區，復以焉耆代碎葉。

334　據《舊唐書》卷一〇三〈郭虔瓘傳〉，此時張嵩應為安西都護。

立，儲存糧械，是其侵擾河西、隴右的前進基地。開元十五年吐蕃陷瓜州，玄宗命蕭嵩主持河西、隴右軍事，進行反擊。十七年，信安王李禕帥眾攻拔石堡城。吐蕃被迫通和。二十一年二月，景雲元年（西元 710 年）嫁給吐蕃贊普尺帶丹珠的金城公主上言，「請以今年九月一日樹碑於赤嶺（今青海湟源西日月山），定蕃漢兩界」。碑文開宗明義：「維大唐開元二十一年，歲次壬申，舅甥修其舊好，同為一家。」並由唐和吐蕃的使臣共同通報雙方邊將：「兩國和好，無相侵掠。」[335]

開元二十四年前後，吐蕃又南擊小勃律。玄宗要求吐蕃罷兵，吐蕃反而攻破勃律。唐朝一時還無力從吐蕃手中奪回勃律，便在青海西大破吐蕃，和好的局面也因之破壞。此後雙方互有攻守，互有勝敗。

開元二十九年十二月，吐蕃復陷石堡城。吐蕃對唐的軍事行動又推進到河西走廊，恢復到開元十年時的局面。

以上就是開元、天寶之際邊疆形勢變化的幾個主要方面。

邊疆形勢的這些變化，把玄宗的眼光完全吸引到西北方。東北的形勢雖然也是緊張的，但不像西北那樣直接關係到關中的安危。因此，玄宗把東北的軍事交給了安祿山，而自己則把注意力集中到吐蕃身上，準備攻克小勃律，恢復石堡城，進而恢復黃河九曲。

玄宗首先在組織和人事上積極進行準備。

天寶四載（西元 745 年）二月，玄宗任命朔方節度使王忠嗣兼任河東節度使。王兼任兩道節度使後，自朔方至雲中（今寧夏靈武至山西大同）沿邊數千里地帶上的要害之處，都修築了城堡，把防禦線向北推進了數百里。北方邊防進一步鞏固。

四載九月，隴右節度使皇甫惟明與吐蕃戰於石堡城，為吐蕃所敗，副將戰死。為了增強皇甫惟明對付吐蕃的力量，五載正月，又任命他兼任河

---

335 《冊府元龜》卷九七九〈外臣部・和親二〉。

西節度使。尚未到任，即因與太子妃兄韋堅在景龍觀道士之室祕密會見而被貶逐。緊接著便以王忠嗣為河西、隴右節度使，兼知朔方、河東節度事。王忠嗣一人而兼知四鎮，總管北方和西北廣大地區的軍事，這在唐朝歷史上還是第一次。

王忠嗣到任後，以部將哥舒翰為大斗軍（在今甘肅永昌西南）使，李光弼為河西兵馬使充赤水軍（在今甘肅武威）使；與吐蕃戰於青海積石（在今青海貴德）；討吐谷渾於墨離軍（在今甘肅安西東南）。這些都是符合玄宗要求的。但玄宗的最終目的是要他主持攻取石堡城，並進而收復河西九曲地區。因此，不久玄宗就下詔問他攻取石堡城的方略。王忠嗣上言：「石堡險固，吐蕃舉國而守之。若頓兵堅城之下，必死者數萬，然後事可圖也。臣恐所得不如所失，請休兵秣馬，觀釁而取之，計之上者。」玄宗接到王忠嗣的奏疏，很不高興。事實上，在王忠嗣看來，「今爭一城，得之未制於敵，不得之未害於國」。他不願以數萬士卒的生命去換取一城，以保住自己的烏紗。[336]

是否攻取石堡城，實際上反映了邊疆政策上的兩派不同看法。自開元二十四年吐蕃控制小勃律，二十九年奪取石堡城後，玄宗時刻都沒有忘記反擊。而自從東突厥滅亡後，玄宗認為反擊的時機已到，準備變防守為進攻。重用王忠嗣，就展現了玄宗在邊防戰略上的這種轉變。

而王忠嗣則仍然保持了開元、天寶之際持重安邊的觀點。《舊唐書·王忠嗣傳》說他：「少以勇敢自負，及居節將，以持重安邊為務。嘗謂人云：『國家升平之時，為將者在撫其眾而已。吾不欲疲中國之力，以徼功名耳。』但訓練士馬，缺則補之。有漆弓百五十斤，嘗貯之袋中，示無所用。」王忠嗣至河西、隴右後，仍然保持這種做法。「及至河隴，頗不習其物情，又以功名富貴自處，望減於往日矣。」王忠嗣開元未曾在隴右，

---

336 《舊唐書》卷一○三〈王忠嗣傳〉。

並立有戰功，因此所謂「不習其物情」，不是指河西、隴右的山川形勢或風土人物，而是說他不能認知形勢發展的要求。「以功名富貴自處」固然有躺在功勞簿上享受榮華富貴的意思，但主要的還是說他滿足於舊日的功名，而不求建立新功。「望減於往日矣」，則說明他的這種做法很使得一些主張進取的人物失望，也說明玄宗當時的邊疆政策，還是受到相當廣泛的支持的。

玄宗重用王忠嗣，企圖使他成為新的邊疆政策的主要執行人。王忠嗣的父親王海賓，是開元二年對吐蕃作戰時陣亡的。當時王忠嗣才九歲，被玄宗收養在宮中，曾與後來成為太子的忠王一起遊玩活動。長大以後，有武略。玄宗和他談論軍事，「應對縱橫，皆出意表」[337]，頗受玄宗賞識，認為他日後必為良將。正是基於這樣的關係，玄宗才賦予他這樣的重任。而王忠嗣則仍然堅持舊日持重安邊的思想，這就使他不得不處在矛盾的焦點，並最終成為政治鬥爭的犧牲品。

必然發生的事情終於發生了。天寶六載（西元 747 年），將軍董延光自請率軍攻取石堡城，玄宗命王忠嗣分兵協助。王忠嗣雖然不得不接受詔令，將數萬士兵交給董延光指揮，但不立重賞，意思是不要士兵去賣命送死。董不能如期攻下石堡城，把責任推到王忠嗣身上，說王忠嗣阻撓軍計。玄宗看到董的表之後，非常生氣，早就因王忠嗣功名日盛而怕其入相的李林甫乘機傾陷。他指使濟陽別駕魏林誣告王忠嗣，說王忠嗣擔任河東節度使時曾經說過：「早與忠王同養宮中，我欲尊奉太子。」[338]要遵奉太子做皇帝。玄宗大怒，立即徵王忠嗣入朝，交給由御史臺、刑部和大理寺官員組成的三司推審。

玄宗很快意識到，所謂王忠嗣「欲擁兵以尊奉太子」之說毫無事實根

337　《舊唐書》卷一○三〈王忠嗣傳〉。
338　同上。

據，純屬無稽之談，同時，如果審訊王忠嗣與太子的關係，勢必要牽連到太子。而當時玄宗只是要防備太子與外人交通，並不是要廢除太子。因此對三司指示說：「吾兒居深宮，安得與外人通謀，此必妄也。但劾忠嗣沮撓軍功。」把問題又拉回到軍事問題上來。三司必欲置他於死地，奏忠嗣罪當死。後經哥舒翰再三解釋和懇求，玄宗才怒意稍解，把王忠嗣貶為漢陽太守。

王忠嗣的被徵還朝和遭貶逐，與他堅持自己的觀點，拒不執行玄宗的旨意有直接的關係，但促使玄宗下定決心拋棄王忠嗣的，卻是他早年曾與太子遊處的這段歷史。

因與太子的關係而貶逐大將，對玄宗來說這已不是第一次。一年多以前，王忠嗣的前任皇甫惟明剛剛兼任河西、隴右兩鎮節度使，即因與太子妃兄韋堅相會，而被罷官貶逐。在唐朝前期，發生過不止一次的宮廷政變中，每次武將都發揮重要的作用。玄宗即位前後誅殺韋后、討太平公主，也是依靠了郭元振等武將。對武將在宮廷鬥爭中所發揮的作用，玄宗是深有體會的。皇甫惟明曾為忠王友，王忠嗣少養於宮中，也曾與忠王遊處，與皇室的關係分外密切，因而玄宗信任他們，重用他們，把他們放在最重要的軍事位置上。皇甫惟明為吐蕃所敗，玄宗反而讓他兼任河西節度使。王忠嗣未積極支持董延光，玄宗也不過「怒」而已。不幸的是，恰恰在這個時期，玄宗已經決定短期內不傳位太子，因而對太子的疑忌與日俱增，而對太子與武將的關係，也就特別敏感。這樣，就使得各種讒言得以流行，李林甫等也就有機可乘。雖然玄宗也並不相信他們真與太子有什麼牽連，但是作為一種防患於未然的措施，他還是毫不留情地把這兩個當時最重要的將領貶逐出去。

政治鬥爭高於邊疆的軍事局勢。在政治鬥爭的敏感時期尤其如此。高宗剛剛去世，武則天臨朝稱制，徐敬業起兵揚州時，當時最傑出的將領程

務挺即因疑似參與叛亂而在對突厥作戰的前線被處死，給邊防帶來嚴重的影響。現在皇甫惟明、王忠嗣也成為政治鬥爭的犧牲品。雖然哥舒翰立刻被提拔上來頂替了他們，但是，這種內事影響邊事，宮廷矛盾和統治階級內部鬥爭影響將領命運的情況，還在繼續發展。特別是玄宗由於神經過敏，輕信對將領的讒言；權臣為鞏固自己的地位，誣陷大將，簡直就形成一種傳統。這在安史之亂爆發後，造成了不可挽回的局面。

天寶六載王忠嗣事件的後果之一，是邊地節度使普遍由蕃將即少數民族將領擔任。此前，胡人安祿山已擔任平盧、范陽節度使，突厥人安思順也接任朔方節度使。王忠嗣被徵還後，十一月，以突騎施人哥舒翰任隴右節度使，安思順為河西節度使。十二月，高麗人高仙芝也因破勃律之功，擢升為安西四鎮節度使。

玄宗害怕漢族將領與太子勾結，危及自己的皇位。李林甫害怕大將功名日盛，入朝為相，影響自己的地位。這是天寶六載以後普遍重用胡人將領的重要原因。但這種主觀上的原因還不是普遍任用蕃將的唯一原因，甚至還不是主要的原因。

開元以來，社會經濟繁榮，內地久不聞金鼓之聲，人們對於從軍作戰的興趣普遍下降，漢族將領日漸減少，少了一茬將才，這是重用蕃將的客觀原因之一。原因之二是，募兵制取代府兵制後，邊疆士兵成分中，胡人的比重加大。用蕃將統胡人，也是順理成章的事。

儘管節度使普遍使用胡人是在天寶六載王忠嗣被貶逐後，但就在王忠嗣任朔方或河西、隴右節度使時，其下級軍官和軍使即已多由胡人擔任。這實際上也是一個自下而上的演變的過程。這個過程是由邊地節度使自發完成的。前一個過程則是由朝廷，主要是由玄宗和李林甫完成的。這裡既有對現實情況的承認，也有客觀形勢的推動，同時還夾帶著他們穩定個人權力地位的考慮。

第二十二章　安祿山的崛起

　　安祿山的地位在天寶年間扶搖直上，到天寶九載、十載（西元 750～751 年），玄宗賦予他的權力，已經超過邊地任何一個將領。

　　安祿山，營州柳城（今遼寧朝陽）雜種胡人，母阿史德氏為突厥巫師，無子，祈於突厥戰鬥神軋犖山，生祿山後，便給他起名軋犖山。少孤，隨母在突厥中。阿史德氏後嫁安延偃。安延偃部落破散，安祿山與延偃姪安思順等逃出，便冒姓安氏名祿山。長大後，懂得六種少數民族語言，為諸蕃互市牙郎，同時還做一點盜羊之類的營生。

　　安祿山盜羊之事被發覺，新到任的幽州節度使張守珪欲棒殺他。祿山大呼道：「大夫不欲滅兩蕃（奚、契丹）耶？何為打殺祿山！」守珪見其肥白，壯其言，便留在軍前驅使，令與鄉人史思明同捉生，行必克獲，拔為偏將。常嫌其肥，以守珪威風素高，畏懼不敢飽食。以驍勇聞，遂養為子。

　　張守珪曾從名將郭虔瓘於北庭（今新疆吉木薩爾北）數敗突厥，後轉幽州良社府果毅。開元十五年，在瓜州（今甘肅安西東南）又以空城計擊敗吐蕃。後調任隴右節度使（治鄯州，今青海樂都），是一位智勇雙全、屢立戰功的將軍。開元十八年，契丹衙官可突干殺契丹王，叛降突厥，打

233

破了開元四年契丹王李失活歸附朝廷後東北地區的安寧。原幽州節度使趙
含章、郭英傑先後為可突干所敗。郭英傑戰死，餘眾六千餘人也力戰而
死。河北北部的形勢突然緊張起來。於是玄宗匆忙把不久前在西線建立了
奇功的張守珪從隴右調任幽州節度使，希望他能像在北庭、瓜州那樣，迅
速把幽州和東北的局勢穩定下來。

張守珪果然不負玄宗厚望，到任後頻頻出擊，每戰皆捷。可突干困
迫，遣使詐降。守珪識破了可突干的意圖，派管記王悔前往伺機行事。王
悔利用契丹內部矛盾，說服與可突干爭權的牙官李過折殺掉契丹王屈烈及
可突干，歸附朝廷。

玄宗對張守珪到幽州後所取得的成就，非常讚賞。覺得的確是難得的
人才，便想任命他做宰相。此事雖然由於張九齡的反對沒有實行，但在開
元二十三年二月張守珪到東都獻捷時，玄宗除了當場給他加官，廷拜輔國
大將軍、右羽林大將軍兼御史大夫，重賞雜綵一千匹及金銀器物等，與二
子官，賦詩褒美，還下詔於幽州立碑以紀功賞，充分反映玄宗對契丹軍事
的重視。

在對契丹作戰過程中，安祿山為捉生將。他熟悉當地山川井泉，曾以
數騎擒契丹數十人而歸，受到張守珪的賞識，收為養子。安祿山所向無不
摧靡，不到三年時間，就由白衣而偏將，由偏將擢升為平盧討擊使、左驍
衛將軍，一躍而置身於高級武官的行列。開元二十九年（西元 741 年）八
月，安祿山由平盧兵馬使升為營州都督，充平盧軍使，兩蕃、渤海、黑水
四府經略使。次年，天寶元年（西元 742 年）正月，玄宗下令分平盧別為
節度，以安祿山為節度使。

天寶二年正月，安祿山入朝，奏對稱旨，玄宗對他倍加賞識，寵待甚
厚，可以隨時謁見玄宗。第二年三月，玄宗就讓他兼任范陽節度使。六載
（西元 747 年）正月，又以之兼御史大夫。九載五月，進封東平郡王，開節

度使封王之始。八月，更以之兼河北道採訪處置使，同時取得了河北地區的行政大權。十月入朝。

這次入朝，安祿山受到了非同尋常的接待。玄宗先命有司在華清宮附近建立了一座宅第，並讓楊國忠兄弟姐妹和大臣們前往戲水（在華清宮以東）迎接，玄宗也親自在望春宮等候。

玄宗還為安祿山在親仁坊新造了一座宅第，敕令但窮壯麗，不限財力，並特別交代監工的宦官：「胡眼大，勿令笑我。」新宅中的器皿，皆飾以金銀，豪華的程度，超過了宮中。天寶十載正月二十日是祿山的生日，玄宗和楊貴妃又賜給他大量金銀器、衣服和其他器物。後三日，召祿山入宮，楊貴妃按照民間嬰兒生後三日替嬰兒洗身的習俗，與祿山作三日洗兒，洗後用錦繡的襁褓把祿山包裹起來，由宮人用彩輿抬著。自後，祿山可以自由出入宮禁，有時並與楊貴妃對食。

關於楊貴妃與安祿山的關係，歷史上傳說很多，司馬光在《資治通鑑》上也說是「頗有醜聲聞於外，上亦不疑也」。總而言之，都認為兩人關係曖昧。

其實，楊貴妃是頗為冤枉的。楊貴妃儘管比玄宗小三十幾歲，並且生性活潑，但對玄宗的愛情卻是很忠貞的。身為一個寵妃，貴妃對政事從來不過問，她把陪伴君王作為她唯一的職責和樂趣。只有對安祿山，玄宗叫她把安祿山收為養子，讓她扮演了一個特殊的角色。內廷浴兒，這固然是一場鬧劇，甚至頗為荒唐，但意義卻在其外。

玄宗對安祿山，是按照安祿山的少數民族習俗來加以籠絡的，即收為養子，厚加賞賜。貴妃在其中也以母妃身分出色地完成了玄宗交給她的任務。正因為如此，玄宗在聽到內廷喧鬧，知道是貴妃洗兒時，才哈哈大笑，親自前往觀看，並賜貴妃洗兒金銀錢。

天寶十年二月，又以安祿山兼領河東節度使（今山西太原）。至此，玄

宗對安祿山的寵信超過了有唐以來任何一個將領。安祿山所掌握的權力，事實上也超過了王忠嗣和安思順曾經擁有過的。他不僅兼領平盧、幽州和河東三鎮，而且兼任了河北道採訪處置使，一人而兼領今東北、河北和山西廣大地區的軍事和行政大權。

安祿山為節度使，遠遠早於其他寒族胡人。天寶六載王忠嗣下臺後，雖然形成了西北倚重哥舒翰、東北交付安祿山的格局，但在寵信的程度上，哥舒翰遠遠趕不上安祿山。玄宗為什麼這麼重視安祿山呢？

首先還是形勢使然。東北的奚、契丹早在武則天末年就曾攻入河北中部趙州一帶。武則天花了很大力量才把形勢穩定下來，但雙方的相持線已經退到了現朝陽一線，幽州成為邊防重鎮。先天元年（西元 712 年），奚、契丹兩萬騎進攻漁陽（今河北薊縣），幽州都督宋璟固守不出，奚、契丹兵大掠而去。為加強防禦，開元二年設立幽州節度、經略、鎮守大使。開元四年後，東北邊安寧，直到開元二十一、二十二年，形勢才又緊張起來。當時由於吐蕃的強盛和大食（阿拉伯）的興起，迫使玄宗把戰略重點放在西方，面對東北，只能採取防禦為主的方針，以維持現狀。平盧節度使的設立和安祿山權力的不斷擴大，正是適應了這種形勢的需要。

天寶六載（西元 747 年）高仙芝打下小勃律，八載（西元 749 年）哥舒翰攻占石堡城之後，西北形勢有所緩和，而東北的形勢依然是緊張的。奚和契丹力量進一步加強，就連安祿山也數為所敗。因此，玄宗對東北給予了更多的注意。他把江、淮、河南賦稅所得錢帛聚於清河（今屬河北），以保證北軍的供應。他不斷擴大安祿山的權力，允許祿山在上谷（今河北易縣）鑄錢五爐，同意他從西北牧監挑選戰馬，都是從這一點出發的。這是安祿山地位得以不斷上升的主要背景。

那麼，為什麼要重用安祿山而不是其他人呢？陳寅恪先生早為我們找

出了答案：「其主因實以其為雜種賤胡。」[339] 任用胡人為將領，唐初即是如此。但唐太宗時所任用的多為部落酋長。他們率領部下為太宗效力，但功業成後，這些酋長及其部落也成為一種特殊勢力，有的甚至發動叛亂，成為唐的嚴重威脅。東突厥和西突厥都發生過這種情況。這種辦法自然為玄宗所不取。因此，玄宗所重用的蕃將，多為寒族胡人。李林甫嘗奏曰：「文士為將，怯當矢石，不如用寒族蕃人，蕃人善戰有勇，寒族即無黨援。」玄宗頗以為然[340]。這大體上反映了當時君臣的看法。但這還不是玄宗重用安祿山的主要原因。主要原因是，高宗以後，即有許多不同的少數民族的小部落散居北邊，或遷入內地。七世紀末，長期居住在營州（今遼寧朝陽）地區的突厥、奚、契丹、室韋人就遷到幽州的良鄉、昌平、潞（今通縣）和幽州城內外等地定居。開元二十九年奚的李詩部落五千帳遷入良鄉廣陽城。突厥衰落後，各個不同胡族之小部落紛雜散居於邊疆的情況更為普遍。府兵制衰落後，這些胡族成為節度使兵員的主要來源。在「胡人小單位部落中，其酋長即父兄任將領。其部眾即子弟，任兵卒。即本為血胤之結合，故情誼相通，利害與共」[341]。對於由胡人組成的部隊，不論是以部落為單位，或是個別地參加進來的，他們的習俗和傳統都繼續發揮著作用。對不同部落來的士兵，或不同部落的酋長，將領和主帥往往將他們收為「養子」，厚其所給，用一種「親屬」關係將部隊維繫起來。張守珪在東、西兩邊都待過，熟悉少數民族情況。他接任幽州節度使後即曾收安祿山為「養子」，利用這種辦法提高了部隊的戰鬥力。但身為一個漢人將領，是不可能普遍實行的。而安祿山其本身雖非酋長，無直接的部屬，但由於他是雜種胡人，善於撫綏諸胡種，因此，「可統率其他諸不同胡族

339 陳寅恪〈論唐代之蕃將與府兵〉，《金明館叢稿初編》。
340 《舊唐書》卷一〇六〈李林甫傳〉。
341 陳寅恪〈論唐代之蕃將與府兵〉，《金明館叢稿初編》。

之部落」。質言之，即是諸不同胡族部落之最高統帥。[342] 玄宗之重用安祿山，實乃邊疆形勢邊地民族分布及部隊成分變化所致，玄宗或李林甫個人利害之考慮，作用實在是有限的。

問題在於玄宗不斷賦予安祿山更大的權力，而安祿山也有意識地擴大自己的權力。在府兵制破壞，全國軍事布局由內重外輕轉變為內輕外重的情況下，玄宗仍不斷加強節度使的力量，其目的是為了有效地捍衛邊防。安祿山一開始立邊功以邀賞，和玄宗的目標是一致的。等到他開始有意識地擴大自己的力量時，他就開始和玄宗分道揚鑣了。這裡就隱藏了反抗朝廷的可能性。只要條件成熟，可能性就會變成實際的行動。

高力士看出了這種危險。他曾向玄宗指出：「邊將擁兵太盛，陛下將何以制之！臣恐一旦禍發，不可復救。」玄宗雖然動心，但事勢已成，只好說：「卿勿言，朕徐思之。」他想來想去，始終也沒有想到哪裡會出現問題，因而也沒有採取任何防範的措施。特別是安祿山，玄宗認為自己推心待之，寵信有加，必不會反。直到天寶十四載夏秋之交，儘管楊國忠、韋見素一再極言祿山反已有跡，玄宗對他還是深信不疑。針對楊國忠等說祿山要反的言論，玄宗對他們說：「祿山朕推心待之，必無異志。東北二虜，藉其鎮遏。朕自保之，卿等勿憂也！」

安祿山經過九載、十一載、十三載幾次入朝，把朝廷中的腐朽和無能看得清清楚楚。特別是唐對南詔戰爭的失敗，使他看到中央政府已經是不堪一擊。這些都增強了他發動叛亂，奪取最高統治權的信心。

而李林甫死後，楊國忠為了鞏固自己的地位，極力阻止安祿山入為宰相，兩人之間矛盾迅速激化，也促使安祿山加快了叛亂準備的步伐。楊國忠經常說安祿山必反，並對玄宗說：「陛下試召之，必不來。」玄宗於是派人召祿山入朝。祿山聞命即至，天寶十三載正月初三到長安，初四見玄宗

342　陳寅恪〈論唐代之蕃將與府兵〉，《金明館叢稿初編》。

於華清宮，哭著對玄宗說：「臣本胡人，陛下寵擢至此，為國忠所疾，臣死無日矣！」玄宗聽後，更加寵信祿山。雖然由於楊國忠的反對，玄宗欲加安祿山同平章事之議未行，但安祿山畢竟又一次獲得了玄宗的信任，使他的計畫得以繼續進行。

物質上，安祿山已經準備多年，累積了大量的錢糧和軍資。兵力上，天寶十二載突厥阿布思為回紇所破後，安祿山收降了其部落，「由是祿山精兵，天下莫及」，也超過了任何一個節度使。現在，安祿山所需要的，就是將領對他的忠誠，能聽從他的調遣。安祿山恰當地利用了他在長安的時機，奏請玄宗對其所部將士有功者，不拘常格，超資加賞。並請求寫好告身（委任狀），交給他回到軍中授予。玄宗同意了他的請求，委任為將軍（從三品）者五百餘人、中郎將（正四品）者兩千餘人。安祿山因此而大收眾心。天寶十四載二月，安祿山又請以蕃將 32 人代漢將，玄宗又立即予以同意，並發給了告身。蕃將與安祿山同一族類，自然更易受其指使。這樣，安祿山就完成了叛亂的最後準備工作，何時發動，就只是時間問題了。

楊國忠與安祿山

第二十二章　安禄山的崛起

第二十三章　鼙鼓聲中

　　天寶十四載（西元755年）十一月初九，經過幾個月的積極準備，安祿山以「有密旨，令祿山入朝討楊國忠」為名，發所部兵及同羅、奚、契丹、室韋共十五萬人，號二十萬，在范陽起兵。十日，楊國忠安置在太原，專門負責牽制安祿山的北京副留守楊光翽，被安祿山的將領何千年、高邈劫持而去。太原的報告很快送到了華清宮。東受降城也奏報安祿山反。而河北州縣為安祿山轄境，所過州縣，望風瓦解，或開門出迎，或棄城竄匿，或為所擒戮，因而玄宗遲遲沒有接到河北州縣的報告。幾年來，經常有人說安祿山要反，已經使玄宗習以為常了。因此，接到太原和東受降城的奏報後，他還是像往常那樣，認為是那些反對安祿山的人編造出來的，沒有予以理會。

　　直到十一月十五日，也就是安祿山范陽起兵後的第七天，玄宗才接到安祿山確是叛亂的情報。無可奈何的玄宗趕緊召集宰相商討對策。在這樣大的事變面前，一般大臣都是相當緊張的，而早就「欲其速反以取信於上」的楊國忠，卻為自己的預言幸而言中洋洋得意，竟然說道：「今反者獨祿山耳，將士皆不欲也。不過旬日，必傳首詣行在。」認為要不了十天，安祿山的首級就會送到華清宮。玄宗也同意他的看法，看到君、相如

241

此估計局勢，「大臣相顧失色」。

玄宗同意楊國忠的分析，固然有自我安慰的成分，但也不無道理。唐朝建國以來儘管戰爭的次數不少，但規模較大的地方性叛亂，只有高宗死後徐敬業在揚州起兵反對武后一次。由於中央政府按照內重外輕的原則設置兵府，能及時調集重兵，同時徐敬業得不到群眾的支持，因而很快被鎮壓下去。但是，玄宗和楊國忠都忘記了，兵制早在二十年前就已完成了由府兵制到募兵制的變革。儘管西北各節度使統轄有大量軍隊，也具有相當的戰鬥力，但是在京畿一帶，已不能隨時調集府兵。中央禁衛軍雖號稱七八萬人，但其中且多為市井商販之人，平日缺乏訓練，是不可能利用這支毫無戰鬥力的軍隊去鎮壓叛軍的。

玄宗和楊國忠還不了解，儘管都是招募來的，但各個節度使部隊的組成情況卻是各不相同的。河西多為當地居民，這從敦煌戶籍簿可見一斑。隴右則多為山東戍卒。他們都有家園，有親人老小等待著他們團聚。其將領雖有不少少數民族，但漢人將領還占有相當比例。而且這些地區的節度使任期也還不長。節度使要利用手下的將士來反叛朝廷是很困難的。而安祿山的部屬就不大一樣。由於范陽地處河北平原和冀北山區交接之處，是農業居民和游牧居民交流的樞紐。隋末以來，東北的少數民族就不斷遷到這裡。其中包括突厥、靺鞨、奚、契丹、高麗等。到天寶年間，仍以部落形式留居范陽地區的，有 7,138 戶，約占范陽地區當時戶口總數的 1/10 [343]。至於零散進入的胡人尚不在內。安祿山部隊中原來就包含一些胡人，後來他又把投降的胡人編入部隊，故其士兵中胡人數量很多。特別是同羅、奚、契丹降者八千餘人所組成的一支隊伍，成員都是驍勇善戰的壯士，胡語稱作「曳落河」，一可當百，具有很強的戰鬥力。其將領亦多胡人。如張忠孝、李寶臣為奚人，王武俊為契丹人，尚可孤為東部鮮卑人。

---

343 《舊唐書》卷三九〈地理志〉，《新唐書》卷四三下〈地理志〉，《舊唐書》卷一八五下〈宋慶禮傳〉。

起兵前，安祿山公開請求玄宗以蕃將 32 人代漢將。安祿山或以優厚的待遇，或以高官厚祿，或收為養子，和這些胡人將士結成了親密的關係。這是安祿山起兵的核心力量。有了這個力量，加上他節度使兼採訪處置使的身分，他就可以在他統轄的河北地區發號施令，為所欲為，就可以挾持那些「不欲反者」聽從他的指揮。

因此，楊國忠所作將士皆不欲反，旬日之間安祿山就會為部下所殺的估計，實在是大大低估了安祿山的力量。不幸的是玄宗接受了這種對形勢的錯誤估計，因而所採取的措施僅僅是：遣特進畢思琛詣東京（即洛陽），金吾將軍程千里詣河東（今山西太原），各簡募數萬人，隨便團結以拒之。臨時募人組成一支部隊，對於抵禦那些烏合之眾，或者還可奏效，而對於安祿山的這些有組織的軍隊，是無濟於事的。

第二天，安西節度使封常清入朝，玄宗又問他以討賊方略。封常清的口氣也很大，他對玄宗說：「今太平積久，故人望風憚賊。然事有逆順，勢有奇變，臣請走馬詣東京，開府庫，募驍勇，挑馬箠渡河，計日取逆胡之首獻闕下！」

封常清除了和楊國忠一樣，犯了低估敵人力量的錯誤，還犯了一個致命的錯誤，那就是他認為，只要開府庫，出重賞，就可以募到驍勇之士。這位在安西（今新疆庫車）隨著看守胡城南門的外祖父長大，頗讀了一點書的節度使，長期生活在西域，對於安西地區人皆習戰的情況是很熟悉的。但他不了解，內地長期安定，金鼓之聲不聞，府兵番上、出征也早已停止，人們早就不習慣於當兵打仗了。重賞之下，雖然可以募得一支隊伍，但卻不是馬上就能投入戰鬥的。但是，玄宗還是為其豪言壯語所感染，第二天就以封常清為范陽、平盧節度使。封常清當天就離開了長安，奔赴東京。

封常清打發走了，玄宗在華清宮又住了四天，直到二十一日才回到長

安宮中。回宮後，玄宗立即斬殺了安祿山之子安慶宗，並在軍事上作了進一步的布置：調安祿山繼父之姪、朔方節度使安思順入朝為戶部尚書，實際上解除他的兵權，以防止他和安祿山勾結。同時任命朔方右廂兵馬使郭子儀為朔方節度使，右羽林大將軍王承業為太原尹；設立河南節度使，領陳留（即汴州，今河南開封）等 13 郡，以張介然為節度使；命程千里為潞州（今山西長治）長史。除朔方外，太原、陳留和潞州都是首當叛軍之沖的。

二月十二日，又任命榮王李琬為元帥，右金吾大將軍高仙芝為副元帥，統諸軍東征。經過八天的準備，十二月初二，高仙芝率領皇帝的禁軍飛騎、彍騎和新募兵共五萬人，離開長安，開赴陝州（今河南陝縣）駐屯。玄宗親自到東郊望春亭送行，並特派宦官監門將軍邊令誠監軍。

這樣的布置不能說沒有漏洞，但是如果能全部實現的話，至少是可以阻遏叛軍前進的速度、延緩叛軍逼近東京的時間。可是，這些布署畢竟是太晚了。十二月初，安祿山叛軍已經進抵黃河北岸。安祿山用繩索把破船聯結起來，又把草木投入河中，一夜之間，冰結成橋。十二月初三，叛軍順利渡過黃河，攻陷靈昌郡（即滑州，今河南滑縣東），兵臨陳留（開封）城下。這時，新任的河南節度使張介然到陳留才幾天，還沒來得及訓練士卒。陳留雖有將士近萬人，但懾於叛軍的威勢，無法應戰。初六，太守郭納舉城投降安祿山，張介然也成為安祿山的刀下鬼。安祿山繼續西進，很快攻陷滎陽（今河南鄭州）。

玄宗感到了形勢的嚴重，八日發布〈親征安祿山詔〉，宣稱要「親總六師，率眾百萬」，前往洛陽。並徵調河西、隴右、朔方兵馬，令各鎮兵除留守城堡之外，皆由節度使率領，於正月二十日前到達洛陽行營[344]。

這個詔令不僅是太晚了，簡直是馬後炮！七日安祿山就已經開始進攻

---

344 《唐大詔令集》卷一一九。

洛陽了。封常清只好孤軍奮戰。封常清到洛陽後積極組織防禦，在不到二十天的時間裡，招募了六萬軍隊，「皆傭保市井之流」。雖然「皆是烏合之徒，素未訓習」[345]，但畢竟還是組織起了一支隊伍，並且著實抵擋了一陣，從十二月初七一直戰鬥到十三日，為朝廷進一步組織力量爭取了時間。

但玄宗在此後的一系列安排和處置上，卻不斷出現嚴重的失誤。

封常清在洛陽被安祿山打敗後，曾三次派人奉表入朝，向玄宗報告敵人形勢，而玄宗卻拒不接見。封常清不得已，親赴長安，走到渭南，也被打發回去。這樣，玄宗就失去了一個親自了解有關敵人形勢和敵我雙方作戰情況的第一手材料的機會，從而使自己處於半昏半明的狀態，不能統觀全域，不能對時局作出正確的判斷。此其一誤。

封常清寡不敵眾，丟失洛陽後，在陝州碰到了高仙芝，建議退守潼關。高仙芝接受了封常清的建議，率兵西趨潼關。封常清的建議和高仙芝的行動都是對的。雖然在撤退過程中沒有布置力量阻擊敵人，以致敵兵追上後，在部隊中引起很大混亂，自相踐踏，死傷很多，但畢竟還是在潼關建立了守備，擋住了敵軍。對封、高指揮不當進行適當的處分是必要的，而玄宗只是聽了監軍的宦官邊令誠的片面之詞：「常清以賊搖眾，而仙芝棄陝地數百里，又盜減軍士糧賜。」不加分析，也不進行核實，立即就下令將兩人處死。任用宦官監軍，本身就包含著皇帝對大將的不信任，是在皇帝和將領之間樹立了一道無形的牆。妄殺封、高，不僅使玄宗在偏信宦官近臣的道路上走得更遠了，而且使宦官監軍這種處處牽制元帥、妨礙指揮統一的體制鞏固下來。此其二誤。

安祿山未陷洛陽時，玄宗曾下詔親征。洛陽失陷後，十二月十七日又

---

345 《舊唐書》卷一〇四〈封常清傳〉。

下詔令太子監國，並令太子「親總諸軍進討」[346]。玄宗御駕親征也好，太子領兵東討也好，在當時不論是鼓舞人心，還是組織討伐，加強指揮，都不失為上策。但親征因洛陽陷落而成泡影，太子東討也因楊國忠離間而未成行。這說明玄宗不僅自己不能親赴前線指揮，而且不願把軍事指揮權交給太子。這樣，就使得最高統治集團內部的各種矛盾進一步發展，嚴重影響了平叛戰爭的進程。此其三誤。

太子既不能總兵東征，又要殺掉高仙芝，只好把臥病在家的河西、隴右節度使哥舒翰找出來。十二月十九日，玄宗召見了哥舒翰，任命他為皇太子先鋒兵馬使、副元帥，領河隴各族奴刺、沙陀、吐谷渾等十三部落，並高仙芝舊部，號二十萬人，鎮守潼關。

在此前後，形勢發生了兩個有利於朝廷的變化。一是朔方節度使郭子儀擊退了安祿山大同軍使高秀岩對振武軍（今內蒙古托克托）的進攻，乘勝攻拔靜邊軍（今山西左雲），進圍雲中（今山西大同），收復馬邑（今山西朔縣東），從而解除了叛軍從北邊對關中和太原的威脅。二是河北境內平原（今山東陵縣）太守顏真卿、常山（今河北正定）太守顏杲卿經過一段時間的聯絡、準備，分別於十二月十八日和二十二日殺掉安祿山的將領，舉兵討安祿山。河北諸郡回應，23 郡中，17 郡皆歸附朝廷。這就極大地牽制了叛軍的行動，安祿山在率軍西攻潼關的途中，聽說河北有變，立即返回洛陽，命蔡希德自河內（今河南沁陽）北擊常山。

天寶十四載（西元 756 年）初，河北郡縣又多被叛軍所有，但玄宗派到河北的李光弼、郭子儀在河北人民的支持下，也取得了越來越大的勝利。五月嘉山（正定東）之戰，郭子儀、李光弼大破叛將史思明，斬首四萬級，圍史思明於博陵（今河北定縣），軍威大振。河北十餘郡皆殺叛軍守將而投降朝廷，洛陽通往范陽的道路再次斷絕。叛軍軍心動搖，安祿山

346 《舊唐書》卷一〇。

也考慮放棄洛陽，走歸范陽。

　　就在這個時候，玄宗接到情報說，安祿山派駐在陝郡（今河南陝縣）的軍隊不過幾千，且多為羸弱。玄宗認為有機可乘，派使臣命哥舒翰進軍收復陝、洛。哥舒翰認為，安祿山久慣用兵，不可能沒有防備，這是以羸弱士兵，引誘我方出戰。同時敵軍遠來，利於速戰，而官軍拒險，利在堅守。況且叛軍殘暴，失去群眾的支持，軍事上不順利，內部一定會發生變故。到時再乘機行事，可不戰而擒安祿山。建議玄宗暫且不要進攻。郭子儀、李光弼也上言：「請引兵北取范陽，覆其巢穴，質賊黨妻子以招之，賊必內潰。潼關大軍，唯應固守以弊之，不可輕出。」在楊國忠的鼓動下，玄宗置哥舒翰、郭子儀、李光弼這些前線將領的建議於不顧，一再派遣宦官前來催促哥舒翰進兵。哥舒翰不得已，大哭一場之後，引兵出關。結果是功敗垂成，潼關失守，哥舒翰也成了安祿山的俘虜。正如《舊唐書・楊國忠傳》所云：

　　是時，祿山雖據河洛，其兵鋒東止於梁、宋（今河南開封、商丘），南不過許、鄧（今河南許昌、鄧縣）。李光弼、郭子儀統河朔勁卒，連收恆、定（今河北正定、定縣），若崤、函（此處指潼關）固守，兵不妄動，則凶逆之勢，不討自弊。及哥舒翰出師，凡不數日，乘輿（指皇帝）遷幸，朝廷陷沒，百僚繫頸，妃主被戮，兵滿天下，毒流四海，皆國忠之召禍也。

　　禍是否是楊國忠招致，姑且不論。哥舒翰的出師和喪師，使已經建立起來的防禦和鎮壓叛軍的體系完全破壞了，卻是一個嚴酷的事實。看起來似乎具有相當的偶然性，但連接上述一連串失誤，不難看出，玄宗有著不可推諉的責任。這是玄宗的第四個失誤，也是最大的一個失誤。如果說，其他的失誤還可以透過適當的形式加以彌補的話，這一次錯誤卻是鑄成大錯而無可挽回了。

　　為什麼會出現這麼多的失誤呢？

　　造成這些失誤的原因，首先是玄宗長期與大臣疏遠。太宗以來，皇帝經常召見大臣，了解情況，商討問題。玄宗初年也是這麼做的。但到開元之末，天寶以來，玄宗就很少召見大臣聽取意見了。一開始還包含著政見上的分歧，對部分大臣的意見聽不進去，後來就習慣於只聽身邊幾個人的話了。偏聽偏信既已成為一種習慣，大臣和將帥的話他也就既不想聽，也聽不進去了。只有楊國忠和諸楊姐妹的話反倒可以影響他的行動，這不能說是小人包圍，只能說是玄宗自己作繭自縛。玄宗既失去了對情況的全面了解，因此也就不能對局勢作出正確的估計。加之他「久處太平，不練軍事」，因而也就不能審時度勢，權衡利害，正確指揮，完全喪失了控制局勢的能力。

　　而影響玄宗行動的，還有一個更為深刻的因素，那就是和太子的矛盾。開元二十四年（西元 736 年），因為懷疑太子瑛陰謀奪取皇位，玄宗輕信讒言，殺掉了太子瑛和另兩個王子。直到二十六年才立李璵（天寶三載改名亨）為太子。起初他還盡量扶植李亨的威望，但到天寶四載（西元 745 年）以後，對太子的疑忌也開始加深。如前所述，韋堅、皇甫惟明、王忠嗣幾次大獄，都是針對太子的。每次都深深傷害了太子，使他緊張異常，急得鬢髮都變得斑白了。為了生存，太子表面上更加謙恭，宮中庭院房屋不灑掃，樂器也擱置起來，上面積滿了灰塵。但年過四十的太子，內心又會是怎樣的呢？從他做皇帝後至德元載（西元 756 年）與李泌談到攻克長安後要挖掉李林甫的墓，焚骨揚灰時所說的：「此賊昔日百方危朕，當是時，朕弗保朝夕，朕之全，特天幸耳！」是充滿了憤怒和仇恨的。玄宗很清楚他的這個兒子並不是個傻瓜，還頗工心計。因此，玄宗一方面對後繼有人感到寬慰，不願把他廢掉，在傷害了他以後，還到東宮進行撫慰。但同時又害怕唐朝宮廷中已經反覆演出過的玄武門之變一類事件重新發生，

因而又對他充滿了疑忌，並時刻加以防範。他固然害怕安祿山打到長安，但他更害怕太子在監國和平叛過程中提高了威望，擴大了權勢，會危及他坐了 43 年的皇帝寶座。楊國忠正是利用了玄宗的這種心理，發動楊氏姐妹，對玄宗施加影響。正因為如此，玄宗始則派榮王琬而不是以太子為元帥，繼而又取消了太子監國和出征的決定。

在嚴重的形勢面前，軍隊需要一面旗幟把各種力量團結起來。玄宗是懂得這個道理的，派榮王琬為元帥，下詔親征，命太子出征，都是為了這個目的。而由於玄宗置身於宮廷內部矛盾的漩渦而不能自拔，因此，這一點又始終未能做到。這樣，出征的軍隊就沒有一個與朝廷息息相通，能夠協調各種勢力，有權審時度勢、便宜從事的統帥，而必須處處受制於監軍和朝廷。像出潼關這樣具有戰略意義的軍事行動，竟然就憑一個虛假的情報，加上楊國忠的蠱惑，就草率地作出決定，從而造成了不可挽回的結局。這無論是對於平叛，還是對於玄宗個人的命運，影響都是深遠的。唐朝的歷史，也面臨著真正的轉折。

正當郭子儀、李光弼在河北大敗安祿山大將史思明，河北大部分郡縣重又歸順朝廷，洛陽至范陽的道路再次斷絕，叛軍軍心不穩，安祿山自己也感到「北路已絕，諸軍四合，吾所有者止汴、鄭（今河南開封、鄭州）數州而已」，準備放棄洛陽，走歸范陽的時候，哥舒翰在靈寶（今河南靈寶東北）西原大敗，潼關失守，形勢發生了戲劇性的變化。

攻取潼關，原本是安祿山整個軍事行動的中心環節。只要攻入潼關，長安就在掌握之中。攻下長安，他就可以取得號令全國的有利地位。因此，十二月十三日攻占洛陽後，沒有幾天，安祿山立即率兵西進，但剛剛走到新安（今屬河南），就接到河北形勢有變的消息，只好退回洛陽。二十天以後，天寶十五載正月十一，安祿山又派其子安慶緒攻打潼關，也被哥舒翰擊退。此後，哥舒翰固守潼關，叛軍「數日不能進」，安祿山也

莫可奈何。因此，靈寶西原之戰一舉消滅了哥舒翰統帥的近二十萬大軍，對安祿山來說，實在是太出乎意料了。對於玄宗還有什麼布置，他也不摸底細，因此不敢貿然向長安進軍，派人令叛軍仍留駐潼關。

據《元和郡縣圖志》，潼關到長安的路程為 300 里，輕騎一日可達。即使按照安祿山以范陽起兵後每日 60 里的進軍速度，頂多也只要五天時間。而從六月八日潼關陷落，玄宗在長安竟然耽到了十三日凌晨。在前三天還表現得相當鎮靜。這也是異乎尋常的。

問題在於玄宗又沒有及時接到準確的情報。八日靈寶西原失利後，哥舒翰派來告急的部將九日到達長安，玄宗雖然立即召見，但對形勢並沒有看得那麼嚴重，除了派劍南軍將率監牧兵赴潼關外，沒有採取其他什麼部署。直到晚上，潼關方面烽堠報平安的煙炬平安火沒有傳來，玄宗才感到大事有些不妙；第二天找宰相商量，楊國忠不思退敵之計，只考慮趕快逃跑，正式向玄宗建議逃往四川。第三天，十一日，楊國忠召集百官在朝堂商討對策，大臣們皆唯唯不對，楊國忠對百官說：「人告祿山反狀已十年，上不之信。今日之事，非宰相之過。」把責任全部推到玄宗身上。玄宗做了四十五年的皇帝，到了這樣存亡危急之秋，竟然不能及時收到準確的情報，朝廷大臣中竟然沒有人出來提出應變的方略，政府有關職能部門竟然沒有作出必要的反應，更沒有採取適當的措施，似乎都成了玄宗一個人的事。他除了和楊國忠商討對策，竟然沒有第二個參謀人物，成了一個真正的孤家寡人。敵人還沒有打進來，朝廷就已經陷於癱瘓，國家機器就喪失了正常運轉的能力。開元、天寶時期政治體制變化中的毛病，在官吏培養選拔上的失誤和用人不當的惡果，集中地反映出來。

前線不利的消息不脛而走，十一日，長安「士民驚憂奔走，不知所之，市里蕭條」。十二日的長安則更是亂成一團，大臣來上朝的十無二三，只有玄宗還強作鎮靜，登上了勤政樓，宣布準備親征。同時，任命

京兆尹魏方進為御史大夫兼置頓使；京兆少尹崔光遠為京兆尹，充西京留守；並以劍南節度大使潁王李璬即將赴鎮為名，令蜀郡（今四川成都）做好物質上的準備。玄宗在勤政樓下了親征詔後，立即從城內的興慶宮搬到城外的大明宮，準備隨時開溜。在這以前，玄宗一直是慢而穩之的。形勢危急到叛軍隨時都可能進入長安的情況下，玄宗竟然這樣不慌不忙。這並不是因為他有指揮若定的氣概，或者有臨陣退敵的韜略，而是因為他耳目不通。哥舒翰不僅失敗得太突然，而且是被自己的部將抓住送交安祿山的。因此來不及向玄宗作最後的報告。而玄宗一直到離開長安，都不知道哥舒翰已經被俘，更不知道哥舒翰已經全軍覆沒，總以為哥舒翰和增援的三千牧監兵可以抵擋一陣。

只是到了十二日晚上，玄宗才不得不相信情況確實不妙，匆忙命龍武大將軍陳玄禮祕密整頓六軍，厚賜錢帛，同時，選閑廄馬九百餘匹。第二天，天剛黎明，就頂著濛濛細雨，倉皇逃出大明宮。同行的只有貴妃姐妹、皇子、皇孫、王妃、公主、楊國忠、韋見素、魏方進、陳玄禮及親近宦官，連妃、公主、皇孫住在宮外的，都沒有來得及通知，「皆委之而去」。後來都被叛軍殺害，成為安祿山復仇的犧牲品。

玄宗拋棄群臣逃走，許多大臣也拋棄了玄宗，乾脆留在長安，準備投降安祿山。其中包括前宰相陳希烈，頗得玄宗寵信的張說之子張均和張垍。當然，留在長安的並不都是有意投降叛軍的，有的是沒有來得及逃走，有的是迫不得已。但是，當他們被送往洛陽後，陳希烈等三百餘人都接受了安祿山授給他們的官職。

這說明，天寶末年統治階級內部的分裂，不僅在下層和邊地，在大臣中也明顯地有著一股離心的力量。這股力量雖然人數不多，也沒有公開表露出來，但到了關鍵時刻，他們就會露出本來的面目。

由於唐朝社會處在一個不斷變動的過程中，各種力量也處在一個不斷

消長的過程之中，因此，他們既成為政局變動的推波助瀾者，又總是竭力透過政局的變動來達到提高和鞏固自己地位的目的。這在唐朝前期已經成為一種傳統。忠君的思想還沒有成為大臣行為的最高準則，因此，儘管皇帝倍加防範，但到皇帝也控制不了局勢時，他們就會充分地表現自己。

六月十三日凌晨，玄宗倉皇出走，打破了一切常規，既沒有威嚴的儀仗，也沒有大隊的扈從，甚至連一個總管和指揮也沒有。玄宗派了一個宦官王洛卿打前站，「告諭郡縣置頓」，到了咸陽就和縣令一起逃走了。待到玄宗一行到達咸陽望賢宮，宮中已經找不到一個人了。宦官徵召吏民前來接待，竟「莫有應者」。直到中午，玄宗連飯也沒有吃上。楊國忠親自到市上去買來胡餅獻給玄宗。有一些老百姓送來一些麥飯，皇孫們爭著用手抓著吃，一會兒就吃得精光，還是沒能吃飽。玄宗親自付給報酬，表示慰勞。這些平時很難見到皇帝的老百姓對玄宗的這種態度還是很感動的，君民相對而哭。有老父郭從謹對玄宗進言道：

祿山包藏禍心，固非一日；亦有詣闕告其謀者，陛下往往誅之，使得逞其奸逆，致陛下播越。是以先王務延訪忠良以廣聰明，蓋為此也。臣猶記宋璟為相，數進直言，天下賴以安平。自頃以來，在廷之臣以言為諱，惟阿諛取容，是以闕門之外，陛下皆不得而知。草野之臣，必知有今日久矣，但九重嚴邃，區區之心無路上達。事不至此，臣何由得睹陛下之面而訴之乎！

在飽嘗被群臣拋棄和飢餓的滋味後，玄宗聽到這樣情深意切的語言，不由回答說：「此朕之不明，悔無所及。」承認自己不明，對玄宗來說，也就不簡單了，但老父所言，「自頃以來，在廷之臣以言為諱，惟阿諛取容，是以闕門之外，陛下皆不得而知」，含義實在是太豐富了，這又是玄宗無法聽懂也不願聽懂的。這樣，就不可避免地還會鬧出別的亂子來。

在望賢宮吃完了飯，散到附近村莊求食的士兵也回來了，下午兩三

點鐘才又起程。到達金城（今陝西興平），已近午夜，縣令和吏民早已跑走。玄宗的隨從也逃走不少，總管皇帝生活起居的宦官內侍監袁思藝也逃走了。驛站裡的東西在慌亂中早已被拿得一乾二淨，連燈也沒有留下一盞。隨從的人們擠在一起，不論貴賤，縱橫交錯，相枕而眠。幸賴月色甚好，玄宗和嬪妃、皇孫還能和其他人等分開居住，多少保住了一點皇家威儀。

在金城，玄宗見到了剛從潼關來到的哥舒翰的馬軍都將王思禮，這才知道哥舒翰已經被俘。王思禮在潼關曾勸哥舒翰奏請玄宗誅殺楊國忠，又建議派三十騎把楊國忠劫持到潼關殺掉，對楊國忠的敵對態度是很鮮明的。他的到來，除了使玄宗了解了潼關之役敗沒的始末外，對於其他隨行人員，特別是扈從將士的情緒，似乎也起了微妙的影響。

十四日，玄宗一行繼續前進。約莫中午時分，至馬嵬驛（今陝西興平馬嵬坡）。經過一天半的奔波，隨行將士又餓又累，停下來還是得不到吃的。「軍士不得食，流言不遜」，憤怒異常。他們把憤恨都集中到楊國忠身上。正好楊國忠與吐蕃使人在驛門談話，軍士乘機大呼：「楊國忠與吐蕃謀反！」騎士張小敬先射國忠落馬，國忠走至驛站西門，被軍士追殺。其子楊暄及韓國夫人、秦國夫人、御史大夫魏方進同時被殺。宰相韋見素亦為亂兵所傷，腦血流地，幸為所識軍士救免。禁軍士兵把玄宗團團圍在驛站之中。玄宗得知禁軍將士以謀反的罪名殺掉楊國忠後，無可奈何地接受了這個事實。急忙拄著拐杖，自己走出驛門，向軍士們表示慰問，並命令他們各自歸隊。士兵還是站著不散。玄宗令高力士前去詢問，龍武大將軍陳玄禮回答說：「國忠謀反，貴妃不宜供奉，願陛下割恩正法。」玄宗說了聲「朕當自處之」，表示由自己來處理這個問題，就趕緊轉身入門，靠著拐杖，側著頭，呆呆地站在那裡，正如宋人樂史在《楊太真外傳》中所敘：「聖情昏默，久而不進。」這樣久久地不能作出決斷，實在急壞了玄宗

周圍的人。韋見素之子、京兆錄事參軍韋諤看到情勢危急，忍不住對玄宗進言道：「今眾怒難犯，安危在晷刻，願陛下速決！」玄宗反問道：「貴妃常居深宮，安知國忠反謀？」高力士馬上答道：「貴妃誠無罪，然將士已殺國忠，而貴妃在陛下左右，豈敢自安！願陛下審思之，將士安則陛下安矣。」高力士的話說得太透澈了，玄宗不得不在楊貴妃與他本人的安危之間作出抉擇。在與楊貴妃訣別後，玄宗命高力士在佛堂將貴妃縊殺。高力士入見楊貴妃後，詳細說明了當時的事態和形勢，楊貴妃說道：「今日之事，實所甘心，容禮佛。」禮佛之後，就讓高力士把自己勒死了。楊貴妃二十一二歲從壽王府邸入宮，已伴隨玄宗十七八個春秋。她對政事從來沒有什麼過問，始終把陪伴玄宗作為她唯一的職責和樂趣。現在，她又以自己三十八歲的生命，換取了玄宗的平安。陳玄禮等看到貴妃的屍首後，圍驛的禁軍立即各自歸隊，準備繼續前行。

楊貴妃墓

　　馬嵬之變的策動者到底是誰，有的學者認為是太子李亨，有人認為是陳玄禮，這都是可能的。李亨自有殺楊國忠之心，但在當時他還未必有這樣的膽量，更沒有這種力量。陳玄禮在事變過程中確實發揮了重要的作用，但從其與玄宗的關係和當時地位，也是不會主動去策劃這一事件的。

但當軍士的憤怒即將轉變為兵變時，陳玄禮因勢利導，把士兵的憤怒引向楊國忠，卻是保護玄宗的上策。

但是，不論是士兵自發起來的追殺楊國忠，還是有人利用士兵的憤怒情緒鼓動他們採取行動，馬嵬事變都不是一場單純的兵變，它最後終於演變成為一場真正的政變。殺掉一個楊國忠只不過是殺掉了一個宰相，並不能破壞天寶末年集中而僵化的最高權力結構。天寶末年，中央的權力集中到這樣的程度，一切都要由皇帝和宰相臨時安排，設立了眾多的使職來承擔各種事務，而原來的機構都不能各司其職。許多問題，原來的職司無權處理，所設立的使職又沒有處理這些問題的任務。因此，一碰到突然情況，最高權力機關就無法正常運轉了。事實上，潼關之役失敗後，由於機構臃腫，職責不清，整個政府機關就已經癱瘓了。但是皇帝、宰相、各級機構的架子畢竟還在那裡。而從玄宗逃離皇宮的那一瞬起，原來權力結構的架子也被打破了。儘管如此，只要玄宗還坐在皇帝的寶座上，那麼，待他找到一個合適的地方安頓下來後，他還是要修復這個權力結構的。而馬嵬之變後，太子李亨藉口百姓攔阻挽留，與玄宗分道揚鑣，帶眾人北上，這就使這個權力結構有了調整和改造的可能。

十五日晨，即將從馬嵬啟程，將士們提出：「國忠謀反，其將吏皆在蜀，不可往。」反對前往成都。有人認為太原城池堅固，請去太原；有人認為朔方（靈武）地近，被山帶河，利於防守，建議去朔方；還有人建議去涼州。高力士則認為，太原雖然城池堅固，但地與賊鄰，原來又是安祿山的轄區，人心難測。朔方地處邊塞，半是蕃戎，難以教馭。涼州不僅路途遙遠，而且沙漠蕭條，很難保證從駕大隊人員的供應。而劍南雖然地區不大，但是土富人繁，表裡江山，內外險固，還是去成都為宜。去成都本來是玄宗的既定方針，但在軍心不穩、議論紛紛的情況下，玄宗也不敢貿然表態。還是剛被任命為御史中丞、充置頓使的韋諤出來打了圓場，他

說：「還京，當有禦賊之備，今兵少，未易東向，不如且至扶風（今陝西鳳翔），徐圖去就。」玄宗徵求大家意見，大家也只好同意。

剛剛上路，就有許多父老擋住道路，請求玄宗留下來。父老們說：「宮闕，陛下家居，陵寢，陛下墳墓，今捨此，欲何之？」自從潼關之役失敗後，玄宗已經完全放棄了組織平叛的責任，完全聽憑命運的安排。離開長安後，他更是逃命第一，討平叛軍，興復舊業的大計，早就拋到了一邊。父老的攔阻挽留，並沒能重新振奮他的精神。他拉著轡繩，沉默良久，最後還是叫太子留在後面宣慰父老，自己騎著馬走了。

玄宗一走，失望的民眾立即把太子李亨圍了起來，並對他說：「至尊既不肯留，某等願帥子弟從殿下東破賊，取長安。若殿下與至尊皆入蜀，使中原百姓誰為之主？」李亨假意推託了一番，最後決定留下。玄宗久等太子不至，派人偵知了情況，也只好啟程。

玄宗懷著依戀、沉重、無可奈何的心情離開了馬嵬驛，路上又聽說叛軍前鋒且至，一路上也不敢停留，好不容易十七日趕到了扶風郡。到了扶風，「軍士各懷去就，咸出醜言。陳玄禮不能制」[347]。士兵又鬧了起來。幸好蜀郡所送春彩十餘萬匹運到，玄宗命令陳放在庭院中，同時把將士召集起來，玄宗對他們說：

朕比來衰耄，託任失人，致逆胡亂常，須遠避其鋒。知卿等皆蒼猝從朕，不得別父母妻子，跋涉至此，勞苦至矣，朕甚愧之。蜀路阻長，郡縣褊小，人馬眾多，或不能供。今聽卿等各還家；朕獨與子、孫、中官前行入蜀，亦足自達。今日與卿等訣別，可共分此彩以備資糧。若歸，見父母及長安父老，為朕致意，各好自愛也。

玄宗在談話中說自己老朽，託任失人，導致胡人安祿山叛亂，這是自責；說須遠避其鋒，是為自己逃跑辯解；下面說將士倉促之間，不能和父

347 《舊唐書》卷九〈玄宗紀下〉。

母妻子告別，一路上勞苦之至，是對將士表示歉疚之意。這些話多少還是真誠的。最後所說聽任將士還家，將春彩分給將士，並要他們代為向父母及長安父老致意，那就完全是一種將欲取之、必先與之的激將之法了。想到堂堂天子，竟然落到這步田地，「因泣下沾襟」，淚水把衣襟都淋溼了，也是感情的自然流露。玄宗的眼淚沒有白流，將士們也都跟著哭了起來，表示無論生死，都要跟隨玄宗。這樣，總算是又度過了一個難關。

十八日在扶風郡停留了一天。十九日離開扶風，開始走上了蜀道的路程。二十日至散關（今陝西寶雞市西南大散嶺上），分隨行將士為六軍，讓壽王瑁等分領，並命穎王李璬先去劍南（成都）進行安置。二十四日至河池郡（今陝西鳳縣附近鳳州），接到了原劍南節度留後、幾天前才被任命為劍南節度副大使崔圓迎車駕的表文。崔圓原來是楊國忠安排在成都，為他主持劍南節度使事務的。在全國失控、楊國忠被殺的情況下，到底是什麼態度呢？對玄宗去蜀有什麼準備嗎？玄宗心中全然是無數的。到達扶風郡前，主要是怕安祿山的追兵會趕上，離開扶風後，對於前途的考慮就多了起來。等到崔圓的表文送到，知道「劍南歲稔民安，儲供無闕」，崔圓已經做好了迎接的準備，玄宗感到莫大的安慰，非常高興，立即任命崔圓為中書侍郎，同中書門下平章事。

離開鳳州以後，進入閣道地段。閣道即棧道，從鳳州至劍門關的垂直距離不過大約 225 公里，而由於山迴路轉，驛路就接近 550 公里，其中 20%～30% 為棧道，這樣行行復行行，經過半個月的跋山涉水，七月初十在益昌縣（今四川廣元昭化鎮城）境渡過古柏江（嘉陵江），再盤山而上，就進入了兩崖石壁高聳，相對如門，「崢嶸而崔嵬，一夫當關，萬夫莫開」的劍門關，真正踏進了蜀地的大門。十二日到達劍州普安郡（今四川劍閣）。雖然河南、河北抗擊安祿山叛軍的情況和太子的行蹤一時間都還沒有消息，但是終於踏上了新的根據地，心情還是有了很大的變化。剛從長安

趕來的憲部侍郎房琯雖然為他帶來了不少壞消息，但整個談話還是使玄宗感到很高興。即日拜房琯為文部尚書、同中書門下平章事，並開始計議下一步的行動，經過與房琯等的密謀，玄宗在七月十五日發表詔令，以太子李亨為天下兵馬元帥，領朔方、河東、河北、平盧節度都使，南取長安、洛陽。同時又任命永王李璘為江陵府都督、充山南東道、嶺南、黔中、江南西道節度都使；盛王李琦為廣陵大都督、領江南東路及淮南、河南等路節度都使。所需兵馬、甲仗、錢糧等，各自在本轄區內籌集。在玄宗看來，將來只要有一個兒子得手，大唐的江山就不會落入外姓之手。至於他們的力量強大以後，相互之間又會怎樣，倉促之間就顧不得那麼多了。

七月十八日，至巴西郡（今四川綿陽），巴西太守崔渙奉迎，和玄宗談得很投機，房琯也推薦他，玄宗即日任命崔渙為宰相。又走了十天，二十八日終於到達了成都，扈從官吏軍士到者 1,300 人，宮女 24 人。

自從六月十五日離開長安以後，玄宗就和全國各地失去了聯繫。四方「莫知上所之」，都不知玄宗的去向。太子李亨雖然北上，但由於尚未找到合適的落腳之地，還沒有一個比太子更有號召力的名號，也沒有立即號令全國。在近一個月的時間裡，唐朝中央政府不復存在。各地軍民全憑著對叛軍的仇恨和對朝廷的忠誠進行戰鬥。玄宗在劍州的詔令發出之後，大家才知道，玄宗已經到了劍南。

而在此前三日，七月十二日，即玄宗到達劍州之日，太子也在靈武（今寧夏靈武西北）即皇帝位。重新組建了中央政府，改天寶十五載為至德元年，以裴冕為宰相。這樣，一下子又出現了兩個皇帝，兩個中央政府。在此後一個月的時間裡，兩個皇帝同時發號施令，父子之間好像相互開了一次大玩笑。

所幸劍州至成都還有 350 公里左右的路程，這時玄宗還要趕赴成都，因此，直到八月初一在成都下詔「大赦天下」，玄宗沒有向全國發過什麼

詔令。而十天以後，八月十二日，靈武的使者就來到成都，報告了肅宗即位的消息。因此，一個月中兩個中央政府的並存，除了永王璘成為犧牲品，沒有引起更多的問題。

聽到肅宗即位的消息，玄宗的心情是很矛盾的。肅宗把一個爛攤子全接了過去，把抗敵的任務全部擔當起來，無疑是替玄宗去掉了一個沉重的包袱，因此，《資治通鑑》所云：「靈武使者至蜀，上皇喜曰：『吾兒應天順人，吾復何憂！』」多少還是感情的真誠流露。但是，突然失去了事實上他已經放棄了一個多月的最高統治權，他又是很不情願的，因此，四天後又下制：「自今改制、敕為誥，表疏稱太上皇。四海軍國事，皆先取皇帝進止，仍奏朕知，俟克服上京，朕不復預事」，保留了政事的最高決定權。

在中央政府不存在的一個月中，河北抗擊安祿山的鬥爭仍繼續著。河南阻擊安祿山的戰鬥也繼續進行。長安附近陳倉令薛景仙殺掉叛軍守將，收復了扶風郡。

朝臣中雖然沒有出現挺身而出支撐危局的大臣，而在河北郡縣和河南各地以及朔方軍將中卻出現了一批興復唐朝的中堅。顏真卿在平原（今山東陵縣）起兵後，成為河北郡縣的一面旗幟，就在潼關失守，李光弼退出河北以後，他仍然主動負擔起「區處河北軍事」的重任。河北郡縣軍民抗擊意志也都是很堅決的，「常山太守王俌欲降賊，諸將怒，因擊球，縱馬踐殺之」。在河南，張巡據守雍丘（今杞縣）達四十餘日，終於擊退叛軍。正是他們，在人民的支持下，才支撐住唐朝沒有崩潰。

但是，這種各自為戰的辦法，可以拖住敵人，限制敵人的進一步發展，使得玄宗可以安然逃往四川，太子北行沒有追迫之患。但是，要最後撲滅叛亂，還是要一個能夠把各種勢力加以集中、協調和統帥的力量。因此，肅宗在靈武即位，接管了最高統治權，對平叛進行統一指揮後，形勢立即發生了巨大的變化，只用了一年的時間，就收復了長安。

第二十四章　重返長安

收復長安的消息傳來，打破了玄宗內心的平靜。

在成都的這段時間裡，至德二載（西元 757 年）正月，蜀郡健兒賈秀等五千人謀反，玄宗跑到蜀郡南樓躲避，將軍席元慶等討平之。七月，又有蜀郡軍人郭千仞反，玄宗登玄英樓，六軍兵馬使陳玄禮、劍南節度使李峘率軍討平。看來蜀地軍人也沒有把玄宗看在眼裡。除了這兩次驚嚇，日子還是安寧的。現在，該考慮回不回長安的問題。玄宗很清楚，他的力量就剩下四川這一小塊地盤了，其餘都是兒子的天下；他更清楚，他和兒子矛盾的分量。他也明白，自己在造成這場空前的國家災難中的責任。這中間還發生了永王璘自江陵擅自引兵東下，企圖占領江淮，割據一方的事件。回到長安，兒子會怎樣對待他呢？群臣又會怎麼對待他呢？一開始，他想賴在四川，可總得有一個適當的理由。正好肅宗表請他回長安，並表示要退位。肅宗這樣做，不過是故作姿態，表示靈武即位，乃事勢所然，並非是逼玄宗讓位，表示自己「切於晨昏之戀」，一刻也沒有忘記老人。而玄宗卻正好找到了一個藉口，與肅宗誥曰：「當與我劍南一道自奉，不復來矣。」

　　李泌不愧為一個深諳世事的政治家。他深知保持玄宗、肅宗父子之間堂而皇之的關係對於穩定肅宗地位和垂訓子孫的重要。當他聽肅宗說：「朕已表請上皇東歸，朕當還東宮復修臣子之職」時，就預見到「上皇不來矣」。並進言道：「今請更為群臣賀表，言自馬嵬請留，靈武勸進，及今成功，聖上思戀晨昏，請速還京以就孝養之意，則可矣。」果然，群臣表至，玄宗無話可說，只好下令返回。肅宗派太子太師韋見素前往成都迎接。

唐明皇幸蜀聞鈴處

　　十月二十三日，玄宗從成都出發。

　　經過劍門關，看到劍門左右岩壁峭絕，玄宗對侍臣道：「劍門天險若此，自古及今，敗亡相繼，豈非在德不在險耶！」並題詩曰：

　　劍閣橫空峻，鑾輿出狩回。
　　翠屏千仞合，丹障五丁開。
　　灌木縈旗轉，仙雲拂馬來。
　　乘時方在德，嗟爾勒銘才。[348]

　　入蜀時，玄宗是滿腹心事，行色匆匆，沒能領略巴山蜀水的風采。現在再過劍門，他不由為劍閣的雄偉險峻所吸引，極目遠望，長達七十多公里的懸崖峭壁，如同翠綠的屏風會合到劍門，近看關門兩旁，陡峭的石壁不正是力士們在翠屏上打開的一條通道嗎！看著灌木叢中的旗幟，望著偶爾飄來的朵朵白雲，真如同置身仙境，想起許多古今興亡的故事，玄宗感嘆不已，寫出了「乘時方在德」的詩句。詩是寫得相當有氣魄的，連接歷史，認知到「在德不在險」，也是有一定深度的。可惜的是，他沒有能連

---

348 《開天傳信記》，參《全唐詩》明皇帝。

接自己，特別是沒有從劍門之險連接到潼關之險和潼關之敗。因此，詩中缺乏一種沉重的感覺，相反地還透露出一種自我解嘲的庸俗。「劍閣橫空峻，鑾輿出狩回。」明明是倉皇出走的落難天子，卻變成了巡遊打獵歸來的皇帝，說得未免太輕鬆了。

過了劍門關，又進入了棧道地段。十一月二十二日，到達鳳翔，扈從士兵六百人。從成都出發算起，只用了一個月的時間，比去成都時少用了十天。玄宗命隨從士兵把甲冑、兵器全部送交郡庫，從而把自己的命運交給了兒子去掌握。

肅宗派精兵三千前來奉迎。十二月初三，玄宗一行到達咸陽，肅宗在望賢宮迎接。玄宗登上望賢宮南樓，肅宗則脫掉黃袍，穿著紫袍，下馬趨進。玄宗下樓，撫肅宗而泣，又親自為肅宗穿上黃袍，肅宗伏地頓首固辭。玄宗道：「天數、人心皆歸於汝，使朕得保養餘齒，汝之孝也！」晚上又不肯居正殿，說「此天子之位也」。再三表示自己沒有重登皇位，凌駕於天子之上的意思。肅宗則再三請求，親自扶玄宗登殿。第二天離開行宮，肅宗又親自為玄宗牽馬，然後乘馬在前面引路，玄宗對左右說：「吾為天子五十年，未為貴，今為天子父，乃貴耳！」左右高呼萬歲。進入長安西北邊的開遠門後，一直到大明宮的正門丹鳳門，一路上旗幟燭天，彩棚夾道，文武百官和京城士庶歡呼舞蹈，有的還流出了激動的淚花。皆曰：「不圖今日再見二聖。」玄宗既是在收復兩京後回到長安，因此，對玄宗的歡迎就變成了一次對勝利的歡慶。而在歡慶勝利的時候，人們對這位曾把他們全都拋棄的君王在安史之亂爆發前後一系列的過錯，也全都給寬容了。

唐長安城興慶宮圖刻石拓片

　　當天，玄宗在大明宮的含元殿接見百官，表示親切的慰問。接著到太極宮的長樂殿謁九廟神主，向祖宗請罪，並感謝祖宗的保佑。面對九位祖宗的牌位，玄宗忍不住又痛哭了好半天。然後就來到玄宗年輕時和兄弟一起居住過，開元時又加以擴建的興慶宮，就在那裡住了下來。其後肅宗又幾次表請避位還東宮，直到十二月二十二日玄宗在大明宮的宣政殿把傳國寶授給肅宗，才結束了父子之間權力交接的最後一幕。

　　由於肅宗以退為進，時時表示要退回東宮去當太子，而玄宗看到天數、人心都在兒子一邊，決心退出政治舞臺，像他的父親睿宗那樣，安心地去做太上皇。因此，父子配合得非常默契，從親迎到授傳國寶，整個過程大面上充滿了歡樂、禮讓的氣氛，父子之間似乎從來就沒有過什麼芥蒂。結果，肅宗的威望進一步提高，地位更加鞏固。玄宗也因此獲得了兩年半寧靜的生活。

　　居住在興慶宮的兩年半裡，肅宗還不時前往看望，玄宗有時也到大明宮走走。除了侍衛玄宗的左龍武大將軍陳玄禮和內侍監高力士，肅宗還命玄宗的妹妹女道士玉真公主、如仙媛、內侍王承恩、魏悅及梨園弟子常娛侍左右，日子過得還是不太寂寞的。但是，每當夜闌人靜，乘月登樓，憑欄南望的時候，也總會勾起他對往日的回憶。

興慶宮的勤政務本樓

也許是為了換換環境，乾元元年（西元 758 年）十月十五日，玄宗來到驪山腳下的華清宮。這時，玄宗已經七十五歲，常乘步輦。當地的父老碰到他，問他為什麼不像過去那樣在這裡打獵？玄宗回答：「吾老矣，豈復堪此！」大家聽後也都很傷感。

玄宗又把過去經常入宮，與楊貴妃關係很好的新豐舞女謝阿蠻找來。謝跳完她最擅長的舞蹈〈凌波曲〉後，向玄宗出示了金粟裝臂環，並告訴玄宗，這是當年貴妃送給她的。睹物思人，玄宗哭出淚來。

登上望京樓，隨從的嬪妃多非舊人，不由又引起對楊貴妃的思念，乃命曾隨入蜀的梨園子弟，善吹觱篥者張野狐吹奏〈雨霖鈴〉。〈雨霖鈴〉是玄宗逃奔四川時，於棧道途中雨中聞鈴聲，隔山相應，便採其聲為〈雨霖鈴〉曲，以寄託對楊貴妃的哀思。樂曲演奏還不到一半，玄宗就又哭了，此情此景，左右也為之感動。

楊玉環至少對唐玄宗本人來說，是大有恩德的。她不僅給玄宗帶來了晚年的歡樂，重新喚起了他對生活的熱愛；而且以自己的死，使玄宗得以脫身逃往成都。甚至在她死後，她還默默地替玄宗承擔了在引起安史之亂中應負的責任，使李隆基終究沒有威信掃地，能夠體面地回到長安做他的太上皇。

不必否認唐明皇是一個多情種子，但他對楊貴妃的「此恨綿綿無絕期」，絕不是一種單純的愛情悲劇，而是一個時代的悲劇。玄宗對楊貴妃的懷戀，以及許多睹物思情的記載，更多地是對一個時代、對過去一切的體會，而不單純是基於純潔的愛情。不是說楊貴妃就代表了一個時代，也不是說楊貴妃就代表了他失去的那一切。但在那個一去不復返的輝煌時代裡和玄宗共用這一切的，確實是只有楊貴妃。而使他最後失去這一切的馬嵬兵變，也確是和楊貴妃之死連繫在一起的。因此，當玄宗想起這一切的時候，很自然地便會想起楊貴妃，把一腔哀怨都寄託到楊貴妃身上。

　　華清宮能引起玄宗回憶的東西太多了。這裡有他年輕時矯健的身影，老之將至時纏綿的愛情和晚年的歡樂。也正是在這裡，「漁陽鼙鼓動地來，驚破霓裳羽衣曲」。玄宗本來是想在這裡尋求失去的過去，填補心靈的空虛，得到的卻是更多傷感和惆悵。因此，只住了 24 天，十一月初八，就回到了興慶宮。

興慶宮石欄板

　　玄宗畢竟是不甘寂寞的，經常登上南臨大道的長慶樓，徘徊觀覽。來往的百姓看到他，往往瞻拜，呼萬歲。玄宗也常在樓下賜給他們酒食。有劍南入京奏事的官員經過樓下，對玄宗拜舞，玄宗命玉真公主和如仙媛出面招待。

　　這些事也傳到肅宗耳中，肅宗還不以為意。但對玄宗召將軍郭英乂等上樓賜宴，情況就不一樣了。郭英乂是玄宗當政時隴右節度使郭知運之子，肅宗即位後曾任隴右節度使，長安和洛陽兩京收復後，調到長安任羽林大將軍，掌領禁軍。唐朝所有的政變，都與禁軍將領有密切的關係。李世民發動玄武門之變是這樣，武則天末年張柬之等殺張易之兄弟，逼武則天退位也是這樣，玄宗為臨淄王時殺韋后還是這樣。誰掌握了禁軍，誰就有可能在宮廷鬥爭中獲得勝利。因此，玄宗召郭英乂等禁軍將領上樓飲宴，就不能不引起肅宗的疑慮。特別是乾元二年（西元 759 年）九節度使兵潰相州（今河南安陽），史思明重占汴、鄭、洛陽，唐軍尚未取得重大進展的情況下，玄宗此舉，就變得更加敏感。

宦官李輔國乘機對肅宗說:「上皇居興慶宮,日與外人交通,陳玄禮、高力士謀不利於陛下。今六軍將士盡靈武勳臣,皆反仄不安,臣曉諭不能解。不敢不以聞。」一面以玄宗與外人交通來打動肅宗,同時以軍心不穩來逼肅宗採取行動。肅宗果為所動,哭著說:「聖皇慈仁,豈容有此!」李輔國進一步向肅宗點明了利害和具體的方案,說道:「上皇固無此意,其如群小何!陛下為天下主,當為社稷大計,消亂於未萌,豈得徇匹夫之孝!且興慶宮與閭閻相參,垣墉淺露,非至尊所宜居。大內深嚴,奉迎居之,與彼何殊,又得杜絕小人熒惑聖聽。如此,上皇享萬歲之安,陛下有三朝之樂,庸何傷乎。」肅宗「不聽」。李輔國又令六軍將士號哭叩頭,請迎玄宗居西內(太極宮,即大內)。肅宗哭而不應。沉默雖然表現了肅宗在此事上矛盾與猶豫的心情,但是沒有表示反對,態度還是很明確的。因此,李輔國就開始行動了。

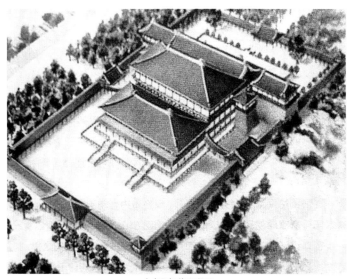
太極宮復原圖

第一步,李輔國矯詔取走興慶宮的馬。原有三百匹,只留下十匹給玄宗。玄宗心裡明白,表面上是李輔國在搞鬼,但是,如果沒有肅宗的認

可，李輔國還不至膽大如此。玄宗對高力士說：「吾兒為輔國所惑，不得終孝矣。」

接著，在七月初九，以迎玄宗遊西內為名，把玄宗騙出了興慶宮，然後，李輔國帶領射生五百騎，把玄宗挾持到西內甘露殿住下。陳玄禮、高力士及舊宮人都不得留在左右侍奉。西內為隋時所建宮城，正殿曰太極殿，故又稱太極宮。自高宗擴建大明宮後，皇帝很少在這裡活動。宮城南為皇城，東為太子居住的東宮，西為宮人居住的掖庭宮，北為禁苑，與外界完全隔絕。把玄宗安置在這裡，實在是太保險了。肅宗在李輔國和六軍大將為此事素服向他請罪時所說：「南宮、西內，亦復何殊！卿等恐小人熒惑，防微杜漸，以安社稷，何所懼也！」固然是迫於諸將而不得不說，但也確實說出了自己的真實思想。當年玄宗為了要切斷還是太子的肅宗與外界的聯繫，對韋堅、皇甫惟明和王忠嗣採取了斷然措施。而這一次肅宗為了切斷玄宗與外界的聯繫，則假手李輔國，把玄宗軟禁起來。在鞏固自己權力的抗爭中，肅宗一點也不比他的父親手軟。

原來侍奉玄宗的宦官高力士、王承恩和魏悅都被流放出去，陳玄禮也被勒令退休。陪伴玄宗的玉真公主出居玉真觀，如仙媛則送到歸州（今湖北秭歸）安置。玄宗身邊的人被全部更換。肅宗開始時還前往問安，後來藉口有病，就不再去見玄宗了。直到玄宗去世前五個月，上元二年（西元761年）十一月十八日，才朝玄宗於西內。

玄宗雖然保留著太上皇的稱號，但在西內行動不能自由，身邊除了肅宗安排來照顧他穿衣吃飯的兩個女兒萬安公主和咸宜公主外，就沒有一個可以說話的親近的人了。玄宗陷入了深深的孤獨和鬱悶之中，鬱悶可以使人昏沉，而孤獨則會令人難以忍受和平靜。人間的榮華富貴已經成為過去，因此，他不再煉丹服藥，祈求長生，而是「不茹葷，辟穀」。不吃葷，也不進糧食，想修煉成仙，在羽化飛升中得到解脫。或許是方法不太

對頭，主要還是內心不得安寧，仙氣非但沒有增加，身體卻一天比一天衰弱，終於一病不起。寶應元年（西元 762 年）四月初五在寂寞與無奈之中，走完了他曾經輝煌的一生，給後人留下了說不盡的話題。

盛唐之子，一代帝國的綻放與凋零：

前期英明神武，晚年卻成為老糊塗！從開元之治到安史之亂，玄宗究竟走錯了哪一步？

作　　者：閻守誠，吳宗國

發 行 人：黃振庭

出 版 者：崧燁文化事業有限公司

發 行 者：崧燁文化事業有限公司

E-mail：sonbookservice@gmail.com

粉 絲 頁：https://www.facebook.com/
　　　　　sonbookss/

網　　址：https://sonbook.net/

地　　址：台北市中正區重慶南路一段六十一號八
　　　　　樓 815 室

Rm. 815, 8F., No.61, Sec. 1, Chongqing S. Rd.,
Zhongzheng Dist., Taipei City 100, Taiwan

電　　話：(02)2370-3310

傳　　真：(02)2388-1990

印　　刷：京峯數位服務有限公司

律師顧問：廣華律師事務所 張珮琦律師

定　　價：375 元

發行日期：2023 年 10 月第一版

◎本書以 POD 印製

Design Assets from Freepik.com

國家圖書館出版品預行編目資料

盛唐之子，一代帝國的綻放與凋零：
前期英明神武，晚年卻成為老糊
塗！從開元之治到安史之亂，玄宗
究竟走錯了哪一步？ / 閻守誠，吳
宗國 著 . -- 第一版 . -- 臺北市：崧
燁文化事業有限公司 , 2023.10
面；　公分
POD 版
ISBN 978-626-357-705-3(平裝)
1.CST: 唐玄宗 2.CST: 傳記
624.14　　112015354

電子書購買

臉書

爽讀 APP